21世纪高等教育会计通用教材

CAIWU FENXI
SHIYAN JIAOCHENG

财务分析实验教程

（第五版）

周晋兰　杨昀　主编

东北财经大学出版社
Dongbei University of Finance & Economics Press
大连

图书在版编目（CIP）数据

财务分析实验教程 / 周晋兰，杨昀主编．—5版．—大连：东北财经大学出版社，2025.8.—（21世纪高等教育会计通用教材）．—ISBN 978-7-5654-5697-8

Ⅰ. F231.2

中国国家版本馆CIP数据核字第2025MR7007号

财务分析实验教程

CAIWU FENXI SHIYAN JIAOCHENG

东北财经大学出版社出版

（大连市黑石礁尖山街217号　邮政编码　116025）

网　　址：http://www.dufep.cn

读者信箱：dufep@dufe.edu.cn

大连金华光彩色印刷有限公司印刷　　东北财经大学出版社发行

幅面尺寸：210mm×285mm　　字数：430千字　　印张：15

2025年8月第5版　　2025年8月第1次印刷

责任编辑：李智慧　李　栋　孟　鑫　　责任校对：赵　楠

封面设计：原　皓　　版式设计：原　皓

书号：ISBN 978-7-5654-5697-8　　定价：39.00元

教学支持　售后服务　　联系电话：（0411）84710309

如有印装质量问题，请联系营销部：（0411）84710711

第五版前言

承蒙广大读者的厚爱与好评，《财务分析实验教程》第五版即将出版。作者在本次修订中对书中数据、分析进行了全面的替换与修改，第四版书中案例以贵州茅台2016—2019年连续4年的报表为主线，对贵州茅台资产负债表、利润表、现金流量表及财务指标等作了全面的分析与评价，本书第五版中，作者将贵州茅台及五粮液报表数据更新至2020—2023年。

近年来，全球经济充满了不确定性，国外经济环境不容乐观，国内经济环境处于前景向好的重要战略转型期。从白酒行业来看，行业正从整体的高速增长向高品质名优企业主导的增长模式转变。贵州茅台、五粮液作为我国高端白酒领域的领军企业，它们的发展趋势备受行业内外关注。本书通过对贵州茅台五粮液财务报表数据的全面分析与评价，引导读者掌握财务分析的基本理论和基本方法。本书的特色体现为：

1.以2020—2023年连续4年的报表为分析依据，完整、系统地介绍了财务分析的基本理论和基本方法。

2.选取上市公司作为分析对象，便于学生全面了解我国资本市场的信息披露体系，并可以随时查询、了解上市公司的最新信息，以增强学生的感性认识。

3.教材设计与实际需要相结合，能够实现因材施教、因需施教的办学理念，旨在提高学生的专业知识、技术能力和业务素质。

4.本书以2020—2023年连续4年的报表展开分析，兼具时效性、完整性和连续性。

本书适合作为会计学、财务管理、审计学、金融学等专业的本科生教材及相关专业硕士研究生入学考试的参考教材，也适合企业经营管理者、投资者、债权人、监管者等企业相关利益者阅读、参考与使用。

《财务分析实验教程》第五版的修订工作主要由周晋兰教授（贵州财经大学）、杨昀教授（金陵科技学院）完成。在修订过程中，程蕾教授（贵州财经大学）、禹华意老师（贵阳人文科技学院）、牛韵老师（贵阳人文科技学院）提出了宝贵的修改建议并参与了部分章节的修订，在此谨致以诚挚的感谢！

由于作者学识所限，书中难免存在错漏，敬请读者批评指正。

作　者

2025年5月

第一版前言

"财务分析"是一门理论性、实践性、技术性和操作性都比较强的课程，同时又是一门介于会计学、财务学、管理学、经济学之间的边缘性学科。如何组织好"财务分析"课程的教学，近年来引起了会计学界诸多学者的高度关注。作者根据多年的教学积累，借鉴MBA案例教学法，创建了"财务分析"三维教学模式，即理论教学、案例教学和实验教学相结合的三维教学模式。

一、理论教学环节：以教师为主体，系统介绍财务分析学科的基本理论、基本内容和基本方法。

在理论教学环节，仍以教师为主体，讲授财务分析学科的基本理论、基本内容和基本方法。理论部分主要介绍财务分析的主体、分析目的、分析对象、分析内容、分析依据、分析标准和学科定位等；基本方法部分主要介绍比较分析法、比率分析法、沃尔分析法、杜邦分析法、综合分析法、财务预警分析法等。通过理论知识的教学，让学生掌握财务分析的理论体系、学科定位、分析方法、分析步骤和分析程序，同时让学生了解财务分析的国际惯例及财务信息的披露体系。

二、案例教学环节：强调教师与学生的互动，教学中精选近年来资本市场的典型案例，培养学生发现问题、解决问题和分析问题的能力。

在案例教学环节，强调学生的参与和师生间的互动。通过对具体案例情景的描述，引导学生进行独立思考、分析判断和相互讨论。案例教学是一种教师与学生共同参与、相互交流的合作式教学方法。首先，需要对课程所用的案例进行精心挑选，选择与教学目的相适应的典型案例；其次，教师在教学前将案例推荐给学生，事先布置，让学生熟悉案例，使学生对案例有一个思考和认识的过程；再次，课堂讨论过程中，教师组织学生在分组的基础上展开积极的讨论，充分表达各自的想法及意见，进而使各组努力达成较为统一的意见或方案；最后，教师进行点评、总结，使讨论中暴露出的问题得到及时解决，使学生获得正确的观点和系统的认识。

三、实验教学环节：以学生为主体，对我国上市公司的财务报表进行全面系统的分析，并撰写财务分析报告。

在实验教学环节，以学生为主体，充分发挥学生的主观能动性。由于传统教学方法主要是以教师为主体，教师单方面向学生灌输大量的基础理论、知识和方法，学生被动地接受，限制了学生创新思维能力、动手操作能力和综合应用能力的发挥，学生学习的积极性难以调动，教学效果不理想。为了克服上述弊端，有必要加强实验教学。通过实验教学环节，激发学生的学习兴趣、提高学生学习的主动性和积极性。通过理论与实际相结合的教学方式，加深学生对理论知识的理解，拓展学生的思维空间，增强学生分析问题、解决问题的综合应用能力。

财务分析实验教学的设计，以我国上市公司为背景展开，根据实验教学目的，教师提出具体的实验内容及要求，要求学生上网查阅我国上市公司报表等财务信息资料，运用所学的财务分析方法，对公司的盈利能力、偿债能力、营运能力及发展能力等进行综合分析与评价，撰写财务分析报告，并将财务分析过程制作成PPT进行演示和讲解，着重提高学生的动手能力、财务分析知识的综合运用能力及电脑操作能力。

《财务分析实验教程》是对实验教学的延伸研究，本教材由两部分组成：

第一部分，财务分析实验概论。第一部分由10章实验教学内容组成，实验教学内容以贵州茅台股份有限公司（以下简称贵州茅台）2007—2010年连续4年新企业会计准则实施后的财务报表为蓝本，通过对贵州茅台连续4年财务报表的分析，使学生全面掌握利润表、资产负债表、现金流量表等财务会计报告的阅读、计算和分析；掌握比重分析法、比率分析法、趋势分析法、杜邦分析法等财务分析的基本方法和程序；并根据计算及分析结果、公司概况及行业发展前景，撰写财务分析报告。

第二部分，财务分析实验项目。第二部分由6个实验项目组成，实验项目以五粮液股份有限公司2007—2010年连续4年新企业会计准则实施后的财务报表为蓝本展开，供学生学习时使用。通过实验，使学生掌握上网查阅我国上市公司资料的方法，并对所查询的上市公司资料及行业背景资料进行筛选、整理、归纳、总结。同时，参阅第一部分贵州茅台股份有限公司的分析方法、指标数据及财务分析报告，对五粮液股份有限公司连续4年的财务状况、经营成果及现金流量进行分析，并撰写五粮液股份有限公司2010年度财务分析报告，为学生下一步分组实验奠定良好的专业基础。

《财务分析实验教程》的编写工作得到了贵州财经学院和会计学院领导的鼓励和支持，得到了财务分析课题组老师的热诚帮助，在此表示诚挚的谢意。财务分析课题组的老师参与了本书大纲编写的讨论及资料的收集、整理、计算与分析工作。本书编写的具体分工如下：周晋兰教授负责本书框架设计、组织分工和审核定稿，并撰写第一章、第三章、第五章、第六章、第七章、第九章；胡北忠教授负责本书提纲的编写并负责撰写第四章；林文副教授负责撰写第二章；张丹老师负责撰写第八章；杨昀副教授负责撰写第十章。

《财务分析实验教程》是作者申报的贵州省高等学校教学质量与改革工程项目——“财务分析实验教学设计”项目的研究成果。由于作者水平有限，书中难免存在疏漏之处，敬请读者指正。

作 者

2011年6月

目　录

第一部分　财务分析实验概论

第二部分 财务分析实验项目

第一部分

财务分析实验概论

第一章

财务分析实验教程概述

第一节　财务分析的含义和主体

一、财务分析的含义

关于财务分析的含义，有多种表述，美国南加州大学的Water B.Neigs认为，财务分析的本质是搜集与决策有关的各种财务信息，并加以分析和解释的一种技术。美国纽约市立大学的Leopold A.Bernstein认为，财务分析是一种判断的过程，旨在评估企业现在或过去的财务状况及经营成果，其主要目的在于对企业未来的状况及经营业绩进行最佳的预测。

本书将财务分析定义为：财务分析是一定的财务分析主体以企业的财务报告等财务资料为依据，采用一定的标准，运用科学、系统的方法，对企业的财务状况、经营成果、现金流量、财务信用和财务风险，以及财务总体情况和未来发展趋势进行的分析与评价。

财务分析的依据是财务分析进行的基础，财务分析的依据可进一步划分为财务信息和非财务信息。财务信息主要是从企业内部获得的资料，如企业的财务报表。财务报表是对企业财务状况、经营成果和现金流量的结构性表述。根据《企业会计准则第30号——财务报表列报》的规定，财务报表至少应当包括下列组成部分：

1.资产负债表

资产负债表是反映企业一定日期财务状况的会计报表。通过资产负债表可以了解企业的资产规模，了解企业资产结构、资本结构是否合理。

2.利润表

利润表是反映企业一定期间生产经营成果的财务报表。通过利润表可以了解企业的经营成果和获利能力，了解企业的成本控制水平。

3.现金流量表

现金流量表是反映企业一定会计期间现金及现金等价物流入和流出情况的报表。通过现金流量表可以了解企业的支付能力和偿债能力，了解企业目前的现金流量并预测企业未来的现金流量。通过对相关指标的计算还可以进一步了解现金流量的充裕程度。

4.所有者权益（或股东权益，下同）变动表

所有者权益变动表应当反映构成所有者权益的各组成部分当期的增减变动情况。

5.附注

附注是对在资产负债表、利润表、现金流量表和所有者权益变动表等报表中列示项目的文字描述或明细资料，以及对未能在这些报表中列示项目的说明等。附注应当披露财务报表的编制基础，相关信息应当与资产负债表、利润表、现金流量表和所有者权益变动表等报表中列示的项目相互参照。

非财务信息是从企业的内部和外部获得的财务报表以外的信息，如国家宏观调控政策、行业数

据、市场占有率等。

二、财务分析的主体

财务分析的主体是指与企业利益密切相关的群体和个人，如企业投资者、企业经营管理者、企业职工、企业贷款提供者、企业供应商、政府机构等。

（一）企业投资者

企业投资者也被称为所有者或股东。企业投资者投资的目的是扩大自己的财富积累，他们最关心的是企业资产的保值、增值及企业长远的发展能力。企业投资者进行财务分析，是想进一步了解以下的问题：

（1）公司当前和长期的收益水平高低，以及公司收益是否容易受重大变动事项的影响；

（2）公司目前的财务状况如何，公司资本结构决定的风险和报酬如何；

（3）与其他竞争者相比，公司处于何种地位。

（二）企业经营管理者

企业经营管理者是指被所有者聘用的、对公司资产和负债进行管理的个人组成的团体，有时称之为“管理当局”。

企业经营管理者关心公司的财务状况、盈利能力和持续发展的能力。经理人员可以获取财务报表外部使用者无法得到的内部信息。他们分析财务报表的主要目的是改善财务报表。

（三）企业职工

企业的职工与企业存在着长久、持续的关系。他们最关心企业长远的发展及企业的盈利能力，关心企业的奖金、福利等劳动报酬是否与其付出的劳动对等。

（四）企业贷款提供者

企业贷款提供者也被称为债权人，是指借款给企业并得到企业还款承诺的银行及金融机构。债权人关心企业是否具有偿还债务的能力。债权人可以分为短期债权人和长期债权人。债权人的主要决策是决定是否给企业提供信用，以及是否需要提前收回借款。他们进行财务报表分析是为了了解以下几方面的问题：

（1）公司为什么需要额外筹集资金；

（2）公司还本付息所需资金的可能来源是什么；

（3）公司对于以前的短期和长期借款是否按期偿还；

（4）公司将来在哪些方面还需要借款。

（五）企业供应商

企业的供应商为企业提供原材料等，与企业存在着密切的经济利益关系。在长期的合作中，供应商会把原材料赊销给企业，因此，他们关心企业的信用状况、资产的流动性，以判断企业偿付货款的能力。

（六）政府机构

政府机构也是公司财务报表的使用人，包括税务部门、国有企业的管理部门、证券管理机构、会计监管机构和社会保障部门等，它们使用财务报表是为了履行自己的监督管理职责，了解公司纳税及遵守法规和市场秩序的情况。

第二节　财务分析的程序和方法

为了保证财务分析的有效进行，必须遵循科学的分析程序和方法，以保障财务分析工作顺利进行。

一、财务分析的程序

财务分析的程序，即开展财务分析的具体步骤，一般包括：

（一）明确财务分析的目的

任何财务分析者在进行财务分析时都有一定的目的性，财务分析的主体和内容不同，财务分析的目的就不同。财务分析的目的是财务分析的起点，它决定了后续分析的内容和分析结论。因此，进行财务分析前首先要明确分析目的。

（二）确定财务分析的范围

明确财务分析的目的后，即可依据成本效益原则确定分析范围，从而做到有的放矢，将有限精力聚焦于分析重点，以节约收集分析资料、选择分析方法的成本。

（三）收集相关资料

保证财务分析具备客观性与准确性的基本条件之一，是全面、真实、准确地收集分析对象的资料。财务分析的范围决定了所需收集相关资料的数量：范围较小时，所需资料较少；若进行全面的财务分析，则需收集各方面的经济资料，包括财务信息资料与非财务信息资料。此外，为保障财务分析的有效开展，在正式进行分析前，还需对收集到的资料进行必要的筛选、加工与整理。

（四）选择分析方法

财务分析的目的和范围不同，所选用的分析方法也不同。常用的财务分析方法有比较分析法、比率分析法、连环替代法等。这些方法各有特点，在进行财务分析时可以结合使用。通过对财务分析对象的实际情况进行深入研究和科学计算，进行横向和纵向比较、动态和静态分析等，从中发现财务管理中成功的经验，抓住主要矛盾，揭示存在的问题，并找出问题产生的原因。

（五）作出分析结论

财务分析的最终目的是为财务决策提供依据。通过比较与分析，可以提出各种方案，然后权衡各种方案的利弊得失，选出最佳方案，作出决策。此外，利用财务分析，可以分析、总结过去好的经验，找出问题及其产生的原因，提出改善工作的建议和需要采取的相应措施，进一步促进企业管理水平的提高。

二、财务分析的方法

科学的分析方法是做好财务分析的基础，只有运用科学的分析方法，才能保证财务活动分析结果的正确性。财务分析的方法通常有比较分析法、比率分析法、趋势分析法和因素分析法四种。

（一）比较分析法

比较分析法，是指通过比较两个或两个以上相关的财务数据，以绝对数和相对数的形式，来揭示财务数据之间的相互关系。通过对比，确定成绩，发现差异，揭露问题，分析原因，总结经验教训，提出改进措施。比较分析法是财务分析工作中最基本的、经常使用的技术方法。

1.绝对数比较

绝对数比较是指通过对财务报表中两个或两个以上的绝对数进行比较，以揭示其数量差异。比较标准通常有：

（1）历史标准，是反映本企业历史水平的指标评价标准。在财务报告分析中，运用历史标准的具体方法有三种：期末与期初对比，本期与历史同期对比，以及本期与历史最好水平对比。财务报告分析中采用历史标准，有利于揭示企业财务状况和经营成果的变化趋势及存在的差距。

（2）行业标准，是反映某行业水平的指标评价标准。在比较分析时，既可以用本企业财务指标与同行业平均水平指标对比，也可以用本企业财务指标与同行业先进水平指标对比，还可以用本企业财务指标与同行业公认标准指标对比。通过与行业标准指标的比较，有利于揭示本企业在同行业中所处的地位及存在的差距。

（3）预算标准，是反映本企业目标水平的指标评价标准。当企业的实际财务指标达不到目标标准时，应进一步分析原因，以便改进财务管理工作。

（4）公认标准，是对各类企业不同时期都普遍适用的指标评价标准。典型的公认标准是200%的流动比率和100%的速动比率，利用这些标准能揭示企业短期偿债能力及财务风险的一般状况。

2.相对数比较

相对数比较是利用财务报表中存在相关关系的数据所形成的相对数进行对比，例如将绝对数换算为百分比、结构比重、比率等形式后再行对比，以此揭示相对数之间的差异。以贵州茅台为例，其2020年实现净利润209.13亿元，2023年实现净利润315.21亿元。2023年与2020年相比，净利润增加106.08亿元，这属于绝对数比较；而2023年净利润是2020年的150.72%，增长50.72%，则属于相对数比较。一般而言，绝对数比较仅通过差异额说明差异的具体数额，无法体现变动程度；相对数比较则能进一步反映变动程度。在实际工作中，绝对数比较与相对数比较可结合运用，以便通过对比作出更充分的判断和更精准的评价。

比较分析法是从数字上找出差距，为改进工作、挖掘内部潜力、超额完成任务提供可靠的数据资料。但是，在实际运用中要注意财务指标的可比性，否则会失去意义，甚至产生误导作用。因此，在进行比较分析时要求：一是在性质上同类，如不同类型的公共组织，其相关的财务指标则是不可比的；二是在范围上一致，即相比较的财务指标所代表的主体范围应基本相同；三是时间上相同，即相比较的财务指标所代表的时期是相同的，如都是采用年度指标或季度指标等。只有用于比较的指标保持口径一致，比较才有实际意义。

（二）比率分析法

比率分析法，是把会计报表之间相关联的财务指标加以对比，计算出比率，据以确定经济活动变动程度的分析方法。比率是相对数，采用这种方法，能够把某些条件下的不可比指标变为可比指标，便于进行分析。

1.相关比率分析

相关比率是以两个相互联系但又不同的财务指标相除求得的。以两个指标的相除求得的比率，也就是通常所说的相对指标。利用相关比率指标，可以检验有联系的相关业务安排得是否合理。如流动负债除以流动资产得出流动比率，可以分析企业短期偿债能力的强弱。

2.构成比率分析

构成比率又称为结构比率，是以某项财务指标的某个组成部分的数据除以该项财务指标的总和数据求得的，也就是通常所说的比重。所以，构成比率分析就是比重分析。使用构成比率，可以检验总体中某个部分的形成和安排是否合理，以便协调各项财务活动。如负债除以资产等于资产负债率，通过资产负债率指标可以了解企业的资本结构是否合理。

比率分析法的优点是计算简便，计算结果容易判断。但是使用这一方法时，应注意以下几点：（1）对比指标的相关性。计算比率的子项和母项必须具有相关性，将不相关的指标进行对比是没有意义的。（2）对比口径的一致性。计算比率的子项和母项必须在计算时间、范围等方面保持口径一致。（3）衡量标准的科学性。运用比率分析，需要选用一定的标准与之对比，以便对财务状况作出评价。

（三）趋势分析法

趋势分析法又称为水平分析法，是将两期或连续数期财务报告中相同的指标进行对比，确定其增减变动的方向、数额和幅度，以说明财务状况或经营成果的变动趋势的一种方法。采用这种方法，可以分析引起变化的主要原因、变动的性质，并预测未来的发展前景。趋势分析法有两种比较分析方式。

1.定比趋势分析

它是在连续数年的会计报表中，以第一年为基期，计算其余年度各个项目相对于基期同一项目的百分比，借以显示各个项目在分析期间的上升或下降趋势。这种分析的基期是固定的。

定比趋势分析=分析期某指标数值÷固定基期某指标数值×100%

2.环比趋势分析

它是在连续数年的会计报表中，计算后一年度各个项目对前一年度同一项目的百分比，以此类推，形成一系列比值，借以显示各个项目在分析期间内的总的趋势。这种分析的基期是变动的。

环比趋势分析=（分析期某指标数值 - 上一期某指标数值）÷上一期某指标数值×100%

采用趋势分析法时，应注意以下问题：

（1）用于进行对比的各个时期的指标，在计算口径上必须一致。

（2）剔除偶发性项目的影响，使作为分析的数据能反映正常的财务状况。进行定比趋势分析时，首先要选取一个合适的基期，将各年要比较的财务报表上的项目以基期指数作为100，除以基期该项目的数额来衡量各项目的增减变化。如果选取的基期并不典型，将会影响分析效果。避免这一问题的方法之一是，以两年或三年的平均数作为基期指数100，然后以各年财务报表上要比较的项目除以这一基期指数即可。

（3）应用例外原则，对有显著变动的指标应作重点分析，研究其产生的原因，以便采取对策，趋利避害。

（四）因素分析法

因素分析法是在许多因素对某一项指标综合发生作用的情况下，分别确定各个因素的变动对该指标变动影响的方法。因素分析法包括连环替代法和差额计算法两种。

连环替代法是指确定影响因素，并按照一定的替换顺序逐个因素替换，计算出各个因素对综合性经济指标变动影响程度的一种计算方法。

差额计算法是因素分析法在实际应用中的一种简化形式。这种方法是先计算出各因素实际数和预算数的差额，然后按照一定的替换程序，依次计算出各因素变动对预算完成的影响程度。

因素分析法的计算程序如下：

第一，列出各个因素的预算数和实际数。

第二，依次以每个因素的实际数替换预算数，有几个因素就替换几次，直到所有因素都由预算数换成实际数，并计算出“替换指标”；然后将各次替换后与替换前的指标相比较，两者的差额就是某一因素对预算完成结果的影响程度。

第三，将各个因素的影响值相加，即实际数与预算数之间的总差额。

1.连环替代法

假定某项财务指标A的影响因素为a、b、c三个因素，对差异额的影响与该财务指标的关系为乘积关系，即：

计划指标$A_0=a_0\times b_0\times c_0$

实际指标$A_n=a_n\times b_n\times c_n$

实际指标与计划指标的差异$=A_n-A_0=X$

各因素对上述差异的影响程度如下：

计划指标$A_0=a_0\times b_0\times c_0$　（式1-1）

第一次替代：$a_n\times b_0\times c_0$　（式1-2）

第二次替代：$a_n\times b_n\times c_0$　（式1-3）

第三次替代：$a_n\times b_n\times c_n$　（式1-4）

a_n对差异额的影响=（式1-2）-（式1-1）$=X_1$

b_n对差异额的影响=（式1-3）-（式1-2）$=X_2$

c_n对差异额的影响=（式1-4）-（式1-3）$=X_3$

全部因素的影响$=X_1+X_2+X_3=X$

2.差额计算法

假定某项财务指标A的影响因素为a、b、c三个因素，与该财务指标的关系为乘积关系，即：

计划指标$A_0=a_0×b_0×c_0$

实际指标$A_n=a_n×b_n×c_n$

a因素变动的影响=（a_n-a_0）$×b_0×c_0=X_1$

b因素变动的影响=$a_n×$（b_n-b_0）$×c_0=X_2$

c因素变动的影响=$a_n×b_n×$（c_n-c_0）$=X_3$

全部因素的影响=$X_1+X_2+X_3=A_n-A_0$

在运用因素分析法时，应注意以下问题：

（1）因素分解的关联性，即确定构成经济指标的因素，必须是客观上存在着因果关系，要能够反映形成该项指标差异的内在构成原因，否则就失去了存在价值。

（2）因素替代的顺序性。替代因素时，必须按照各因素的依存关系，排列成一定的顺序并依次替代，不可随意加以颠倒，否则就会得出不同的计算结果。一般而言，确定正确排列因素替代顺序的原则是，按分析对象的性质，从诸因素相互依存关系出发，并使分析结果有助于分清责任。

（3）顺序替代的连续性。连环替代法在计算每一个因素变动的影响时，都是在前一次计算的基础上进行，并采用连环比较的方法确定因素变化影响之和，因为只有保持计算程序上的连环性，才能使各个因素影响之和等于分析指标变动的差异，以全面说明分析指标变动的原因。

（4）计算结果的假定性。连环替代法计算的各因素变动的影响数，会因替代计算顺序的不同而有差别，因而计算结果不免带有假定性，即它不可能使每个因素计算的结果，都达到绝对准确。它只是在某种假定前提下的影响结果。离开了这种假定前提条件，就不再产生这种影响结果。因此，分析时财务人员应力求使这种假定合乎逻辑，力求使这种假定具有实际经济意义。这样，计算结果的假定性，才不至于妨碍分析结果的有效性。

【例 1-1】某企业2023年3月某种材料费用的实际数是4 620元，而其计划数是4 000元。实际比计划超支620元。相关数据见表1-1。

表1-1 **某企业材料费用表**

项　　目	单　位	计划数	实际数
产品产量	件	100	110
单位产品材料消耗量	千克	8	7
材料单价	元	5	6
材料费用总额	元	4 000	4 620

要求：运用因素分析法分析材料费用超支620元的原因。

（1）连环替代法

①计算材料费用总额实际指标与计划指标间的差异。

计划指标=100×8×5=4 000（元）

实际指标=110×7×6=4 620（元）

实际指标与计划指标间的差异=4 620-4 000=620（元）

②计算各因素对材料费用总额的影响程度。

计划指标=100×8×5=4 000（元） （式1-5）

第一次替代：110×8×5=4 400（元） （式1-6）

第二次替代：110×7×5=3 850（元） （式1-7）

第三次替代：110×7×6=4 620（元） （式1-8）

（式1-6）-（式1-5）=4 400-4 000=400（元）

由于产量增加的影响，使成本增加了400元。

（式1-7）-（式1-6）=3 850-4 400=-550（元）

由于材料节约的影响，使成本降低了550元。

（式1-8）-（式1-7）=4 620-3 850=770（元）

由于材料单价提高的影响，使成本增加了770元。

全部因素汇总影响=400-550+770=620（元）

（2）差额计算法

①计算材料费用总额实际指标与计划指标的差异。

计划指标=100×8×5=4 000（元）

实际指标=110×7×6=4 620（元）

实际指标与计划指标的差异=4 620-4 000=620（元）

②计算各因素对材料费用总额的影响程度。

产量增加的影响=（110-100）×8×5=400（元）

由于产量增加，使成本增加了400元。

材料节约的影响=110×（7-8）×5=-550（元）

由于材料节约，使成本降低了550元。

材料价格提高的影响=110×7×（6-5）=770（元）

由于材料单价提高，使成本增加了770元。

全部因素的影响=400-550+770=620（元）

第三节　财务分析实验课程的目的和要求

一、开设财务分析实验课程的目的

财务分析是为企业的投资者、债权人、经营者及其他关心企业的组织或个人了解企业过去、评价企业现状、预测企业未来、作出正确决策提供准确的信息或依据的经济应用学科。财务分析无论对企业的所有者、债权人、经营者、职工，还是对政府、客户、供应商等都是十分重要的。财务分析将为各分析主体进行财务预测、财务决策、财务控制和财务评价等提供可靠信息。

“财务分析”是一门理论性、实践性、技术性和操作性都比较强的课程，理论教学和案例教学成为了主要的教学手段。通过本课程的学习，一方面使学生加深对会计报表的理解，掌握财务分析的基本理论与基本方法；另一方面使学生明确作为财务分析师或分析人员应如何阅读与分析财务报表、如何分析财务活动状况、如何评价财务绩效等，使学生基本具备评价过去、预测未来的能力，帮助利益集团更好地进行决策。

（1）使学生能够综合运用所学的财务分析知识，针对不同行业的上市公司进行财务分析。

（2）使学生系统地掌握本学科的新知识、新手段、新方法，毕业后能够快速满足工作需要，在专业知识、技术能力和业务素质三个方面得到综合提高。

（3）课程设计与实际需要相结合，能够实现因材施教、因需施教的办学理念。

（4）使学生接受到财务分析方法的系统训练，培养其科学的思维方式及分析能力。

（5）提高调查研究和搜集资料的能力。

（6）熟悉并计算各项经济指标的能力。

（7）强化理论分析能力。

（8）加强实际操作能力。

（9）通过分工与协作，培养其团队合作精神。

开设“财务分析”实验课程，是根据高级应用型人才培养目标的要求，使学生在通过理论教学学习和掌握财务分析的基本理论、基本原理的同时，通过实验教学掌握上市公司财务分析的具体要求和应用方法。将理论学习与课程实验有机、紧密地结合起来，防止理论学习与课程实验出现“两张皮”的脱节现象，从而增强学生专业学习的后劲，为使学生能朝着“素质高、后劲足、上手快、适应性强”的高级应用型人才方向成长打下良好的基础。

二、财务分析实验课程的要求

为在“财务分析”课程中保证参与者高质量地完成上市公司财务分析，在课程设计时间内，要求教师和学生做到以下几点：

（1）教师应在本学期讲授这门课时，就提醒学生本门课在课程设计方面的任务，以使学生从一开始就重视该课程的学习，并对此有所准备。

（2）教师应提前布置课程设计作业，然后在规定的课程设计学时内使学生能够完成该项作业。该项作业要借助一部分课外时间才能完成。

（3）学生在接到课程案例设计任务后，应在课程设计任务布置后的两周内制订作业计划，并在课程设计时间结束时交出作业。

（4）教师应认真审阅学生完成的课程设计，并在随后的时间内解决课程设计中出现的问题，以使学生真正掌握该门课程的内容。

（5）以4～8人为一组，小组成员最多不能超过8人，最少不能低于4人。

在整个课程设计过程中，每名分析小组的学生都将代表该上市公司的财务管理人员对该上市公司的财务状况、经营成果及现金流量作出计算、分析与评价。实验结束，各小组应上交一份该上市公司的基本概况、3年的财务报表、基本财务指标的计算分析、财务分析报告及PPT演示稿（电子文档），上交一份打印稿的财务分析报告。

第四节　财务分析实验课程的设计思路

财务分析实验课程设计，以我国上市公司为背景展开，上网收集上市公司近期连续3年的财务信息资料，运用所学的财务分析基本理论、基本知识和基本方法，对上市公司的财务状况、经营成果、现金流量等进行计算分析，结合上市公司的行业发展前景，撰写上市公司财务分析报告，制作PPT演示文稿，对上市公司进行综合分析与评价。

上市公司财务分析由六部分内容组成。

（一）公司简介

公司简介包括公司基本情况介绍及主要经营业务介绍等。

（二）行业分析

行业分析包括行业背景分析、行业特点介绍、行业发展现状及行业发展前景分析。

（三）报表分析

报表分析包括对资产负债表、利润表及现金流量表三大会计报表的分析，报表分析运用比较分析法和结构百分比法。通过对资产负债表的结构与趋势进行分析，可以了解企业资产的规模，并对企业资产和资本的风险结构作出分析与评价。通过对利润表的结构与趋势进行分析，可以对企业营业收入及利润的构成、发展趋势作出分析与评价。通过对现金流量表的结构与趋势进行分析，可以对企业目前及未来的现金流量作出分析与评价。

（四）财务指标分析

比率分析包括盈利能力指标的计算与分析、偿债能力指标的计算与分析、营运能力指标的计算与分析和发展能力指标的计算与分析。通过财务指标的计算，与历史数据、行业平均值比较，可以分析、评价上市公司的盈利能力状况、资产质量状况、债务风险状况和经营增长状况。

（五）综合分析

综合分析是将各项财务指标作为一个整体，系统、全面、综合地对企业财务状况、经营成果和现金流量进行剖析、解释和评价。综合分析采用世界范围内广泛运用的杜邦分析体系，对企业的销售规模、成本水平、资产的利用效率及财务杠杆的运用情况作出综合评价。

（六）分析报告

通过以上各个步骤的分析，撰写上市公司财务分析报告，对公司的财务状况、经营成果及现金流量作出全面的分析与评价，对存在的问题提出意见及建议。根据上市公司的行业发展前景对公司未来的发展可能存在的风险进行预测并提出防范措施。

具体内容如图1-1所示。

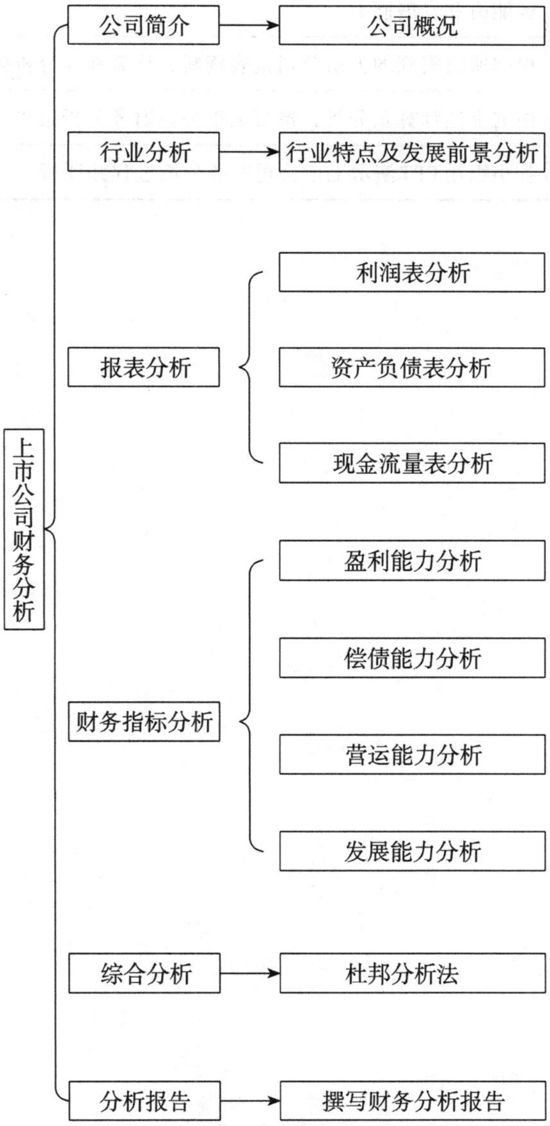

图1-1　上市公司财务分析步骤

第五节 财务分析课程实验项目教学安排

财务分析课程实验项目教学安排见表1-2。

表1-2 财务分析课程实验项目教学安排

序号	实验项目	实验内容及要求
1	公司简介及行业发展前景分析	上网查阅上市公司报表资料，收集、了解该公司所处的行业背景，并对公司概况及行业发展前景进行分析
2	主要报表项目结构及趋势分析	根据所收集到的上市公司报表资料，分析资产负债表主要资产项目结构及趋势，利润表项目结构及趋势，现金流量表项目结构及趋势
3	财务指标体系分析	根据所收集到的上市公司报表资料，计算并分析上市公司的盈利能力、偿债能力、营运能力和发展能力
4	综合分析：杜邦分析	根据所收集到的上市公司报表资料，计算杜邦分析体系的主要指标并进行综合分析
5	撰写财务分析报告	根据上述计算及分析，撰写上市公司财务分析报告
6	上市公司财务评析	各小组用PPT演示上市公司财务分析过程并评析

第二章

利润表分析

第一节 利润表概述

一、利润表的概念

利润表是反映企业在一定会计期间的经营成果的财务报表。利润表是以“利润=收入-费用”这一会计等式为依据编制而成的，是一张动态的财务报表。利润表的列报必须充分反映企业经营业绩的主要来源和构成，有助于使用者判断净利润的质量及风险，预测净利润的持续性，从而作出正确的决策。

二、利润表的作用

第一，可以解释、评价和预测企业的经营成果和获利能力，为投资决策提供依据。

经营成果通常指以营业收入、其他业务收入抵扣成本、费用、税金等的差额所表示的收益信息。经营成果是一个绝对值指标，可以反映企业财富增长的规模。获利能力是一个相对值指标，它指企业运用一定的经济资源（如人力、物力）获取经营成果的能力。经济资源可以因报表用户的不同需要而有所区别，它可以是资产总额、净资产，可以是资产的耗费（成本或费用），还可以是投入的人力（如职工人数），因而衡量获利能力的指标包括资产收益率、净资产（税后）收益率、成本收益率以及人均实现收益等指标。经营成果的信息直接由利润表反映，而获利能力的信息除利润表外，还要借助其他会计报表和附注才能得到。

通过比较和分析同一企业在不同时期，或不同企业在同一时期的资产收益率、成本收益率等指标，能够揭示企业利用经济资源的效率；通过比较和分析收益信息，可以了解某一企业收益增长的规模和趋势；根据利润表所提供的经营成果信息，股东、债权人和管理部门可解释、评价和预测企业的获利能力，据以对是否投资或追加投资、投向何处、投资多少等作出决策。

第二，可以解释、评价和预测企业的偿债能力，为筹资决策提供依据。

偿债能力是指企业以资产清偿债务的能力。利润表本身并不提供偿债能力的信息，然而企业的偿债能力不仅取决于资产的流动性和资本结构，也取决于获利能力。企业在个别年份获利能力不足，不一定影响偿债能力，但若一家企业长期丧失获利能力，则资产的流动性必然由好转坏，资本结构也将逐渐由优变劣，陷入资不抵债的困境。因而，数年收益很少、获利能力不强甚至亏损的企业，通常其偿债能力不会很强。

债权人和管理部门通过分析和比较利润表的有关信息，可以间接地解释、评价和预测企业的偿债能力，尤其是长期偿债能力，并揭示偿债能力的变化趋势，进而作出各种信贷决策和改进企业管理工作的决策，如决定维持、扩大或收缩现有信贷规模，以及应提出何种信贷条件等。管理部门则可据以找出偿债能力不强的原因，努力提高企业的偿债能力，改善企业的形象。财务部门通过分析和比较利润表的有关信息和偿债能力，可以对筹资的方案和资本结构以及财务杠杆的运用作出决策。

第三，可以为企业管理层的经营决策提供依据。

比较和分析利润表中各种构成要素，可知悉各项收入、成本、费用与收益之间的消长趋势，发现各方面工作中存在的问题，揭露问题，找出差距，改善经营管理，努力增收节支，杜绝损失的发生，作出合理的经营决策。

第四，可以考核和评价企业经营管理人员的经营业绩和管理水平，为业绩考核提供依据。

通过对利润表中各项构成因素的比较和分析，可以考核企业经营目标的完成情况，发现各方面工作中存在的问题，促使企业经营管理人员找出差距，明确重点，不断提高经营管理水平。

第五，可以为税务部门课征税款提供依据。

利润表反映的收入、费用、成本及利润情况，可以为税务部门课征税款提供依据，也可以作为有关贸易组织和政府有关部门制定价格的基本依据。此外，利润表还是国民经济核算中计算国民收入的主要资料来源。

三、利润表的列报方法

利润表正表的格式一般有两种：单步式和多步式。单步式利润表是将当期所有的收入列在一起，然后将所有的费用列在一起，两者相减得出当期净损益。多步式利润表是通过对当期的收入、费用、支出项目按性质加以归类，按利润形成的主要环节列示一些中间性利润指标，分步计算当期净损益。

财务报表列报准则规定，企业应当采用多步式列报利润表，将不同性质的收入和费用进行对比，从而可以得出一些中间性的利润数据。这样便于报表使用者理解企业经营成果的不同来源。企业可以分如下三个步骤编制利润表：

第一步，以营业收入为基础，减去营业成本、税金及附加、销售费用、管理费用、研发费用、财务费用、资产减值损失，加上公允价值变动收益（减去公允价值变动损失）和投资收益（减去投资损失）等项目，计算出营业利润；

第二步，以营业利润为基础，加上营业外收入，减去营业外支出，计算出利润总额；

第三步，以利润总额为基础，减去所得税费用，计算出净利润（或净亏损）。

普通股或潜在普通股已公开交易的企业，以及正处于公开发行普通股或潜在普通股过程中的企业，还应当在利润表中列示每股收益的相关信息。

四、利润表的格式

利润表的格式见表2-1。

表2-1　**利润表**　会企02表

编制单位：　年度　单位：

报表日期	本期金额	上期金额
一、营业收入		
减：营业成本		
税金及附加		
销售费用		
管理费用		
研发费用		
财务费用		
其中：利息费用		
利息收入		

续表

报表日期	本期金额	上期金额
加：其他收益		
投资收益（损失以“-”号填列）		
其中：对联营企业和合营企业的投资收益		
以摊余成本计量的进入资产终止确认收益（损失以“-”号填列）		
净敞口套期收益（损失以“-”号填列）		
信用减值损失（损失以“-”号填列）		
资产减值损失（损失以“-”号填列）		
资产处置损益（损失以“-”号填列）		
二、营业利润（亏损以“-”号填列）		
加：营业外收入		
减：营业外支出		
三、利润总额（亏损总额以“-”号填列）		
减：所得税费用		
四、净利润（净亏损以“-”号填列）		
（一）持续经营净利润（净亏损以“-”号填列）		
（二）终止经营净利润（净亏损以“-”号填列）		
五、其他综合收益的税后净额		
（一）不能重分类进损益的其他综合收益		
1.重新计量设定收益计划变动额		
2.权益法下不能转损益的其他综合收益		
3.其他权益工具投资公允价值变动		
4.企业自身信用风险公允价值变动		
……		
（二）将重分类进损益的其他综合收益		
1.权益法下可转损益的其他综合收益		
2.其他债权投资公允价值变动		
3.金融资产重分类分类计入其他综合收益的金额		
4.其他债权投资信用减值准备		
5.现金流量套期储备		
6.外币财务报表折算差额		
……		
六、综合收益总额		
七、每股收益		
（一）基本每股收益		
（二）稀释每股收益		

第二节 利润表项目分析

一、营业收入

营业收入项目，反映企业经营主要业务和其他业务所确认的收入总额。本项目应根据“主营业务收入”和“其他业务收入”科目的发生额分析填列。

收入是指企业在日常活动中形成的、会导致所有者权益增加的、与所有者投入资本无关的经济利益的总流入。这里的收入，包括销售商品收入、提供劳务收入和让渡资产使用权收入。在市场经济条件下，收入作为影响利润指标的重要因素，越来越受到企业和投资者等众多信息使用者的重视。

营业收入是企业创造利润的核心，具有未来的可持续性，如果企业的利润总额大部分来源为营业收入，则表明企业的利润质量较高。在分析营业收入时，需要注意以下几个问题：

（一）收入的确认标准是否符合条件

1.销售商品收入的确认与计量

商品包括企业为销售而生产的产品和为转售而购进的商品，如工业企业生产的产品、商业企业购进的商品等，企业销售的其他存货，如原材料、包装物等，也视同企业的商品。收入准则规定，销售商品收入同时满足下列条件的，才能予以确认：

（1）企业已将商品所有权上的主要风险和报酬转移给购货方；

（2）企业既没有保留通常与所有权相联系的继续管理权，也没有对已售出的商品实施有效控制；

（3）收入的金额能够可靠地计量；

（4）相关的经济利益很可能流入企业；

（5）相关的已发生或将发生的成本能够可靠地计量。

2.提供劳务收入的确认与计量

提供劳务交易的结果能够可靠估计，是指同时满足下列条件：

（1）收入的金额能够可靠地计量；

（2）相关的经济利益很可能流入企业；

（3）交易的完工进度能够可靠地确定；

（4）交易中已发生和将发生的成本能够可靠地计量。

3.让渡资产使用权收入的确认与计量

让渡资产使用权收入包括利息收入、使用费收入等。让渡资产使用权收入同时满足下列条件的，才能予以确认：

（1）相关的经济利益很可能流入企业；

（2）收入的金额能够可靠地计量。

（二）收入的确认时间的合理性分析

分析本期收入与前期收入或后期收入的时间界限有无混淆的迹象。

（三）收入的确认方法的合理性分析

分析所采用的完工百分比法、完成合同法的条件与估计方法是否合理。

二、营业成本

营业成本项目，反映企业经营主要业务和其他业务所发生的成本总额。本项目应根据“主营业务成本”和“其他业务成本”科目的发生额分析填列。

三、税金及附加

税金及附加项目，反映企业经营业务应负担的消费税、城市维护建设税、资源税、土地增值税和教育费附加等。本项目应根据“税金及附加”科目的发生额分析填列。

四、销售费用

销售费用项目，反映企业在销售商品过程中发生的包装费、广告费等费用和为销售本企业商品而专设的销售机构的职工薪酬、业务费等经营费用。本项目应根据“销售费用”科目的发生额分析填列。

销售费用是企业销售商品过程中发生的费用，包括运输费、装卸费、包装费、保险费、展览费和广告费，以及为销售本企业产品而专设的销售机构的职工工资、福利费、业务费等。如果是商业企业，还包括进货过程中发生的运输费、装卸费、包装费、保险费、运输途中的合理损耗和入库前的挑选、整理费等。

销售费用的分析建立在本期销售费用实际发生额以及其他相关信息的基础上。为便于分析，企业应定期编制销售费用明细表，以提供分析所必需的数据。进行分析时，首先查看表中销售费用总额预算的执行情况；然后进行各项目的对比分析，查明销售费用脱离预算的原因。分析销售费用可联系当期市场需求变化情况和企业销售业务的开展、销售规模的大小等业务背景来进行。

销售费用的分析要点列示如下：

（1）销售过程中的运输费、装卸费、包装费、保险费等是企业向客户提供产品时的附加服务，虽然耗费企业资源，但这是企业提高对客户服务质量不可减少的费用，通常属于变动成本，与企业销售量的变动成正比，其中运输费还会受运输价格的影响。企业在进行降低这部分费用的决策时，一定要谨慎考虑它对企业和产品形象的影响，对送货时间、效率等市场竞争能力的影响。

（2）展览和广告费用于提高企业或产品的知名度、拓展产品或服务市场，是企业增加营业收入的手段。展览和广告费发生后一般是一次性计入当期费用，但它产生的影响能够持续多久很难估计，因此其金额是否合理较难确定。从成本特性上看，展览和广告费符合“酌量性固定成本”的特征，其费用发生额只适宜与预算额相比，并结合企业销售量和市场占有率情况分析其功效，而不宜与前期实际数额去对比，并据此作出优劣的结论。企业应针对产品及服务的特点以及目标市场的特点，慎重制定广告策略，应以其预计增加的营业利润是否能够抵补广告支出作为决策的依据，并及时通过比较展览和做广告后一定时期的销售收入增长额与展览和广告费投入额，评价分析广告投入的作用是否有效。

（3）专设销售机构的费用通常随企业营业规模的扩大而呈阶梯状上涨。专设的销售机构可以使企业更好地开拓不同地区的市场，扩大企业在该地区的销售量。但是，相对于委托代理商或分销商的销售方式，专设销售机构的费用是固定的，这就需要企业在当地的销售收入至少要高于保本点，保证收回该专设销售机构发生的费用，否则专设销售机构将成为企业的包袱。因此，专设销售机构发生的费用可与该销售机构实现的销售收入、销售利润等指标一起进行本量利分析，以判断其合理性。

（4）商业企业在进货过程中发生的各项费用的多少与企业的采购频率、采购批量等采购策略有关，商业企业减少进货费用的关键是按照经济采购批量的决策方式进行采购，应努力减少运输途中的损耗，如选取稳妥、负责的运输商等。

五、管理费用

管理费用项目，反映企业为组织和管理生产经营发生的管理费用。本项目应根据“管理费用”的发生额分析填列。

管理费用是企业为组织和管理生产经营所发生的费用，包括行政管理费用，如行政管理人员工资及福利费、各种办公用物料消耗及摊销、差旅费、会议费、业务招待费等；促进企业的职工培训费，维持经营能力的费用，如聘请中介机构的费用、咨询费、无形资产及长期待摊费用摊销、坏账准备等。

管理费用的分析是对报告期已发生的管理费用从费用项目到实际发生数额是否合理的情况进行分析和评价，找出问题和原因，因此也要利用编制、提供管理费用明细表这一手段和工具，借助表中数据完成分析工作。它与产品销售费用的分析方法一致，只是费用的性质和内容不同，在具体分析时要结合业务情况或管理背景分别而论。

管理费用分析要点列示如下：

（1）行政管理费用在一定时期内，如果企业经营规模没有发生重大改变，几乎与企业的业务量没有关系。因此，只要预算制定是合理的，则超过预算就说明企业费用控制存在问题。行政管理费用主要发生在企业最高的管理层，内部监督力量较弱，因此其标准的制定、控制和评价也较困难。

（2）维持经营能力的费用中，聘请中介机构的费用和咨询费的金额通常较小，或是不为企业所控制，可以不作为分析的重点。无形资产及长期待摊费用的摊销以及坏账准备的提取金额受企业会计政策的影响很大。在无形资产及长期待摊费用以及应收账款金额既定的情况下，这部分摊销金额和坏账准备金额的大小取决于企业制定的摊销年限和提取比例，通过改变摊销年限和提取比例降低这部分费用虽能使企业账面利润得到改观，但并不能说明企业费用真正降低了，分析时应格外注意。

（3）促进企业发展的费用虽然在当期发生了，在当期甚至近期无法看到成效，而且很容易因企业调整账面利润的需要而减少，但是它们却是企业未来发展至关重要的投入。这部分费用从金额方面直观地分析，应在企业可承担的能力范围内适当增长。国际上公司研究开发费用的水平通常应达到销售收入的10%以上。研究开发费用的效果，可从新产品在营业收入中所占比例、专利产品在营业收入中所占比例等财务指标中得到一定程度的反映。

（4）承担社会责任的费用是企业不可避免和不能减少的，而且大部分项目的金额都不是企业可以控制的，对这些企业无法控制的费用进行分析的重点不是其金额的大小，而是发现企业外部环境的变化，从而调整对企业保本收入和保利收入的判断。

对于销售费用和管理费用两项期间费用而言，在企业的产品结构、销售规模、营销策略、组织结构、管理风格以及管理手段等方面变化不大的情况下，其发生规模应基本保持稳定。若两项费用在年度间出现巨额变化，则很可能是会计调整的结果。因此，可以通过销售费用率（销售费用同营业收入的比率）和管理费用率（管理费用同营业收入的比率）来初步判断两项费用开支的合理性和有效性。

六、研发费用

研发费用项目，反映企业为研究与开发某项目所支付的费用。本项目应根据“研发费用”科目的发生额分析填列。

《企业会计准则第6号——无形资产》第十三条规定，自行开发的无形资产，其成本包括自满足本准则第四条和第九条规定后至达到预定用途前所发生的支出总额，但是对于以前期间已经费用化的支出不再调整。

从实质上讲，我国财政部门在会计准则中已经明确规定，企业内部研究开发项目研究阶段的支出，应当于发生时计入当期损益，而企业内部研究开发项目开发阶段的支出，能够证明下列各项时，应当确认为无形资产：

1.从技术上讲，完成该无形资产以使其使用或出售具有可行性。

2.具有完成该无形资产并使用或出售的意图。

3.无形资产产生未来经济利益的方式，包括能够证明运用该无形资产生产的产品存在市场或无形资产自身存在市场；无形资产将在内部使用时，应当证明其有用性。

4.有足够的技术、财务资源和其他资源支持，以完成该无形资产的开发，并有能力使用或出售该无形资产。

5.归属于该无形资产开发阶段的支出能够可靠地计量。对于无法区分研究阶段研发支出和开发阶段研发支出的，应当将其全部费用化，计入当期损益（研发费用）。

《企业会计准则第6号——无形资产》修订后，研发费用从管理费用单列成“研发费用”项目，单独核算、单独披露。

七、财务费用

财务费用项目，反映企业为筹集生产经营所需资金等而发生的筹资费用。本项目应根据“财务费用”科目的发生额分析填列。

同上述两项期间费用一样，对财务费用的具体分析也必须借助详细资料，即有必要编制并利用财务费用明细表。财务费用是企业为了筹集资金等而发生的费用，包括利息费用、汇兑损失和相关的手续费。我国企业的利息收入和汇兑收益作为财务费用的冲减项也归类为财务费用的内容。财务费用是企业筹资活动和闲置资金利用效果的反映。财务费用的高低主要取决于企业的筹资决策，即资金来源中负债比例、长短期债务安排的结果。因此，在分析评价财务费用时应考虑企业融资对生产经营资金需求的满足程度以及外汇市场上汇率变化的风险情况（有外币业务的企业需要考虑）。

财务费用分析要点列示如下：

（1）利息费用的分析主要用于判断企业财务风险的大小，可以通过计算利息保障倍数、企业财务杠杆系数等指标进行分析。

（2）利息收入是企业的一项收入，它是企业将闲置资金存入银行所得到的利息。通常情况下，银行存款利息率应远远低于企业的投资收益率，因此除保持必要的流动性资金外，将资金过多地存于银行说明企业资金运用效率低下。如果企业利息收入金额突然大幅度增加，最常见的原因是企业新近筹集大笔资金用于固定资产投资。

（3）汇兑损失和汇兑收益是有外汇业务的企业因汇率变化而产生的外汇项目的减值或增值。企业虽无法控制汇率的变化，但可以通过对汇率变化的预测，及时调整相关的外汇资产，合理安排外汇负债期限，尽量减少汇兑损失，增加汇兑收益。可以说，汇兑损失和汇兑收益可以在一定程度上反映企业财务部门管理外汇资金的绩效。

对于财务费用而言，其规模变化一般与企业的产品结构、销售规模、营销策略等方面不存在正相关的关系，而是更多地受贷款规模、贷款利率和贷款环境等外部因素的影响。企业财务费用规模的变化则反映了企业的理财状况。

八、信用减值损失

信用减值损失项目，反映企业信用资产（应收账款）发生的减值损失。本项目应根据“信用减值损失”科目的发生额分析填列。

九、资产减值损失

资产减值损失项目，反映企业各项资产发生的减值损失。本项目应根据“资产减值损失”科目的发生额分析填列。

十、资产处置损益

资产处置损益项目，反映企业固定资产、无形资产、在建工程等因出售、转让等原因，产生的处置利得或损失。本项目应根据“资产处置损益”科目的发生额分析填列。

财政部于2017年12月发布《关于修订印发一般企业财务报表格式的通知》（财会〔2017〕30号）新增了“资产处置收益”利润报表项目，反映企业出售划分为持有待售的非流动资产（金融工具、长期股权投资和投资性房地产除外）或处置组时确认的利得或损失，以及处置未划分为持有待售的固定资产、在建工程、生产性生物资产及无形资产而产生的处置利得或损失。

十一、公允价值变动收益

公允价值变动收益项目，反映企业应当计入当期损益的资产或负债公允价值变动收益。本项目应根据“公允价值变动损益”科目的发生额分析填列。如为净损失，本项目以“-”号填列。

通过列报公允价值变动收益，利润表全面反映了企业的收益情况，具体分为经营性收益和非经营性收益。投资者能了解企业因公允价值变动而产生的损益是多少及其占企业全部收益的比重，从而更好地进行分析和决策。另外，原制度下有些特殊业务产生的收益计入资产负债表的所有者权益，未通过利润表反映，如资产评估增值和债务重组利得等，会出现一些绕过利润表而直接计入资产负债表方面的问题，使资产负债表和利润表失去了内在的逻辑联系。通过列报公允价值变动收益项目，使利润表全面反映了这种收益，也提供了协调资产负债表和利润表内在关系的一种方法。

“公允价值变动损益”科目核算的内容包括：交易性金融资产、交易性金融负债，以及采用公允价值模式计量的投资性房地产、衍生工具、套期保值业务等因公允价值变动形成的应计入当期损益的利得或损失。

企业应在资产负债表日对“交易性金融资产”按公允价值进行如下调整：当“交易性金融资产”的公允价值高于其账面余额时，将其差额借记“交易性金融资产——公允价值变动”科目，贷记“公允价值变动损益”科目；当公允价值低于其账面余额时，将其差额借记“公允价值变动损益”科目，贷记“交易性金融资产——公允价值变动”科目。期末，借记或贷记“公允价值变动损益”科目，贷记或借记“本年利润”科目，将“公允价值变动损益”科目的余额转入“本年利润”科目。而出售交易性金融资产时，除转销该金融资产的账面余额外，还要将原计入该金融资产的“公允价值变动损益”转出，借记或贷记“公允价值变动损益”科目，贷记或借记“投资收益”科目。

也就是说，“公允价值变动损益”科目既可以直接影响“本年利润”，又可以影响“投资收益”。虽然可以认为在股市下跌的情况下，企业未将股票卖出时，“公允价值变动损益”只是潜在亏损，但它对利润表的影响却是实实在在的。

十二、投资收益

投资收益项目，反映企业以各种方式对外投资所取得的收益。本项目应根据“投资收益”科目的发生额分析填列。如为投资损失，本项目以“-”号填列。

投资收益是指企业在一定期间内对外投资所取得的回报。投资收益包括对外投资所分得的股利和收到的债券利息，以及投资到期收回或到期前转让债权的款项高于账面价值的差额等。投资活动也可能遭受损失，如投资到期收回或到期前转让所得款项低于账面价值的差额，即为投资损失。投资收益减去投资损失则为投资净收益。投资活动中获取的收益或承担的亏损，虽不是企业通过自身的生产或劳务供应活动所得，却是企业利润总额的重要组成部分，随着企业管理和运用资金权力的日益增大、资本市场的逐步完善，其在利润总额中所占的比重越来越大。

十三、营业利润

营业利润项目，反映企业实现的营业利润。如为亏损，则本项目以“-”号填列。

十四、营业外收入

营业外收入项目，反映企业发生的与经营业务无直接关系的各项收入。本项目应根据“营业外收入”科目的发生额分析填列。

十五、营业外支出

营业外支出项目，反映企业发生的与经营业务无直接关系的各项支出。本项目应根据“营业外支出”科目的发生额分析填列。

十六、利润总额

利润总额项目，反映企业实现的利润。如为亏损，本项目以“-”号填列。

十七、所得税费用

所得税费用项目，反映企业应从当期利润总额中扣除的所得税费用。本项目应根据“所得税费用”科目的发生额分析填列。

十八、净利润

净利润项目，反映企业实现的净利润。如为亏损，本项目以“-”号填列。

十九、每股收益

每股收益包括“基本每股收益”和“稀释每股收益”两个指标。这两个指标向资本市场广大投资者（股民）反映上市公司（公众公司）每一股普通股所创造的收益水平，是反映投资价值的重要指标，是投资决策最直观、最重要的参考依据，是广大投资者关注的重点。

第三节　利润表结构分析

利润表结构是指利润表中各内容要素金额之间的相互关系。利润表结构分析就是对这种关系进行分析，从而对企业整体的经营成果作出判断。利润表结构分析即以利润表中某一关键项目为基数，设其金额为100或1，而分别计算出其余项目的金额占各关键项目金额的百分比，这个百分比表示项目的比重，通过比重对各项目作出判断和评价。运用结构百分比法编制的利润表，通常被称为总体结构利润表，也称共同比利润表。利润表通常以营业收入总额或利润总额为总体值。其具体公式为：

结构百分比=某项指标值÷总体值×100%

共同比利润表举例见表2-2。

从表2-2中可以初步得出以下结论：

（1）2020—2023年连续4年，贵州茅台营业利润占营业总收入的比重均在68%以上，从整体来看，近年来贵州茅台的利润质量非常高，其利润来源主要是营业利润。

（2）从2020年起，贵州茅台利润总额占营业总收入的比重均在68%以上，通过表2-2可以看出，贵州茅台营业外收支所占比重非常低，其利润的构成主要是营业利润，说明贵州茅台可持续发展能力强。

（3）贵州茅台较高的营业利润，说明其成本控制非常理想。营业成本在营业总收入中所占的比重不到9%，且呈下降趋势，表明茅台酒的酿制成本是较低的。贵州茅台作为国酒，在酒类品牌中地位尊崇，有价格优势，使其利润空间较大。作为需要缴纳消费税的酿酒行业，税金及附加在营业收入中所占的比重通常在10%～15%。2023年，贵州茅台的税金及附加在营业收入中所占的比重为14.77%，其中大部分为消费税。

（4）贵州茅台连续4年期间费用整体结构变化不大，2023年销售费用占营业总收入的比重为3.09%，较前几年销售费用占营业总收入的比重略有上升，说明贵州茅台近年来适度增加了广告宣传费用。管理费用在营业总收入中的比重较稳定，且略有下降，说明近年来，贵州茅台加强了对管理费用的合理控制。财务费用连续4年是负数，是贵州茅台货币资金存入银行所产生的利息收入所致。

（5）贵州茅台连续4年营业外收入及营业外支出占营业总收入的比重非常低，营业外收支占营业收入的比重不到1%，说明贵州茅台的利润主要是营业利润，可持续发展能力很强。

表2-2　**贵州茅台共同比利润表**

项目	2020-12-31	2021-12-31	2022-12-31	2023-12-31
一、营业总收入	100.00%	100.00%	100.00%	100.00%
其中：营业收入	96.86%	97.01%	97.29%	98.10%
利息收入	3.14%	2.99%	2.71%	1.90%
手续费及佣金收入	0.00%	0.00%	0.00%	0.00%
二、营业总成本	31.95%	31.77%	31.16%	31.19%
其中：营业成本	8.32%	8.21%	7.91%	7.88%
利息支出	0.11%	0.16%	0.08%	0.08%
手续费及佣金支出	0.00%	0.00%	0.00%	0.00%
税金及附加	14.17%	13.98%	14.50%	14.77%
销售费用	2.60%	2.50%	2.59%	3.09%
管理费用	6.93%	7.72%	7.07%	6.46%
研发费用	0.05%	0.06%	0.11%	0.10%
财务费用	−0.24%	−0.85%	−1.09%	−1.19%
其中：利息费用	0.00%	0.01%	0.01%	0.01%
利息收入	0.28%	0.86%	1.16%	1.29%
加：其他收益	0.01%	0.02%	0.02%	0.02%
投资收益	0.00%	0.05%	0.05%	0.02%
汇兑收益	0.00%	0.00%	0.00%	0.00%
净敞口套期收益	0.00%	0.00%	0.00%	0.00%
加：公允价值变动净收益	0.00%	0.00%	0.00%	0.00%
信用减值损失	−0.07%	−0.01%	−0.01%	0.03%
资产减值损失	0.00%	0.00%	0.00%	0.00%
资产处置损益	0.00%	0.00%	0.00%	0.00%
三、营业利润	68.00%	68.29%	68.90%	68.88%
加：营业外收入	0.01%	0.06%	0.06%	0.06%
减：营业外支出	0.46%	0.27%	0.20%	0.09%
四、利润总额	67.55%	68.08%	68.76%	68.85%
减：所得税费用	17.02%	17.18%	17.50%	17.36%
五、净利润	50.54%	50.90%	51.25%	51.49%

备注：共同比利润表仅计算至净利润即止。

第四节　利润表趋势分析

利润表趋势分析就是采用比较的方法，以企业连续若干年经营成果的信息为分析对象，并观察其变动趋势。

趋势分析法是根据企业连续数期的财务报告，以第1年或另外选定的某一年份为基期，计算每一期各项目对基期同一项目的趋势百分比，或计算趋势比例、指数，形成一系列具有可比性的百分数或指数，进而揭示当期经营成果的增减变化及发展趋势。对不同时期财务指标进行比较时，可计算成动态比率指标；依据采用的基期不同，所计算的动态比率指标分为定基比趋势分析和环比趋势分析两种，相关计算公式如下：

定基比趋势分析=分析期某指标数值÷固定基期某指标数值×100%

环比趋势分析=（分析期某指标数值-上一期某指标数值）÷上一期某指标数值×100%

贵州茅台利润表定基比趋势分析、环比趋势分析分别见表2-3、表2-4。

表2-3　贵州茅台利润表定基比趋势分析

（以2020年为基期年度）

项　目	2020-12-31	2021-12-31	2022-12-31	2023-12-31
一、营业总收入	100.00%	111.71%	130.17%	153.64%
其中：营业收入	100.00%	111.88%	130.75%	155.61%
利息收入	100.00%	106.38%	112.22%	93.14%
手续费及佣金收入				
二、营业总成本	100.00%	111.09%	126.97%	150.01%
其中：营业成本	100.00%	110.17%	123.79%	145.54%
利息支出	100.00%	156.48%	95.01%	102.13%
手续费及佣金支出	100.00%	108.68%	135.18%	64.76%
税金及附加	100.00%	110.21%	133.19%	160.11%
销售费用	100.00%	107.44%	129.44%	182.46%
管理费用	100.00%	124.45%	132.73%	143.29%
研发费用	不适用	122.87%	268.24%	312.26%
财务费用	100.00%	398.33%	593.24%	762.75%
其中：利息费用				
利息收入	100.00%	338.93%	529.40%	696.92%
加：其他收益	100.00%	156.16%	186.52%	263.70%
投资收益	100.00%	19 060.84%	20 887.90%	11 133.01%
汇兑收益				

续表

项 目	2020-12-31	2021-12-31	2022-12-31	2023-12-31
净敞口套期收益				
加：公允价值变动净收益	100.00%	-45.83%	0.00%	64.35%
信用减值损失	100.00%	18.25%	20.58%	-53.06%
资产减值损失				
资产处置损益				
三、营业利润	100.00%	112.18%	131.88%	155.64%
加：营业外收入	100.00%	624.27%	641.13%	785.26%
减：营业外支出	100.00%	64.97%	55.41%	29.58%
四、利润总额	100.00%	112.59%	132.49%	156.60%
减：所得税费用	100.00%	112.80%	133.90%	156.78%
五、净利润	100.00%	112.51%	132.01%	156.54%

备注：表2-3中，“不适用”项目，指前期或后期无数据，不能进行计算的项目，下同。

表2-4 **贵州茅台利润表环比趋势分析**

项 目	2020-12-31	2021-12-31	2022-12-31	2023-12-31
一、营业总收入	10.29%	11.71%	16.53%	18.04%
其中：营业收入	11.10%	11.88%	16.87%	19.01%
利息收入	-10.12%	6.38%	5.50%	-17.01%
手续费及佣金收入				
二、营业总成本	5.01%	11.09%	14.30%	18.15%
其中：营业成本	9.74%	10.17%	12.36%	17.57%
利息支出	-23.76%	56.48%	-39.28%	7.50%
手续费及佣金支出	44.70%	8.68%	24.38%	-52.09%
税金及附加	9.06%	10.21%	20.85%	20.21%
销售费用	-22.30%	7.44%	20.47%	40.96%
管理费用	10.08%	24.45%	6.65%	7.96%
研发费用	3.51%	22.87%	118.31%	16.41%
财务费用	-3 245.75%	298.33%	48.93%	28.57%
其中：利息费用			-11.14%	5.00%
利息收入	1 248.50%	238.93%	56.20%	31.64%
加：其他收益	-30.00%	56.16%	19.45%	41.38%
投资收益	不适用	18 960.84%	9.59%	-46.70%

续表

项　目	2020-12-31	2021-12-31	2022-12-31	2023-12-31
汇兑收益				
净敞口套期收益				
加：公允价值变动净收益	-134.94%	-145.83%	-100.00%	
信用减值损失	1 243.22%	-81.75%	12.78%	-357.86%
资产减值损失				
资产处置损益				-324.98%
三、营业利润	12.86%	12.18%	17.56%	18.01%
加：营业外收入	16.89%	524.27%	2.70%	22.48%
减：营业外支出	67.36%	-35.03%	-14.72%	-46.61%
四、利润总额	12.61%	12.59%	17.68%	18.20%
减：所得税费用	12.56%	12.80%	18.71%	17.09%
五、净利润	12.63%	12.51%	17.33%	18.58%

从表2-3、表2-4中可以初步得出以下结论：

（1）与基期年度2020年相比，贵州茅台的营业总收入呈连年上升趋势，2023年营业总收入与2020年相比增长153.64%。随着营业总收入的增长，营业总成本也在增加，营业总成本的上升趋势略低于营业总收入的增长幅度，利润有较大的空间。

（2）近年来贵州茅台税金及附加增长幅度较大，且超过营业收入的增长幅度，这与国家宏观调控政策密切相关。2016年新修订税法的实施，加大了对消费品的调控力度，对此有直接影响。

（3）贵州茅台的营业收入呈连年上升趋势，与之配比的期间费用也随销售额增长而变化。2023年销售费用的增长幅度高于营业收入，说明近年来贵州茅台加大了产品宣传力度。

（4）期间费用中管理费用的增长幅度同样低于营业收入。2023年营业收入较2020年增长153.64%，而同期管理费用仅增长143.29%，表明贵州茅台对管理费用的控制效果理想。

第三章

资产负债表分析

第一节　资产负债表概述

一、资产负债表的概念

资产负债表是反映企业在某一特定日期的财务状况的会计报表。它以“资产=负债+所有者权益”这一会计恒等式为依据，按照一定的分类标准和次序反映企业在某一时间点上资产、负债和所有者权益的基本状况。资产负债表是一张静态的时点报表，反映的是企业在资产负债表日所拥有的资源、所承担的负债以及所有者所拥有的权益。

二、资产负债表的作用

第一，可以提供某一日期的资产总额及其结构，表明企业拥有或控制的资源及其分布情况，使用者可以一目了然地从资产负债表上了解企业在某一特定日期所拥有的资产总量及其结构。

第二，可以提供某一日期的负债总额及其结构，表明企业未来需要用多少资产或劳务清偿债务以及清偿时间。

第三，可以反映所有者拥有的权益，据以判断资本保值、增值的情况以及对负债的保障程度。此外，资产负债表还可以提供进行财务分析的基本资料，如将流动资产与流动负债进行比较，计算出流动比率；将速动资产与流动负债进行比较，计算出速动比率等，可以表明企业的变现能力、偿债能力和资金周转能力，从而有助于报表使用者作出经济决策。

三、资产负债表的列报要求

资产负债表列报，最根本的目标就是如实反映企业在资产负债表日所拥有的资源、所承担的负债以及所有者所拥有的权益。资产负债表遵循了“资产=负债+所有者权益”这一会计恒等式，充分反映企业在特定时日所拥有的经济资源和与之相对应的企业所承担的债务及偿债以后属于所有者的权益。因此，资产负债表应当分别列示资产总计项目，以及负债与所有者权益之和的总计项目，并且这二者的金额应当相等。

按照流动性划分，资产和负债应当分别按流动资产和非流动资产、流动负债和非流动负债列示。流动性，通常按资产的变现或耗用时间的长短或者负债偿还时间的长短来确定。按照财务报表列报准则的规定，应先列报流动性强的资产或负债，再列报流动性弱的资产或负债。资产负债表中的资产类项目中至少应当列示流动资产和非流动资产以及资产的合计项目；负债类至少应当列示流动负债、非流动负债以及负债的合计项目；所有者权益类应当列示所有者权益的合计项目。

1.资产的列报

资产负债表中的资产反映由过去的交易、事项形成并由企业在某一特定日期所拥有或控制的，预期会给企业带来经济利益的资源。资产应当按照流动资产和非流动资产两大类别在资产负债表中列示，在流动资产和非流动资产类别下进一步按性质分项列示。

（1）流动资产和非流动资产的划分。

资产负债表中的资产应当分别按流动资产和非流动资产列报，因此区分流动资产和非流动资产十分重要。资产满足下列条件之一的，应当归类为流动资产：

① 预计在一个正常营业周期中变现、出售或耗用。这主要包括存货、应收账款等资产。需要指出的是，变现一般针对应收账款等而言，指将资产变为现金；出售一般针对产品等存货而言；耗用一般指将存货（如原材料）转变成另一种形态（如产成品）。

② 主要为交易目的而持有。这主要是指根据《企业会计准则第22号——金融工具确认和计量》划分的交易性金融资产。

③ 预计在资产负债表日起1年内（含1年）变现。

④ 自资产负债表日起1年内，交换其他资产或清偿负债的能力不受限制的现金或现金等价物。在实务中存在用途受到限制的现金或现金等价物，比如用途受到限制的信用证存款、汇票存款、技改资金存款等，这类现金或现金等价物如果作为流动资产列报，可能导致高估流动资产金额，从而高估流动比率等财务指标，影响使用者的决策。

（2）正常营业周期。

值得注意的是，判断流动资产、流动负债时所称的一个正常营业周期，是指企业从购买用于加工的资产起至收回现金或现金等价物的期间。正常营业周期通常短于1年，在1年内有几个营业周期。但是，也存在正常营业周期长于1年的情况，如房地产开发企业开发的用于出售的房地产开发产品、造船企业制造的用于出售的大型船只等，从购买原材料投入生产，到制造出产品出售并收回现金或现金等价物的过程，往往超过1年，在这种情况下，与生产循环相关的产成品、应收账款、原材料尽管是超过1年才变现、出售或耗用，仍应作为流动资产列示。当正常营业周期不能确定时，应当以1年（12个月）作为正常的营业周期。

2.负债的列报

资产负债表中的负债反映在某一特定日期企业所承担的、预期会导致经济利益流出企业的现时义务。负债应当按照流动负债和非流动负债在资产负债表中进行列示，在流动负债和非流动负债类别下再进一步按性质分项列示。

流动负债的判断标准与流动资产的判断标准相类似。负债满足下列条件之一的，应当归类为流动负债：①预计在一个正常营业周期中清偿；②主要为交易目的而持有；③自资产负债表日起1年内到期应予以清偿；④企业无权自主地将清偿推迟至资产负债表日后1年以上。

值得注意的是，有些流动负债，如应付账款、应付职工薪酬等，属于企业正常营业周期中使用的营运资金的一部分。尽管这些经营性项目有时在资产负债表日后超过1年才到期清偿，但是它们仍应划分为流动负债。

3.所有者权益的列报

资产负债表中的所有者权益是企业资产扣除负债后的剩余权益，反映了企业在某一特定日期股东投资者拥有的净资产的总额。资产负债表中的所有者权益类项目一般按照净资产的不同来源和特定用途进行分类，应当按照实收资本（或股本）、资本公积、盈余公积、未分配利润等项目分项列示。

四、资产负债表的格式

资产负债表的一般格式见表3-1。

表3-1　　资产负债表　　会企01表

编制单位：　　年　月　日　　单位：

项　目	年初数	年末数	项　目	年初数	年末数
流动资产：			流动负债：		
货币资金			短期借款		
交易性金融资产			交易性金融负债		
衍生金融资产			衍生金融负债		
应收票据			应付票据		
应收账款			应付账款		
预付款项			预收款项		
其他应收款			合同负债		
其中：应收利息			应付职工薪酬		
应收股利			应交税费		
存货			其他应付款		
合同资产			持有待售负债		
持有待售资产			一年内到期的非流动负债		
一年内到期的非流动资产			其他流动负债		
其他流动资产			流动负债合计		
流动资产合计			非流动负债：		
非流动资产：			长期借款		
债权投资			应付债券		
其他债权投资			其中：优先股		
长期应收款			永续债		
长期股权投资			租赁负债		
其他权益工具投资			长期应付款		
其他非流动金融资产			预计负债		
投资性房地产			递延收益		
固定资产			递延所得税负债		
在建工程			其他非流动负债		
生产性生物资产			非流动负债合计		
油气资产			负债合计		
使用权资产			所有者权益（或股东权益）		
无形资产			实收资本（或股本）		
开发支出			其他权益工具		
商誉			其中：优先股		
长期待摊费用			永续债		
递延所得税资产			资本公积		
其他非流动资产			减：库存股		
非流动资产合计			其他综合收益		
			专项储备		
			盈余公积		
			未分配利润		
			所有者权益（或股东权益）合计		
资产总计			负债和所有者权益（或股东权益）总计		

第二节　资产负债表项目分析

一、资产主要项目分析

1.货币资金

货币资金项目，反映企业库存现金、银行结算户存款、外埠存款、银行汇票存款、银行本票存款、信用卡存款、信用证保证金存款等的合计数。货币资金是企业流动性最强的资产，同时也是盈利能力最差的资产。企业持有货币资金主要是为了满足经营需要、预防需要和投机需要，但企业持有过多或过少的货币资金，都将对实现企业财务管理目标产生不利影响。货币资金持有量过大，会使企业整体盈利能力下降；反之，如果货币资金持有量过少，企业会因为没有足够的支付能力而面临财务风险。

对货币资金进行分析，一是看货币资金的使用是否符合国家的相关法规的规定；二是看货币资金的持有数量是否合适；三是注意与前期比较的同时，与同行业比较，并结合现金流量表及报表附注进行分析，分析货币资金发生变动的原因，如销售规模变动、信用政策改变、为大笔现金支出做准备、所筹资金尚未使用等。

货币资金持有量通常根据以下因素确定：①企业规模。通常企业规模越大，业务量就越多，货币资金的需求量就越大；反之，企业规模小，货币资金的需求量相对较小。②行业特点。不同行业对货币资金的需求量是不一样的，如制造业对货币资金的需求量相对较小，商品流通企业对货币资金的需求量相对较大。③企业融资能力。如果企业信用较好，融资能力较强，就不必过多持有货币资金。④企业负债结构。若企业负债主要以流动负债为主，应持有较多的货币资金，以偿还到期的债务。

货币资金发生变动的主要原因有：

（1）销售规模的变动。企业销售商品或提供劳务是取得货币资金的最重要途径，当销售规模发生变动时，货币资金存量规模必然会发生相应的变动，并且二者具有一定的相关性。

（2）信用政策的变动。销售规模的扩大是货币资金增加的先决条件，如果企业改变信用政策，则货币资金存量规模就会因此而变化。例如，在销售时，企业提高现销比例，货币资金存量规模就会大些；反之，货币资产存量规模就会小些。企业收账政策的改变，也会对货币资金存量规模产生影响，如企业奉行较严格的收账政策，收账力度较大，货币资金存量规模就会大些。

（3）为大笔现金支出做准备。在企业生产经营过程中，可能会发生大笔的现金支出，如准备派发现金股利、偿还将要到期的巨额银行借款、集中购货等，企业为此必须提前做好准备，积累大量的货币资金以备需要，这样就会使货币资金存量规模较大。一旦这种需要消失，货币资金存量规模就会降下来。

（4）资金调度。一般来说，企业货币资金存量规模过小，会降低企业的支付能力，影响企业的信誉，令企业负担不必要的罚金支出，或因此丧失优惠进货机会及最佳投资机会等；反之，如果货币资金存量规模过大，则会使企业丧失这部分资金的获利机会，影响企业资金的利用效果。企业管理人员对资金的调度会影响货币资金存量规模，如在货币资金存量规模过小时通过筹资活动提高其存量规模，而在其存量规模较大时，通过短期证券投资的方法加以充分利用，就会降低其存量规模。

2.交易性金融资产

交易性金融资产项目，反映资产负债表日企业分类为以公允价值计量且其变动计入当期损益的金融资产，以及企业持有的指定为以公允价值计量且其变动计入当期损益的金融资产的期末账面价值。

该项目应根据“交易性金融资产”科目的相关明细科目的期末余额分析填列。自资产负债表日起超过一年到期且预期持有超过一年的以公允价值计量且其变动计入当期损益的非流动金融资产的期末账面价值，在“其他非流动金融资产”项目反映。交易性金融资产项目，反映企业持有的以公允价值计量且其变动计入当期损益的为交易目的持有的债券投资、股票投资、基金投资、权证投资等金融资产。交易性金融资产的显著特征是可以随时变现，持有交易性金融资产的目的是一方面能获得较好的收益，另一方面又能增强企业整体资产的流动性，降低企业的财务风险。因此，适当持有交易性金融资产是一种较好的财务策略。

新准则要求交易性金融资产期末按公允价值计价，如果企业交易性金融资产所占的比重较大，分析时应注意股市行情的变化，以防范风险。

3.应收票据

应收票据项目，反映企业因销售商品、提供劳务等而收到的商业汇票，包括银行承兑汇票和商业承兑汇票。应收票据与一般的应收款项相比，流动性和安全性更强，更容易在市场上流通、转让，供货方比较容易接受。鉴于此，在过去，应收票据一般不考虑坏账风险而是按照其原值反映，但其毕竟也是一种商业信用，依然存在着风险，因此根据新准则的规定，应收票据也要根据实际情况计提坏账准备，并按照扣除坏账准备后的净额列示。

分析时应注意企业持有的应收票据的类型，一般来说，银行承兑汇票风险较低，而商业承兑汇票的风险则较高。

4.应收账款

应收账款项目，反映企业因销售商品、提供劳务等经营活动应收取的款项，如应收的货款、增值税款以及代垫的运杂费等。在正常情况下，这种账款在1年内应该能够收回，因此将其归属于流动资产。但在实际工作中，债务人可能因资金紧张等原因迟迟不归还货款，导致企业应收账款长期收不回来，甚至发生坏账。为了体现应收账款的真实价值，应当估计应收账款的坏账损失，按照商业信用的金额扣除所计提的坏账准备的净额列示。应收账款的起点是销售，终点是现金，应收账款分析应与销售额、现金流量分析联系起来。正常情况下，销售额增加会引起应收账款增加，现金的存量和经营活动现金流量也会随之增加。如果一个企业应收账款日益增加，而销售和现金日益减少，则企业的营销政策就可能已经出现问题，甚至变得比较可疑，有虚构收入操纵利润之嫌疑。

应收账款项目增长较快，所占比重较大时，应当分析其原因。一般来说，应收账款增加的原因主要有三个：一是销售增加引起应收账款的增加；二是企业为扩大销售适当放宽信用标准，造成应收账款增加；三是客户财务出现困难拖延付款。对应收账款和应收票据的分析，应注意以下几点：

（1）销售规模的变动。销售规模发生变动，会引起应收款项和货币资金的同比增长，应收票据和应收账款的合计数可以看做企业的赊销，根据赊销占营业收入的比重，可以进一步了解企业销售额的增长是以赊销为主还是以现销为主。

（2）考查应收账款和应收票据有无真实的贸易背景，分析企业是否利用虚假信用来创造销售，或用无真实贸易背景的应收票据向银行贴现，加大企业的信用风险。

（3）考查应收账款的质量：①账龄分析。一般而言，未过信用期或已过信用期但拖欠期较短的债权出现坏账的可能性比已过信用期较长时间的债权发生坏账的可能性要小。涉及与其他企业比较时，应参考其他企业的计算口径、确定标准。②债务人的构成分析，包括债务人的区域构成、债务人的所有权性质、债权人与债务人的关联状况和债务人的稳定程度，以及应收账款的大部分是否集中于少数几个客户手中。③形成债权的内部经手人构成分析。④分期付款应收款较其他应收款流动性差，对其分析时要区别于一般应收账款。

5.预付款项

预付款项项目，反映企业按照购货合同规定预付给供货单位的款项等。预付账款同样存在债权性风险，也应当根据市场经济环境等考虑计提坏账准备，并按照其价值净额予以列示。预付账款是一种特殊的流动资产，由于款项已经支付，除一些特殊情况外（如预收货款的企业未能如约提供产品、预付保险单被提前注销等），在未来会计期间不会导致现金流入，即在这种债权收回时，流入的不是货币资金，而是存货。预付账款在性质上并不属于货币性资产，因此该项目的变现能力较差。预付款项如果较多，通常意味着企业为了稳定货源等而进行了一笔资金垫支。

6.应收款项融资

应收款项融资项目，反映资产负债表日以公允价值计量且其变动计入其他综合收益的应收票据和应收账款等。

7.其他应收款

其他应收款项目，应根据“应收利息”“应收股利”和“其他应收款”科目的期末余额合计数，减去“坏账准备”科目中相关坏账准备期末余额后的金额填列。其中的“应收利息”仅反映相关金融工具已到期可收取但于资产负债表日尚未收到的利息。基于实际利率法计提的金融工具的利息应包含在相应金融工具的账面余额中。

其他应收款项目，反映企业除应收票据、应收账款、预付款项、应收股利、应收利息等经营活动以外的其他各种应收、暂付的款项。其他应收款属于企业营业收入以外的债权，如应收的各种赔款、罚款、保证金，以及应向职工收取的垫付款项等。

其他应收款既为“其他”，则与营业收入产生的债权相比其数额不应太大，其他应收款金额如果过大，可能隐含企业的违规行为，如非法拆借资金、给个人的销售折扣、抽逃注册资金等，应警惕企业将该项目作为企业成本费用和利润的调节器，此时应当深入了解相应资金的安全性。

8.存货

存货项目，反映企业期末在库、在途和正在加工中的各种存货的可变现净值。存货是企业在生产经营中为销售或耗用而储备的资产，包括各种原材料、包装物、低值易耗品、委托加工材料、产成品、库存商品以及委托代销商品等。存货具有三个特点：①占流动资产的比例较大，占用资金多；②对企业资金结构合理性的影响较大；③不仅影响资产的计价，还对企业利润的计量影响较大。

存货的作用在于：①适当的存货有利于组织均衡生产；②储备必要的原材料，可保证生产原料供应；③储备必要的产成品，有利于销售；④可防止意外事故造成的停产损失。

存货过多所带来的不利影响有两个方面：一是增加存货，则存货成本增加；二是存货占用资金增多，市场风险增大。因此，存货也存在着一个合理的数量问题。

对存货进行分析，应注意以下几点：

（1）会计政策变更对存货的影响。存货资产是企业流动资产中最重要的组成部分，是生产经营活动重要的物质基础，存货资产的变动，不仅对流动资产的资金占用有极大的影响，而且对生产经营活动产生重大影响。存货变动更主要地受到企业生产经营方面的影响。例如，生产经营规模的扩张和收缩、资产利用效率的高低、资产周转速度的快慢、存货管理的水平等。如果仅就会计政策对存货的影响进行分析，其原因有：

① 存货数量盘存方法的影响。存货数量变动是影响资产负债表存货项目的基本因素，企业存货数量的确定主要有两种方法可供选择，即定期盘存法和永续盘存法。当企业采用定期盘存法进行存货数量核算时，资产负债表上存货项目反映的就是存货的实有数量。如果采用永续盘存法，除非在编制资产负债表时对存货进行盘存，否则，资产负债表上存货项目所反映的只是存货的账面数量。两种不同的存货数量确认方法会造成资产负债表上存货项目数额的差异，这种差异不是存货数量本身变动引起的，而是存货数量的会计确认方法不同造成的。

② 期末存货价值的计价原则对存货项目的影响。期末存货价值的确定通常采用历史成本原则，但会计制度也允许企业采用“成本与可变现净值孰低法”确定。当按历史成本原则确定的存货低于可变现净值时，按两种方法确定的期末存货价值是一致的，当存货的可变现净值下跌至成本以下时，按“成本与可变现净值孰低法”确定的存货期末金额就会低于按历史成本法确定的存货期末金额。因

此，当企业改变存货价值的确定方法时，就有可能引起资产负债表上存货项目的变动。

（2）存货的物理质量，如商业企业的商品是否完好无损，制造业企业的产成品质量是否符合相应的等级要求。

（3）存货的时效状况，如食品是否超过保质期，出版物的内容是否过时，工业产品的技术是否落伍。

（4）存货的品种构成结构，即盈利产品占企业品种构成的比例及市场发展前景和产品抗变能力。

（5）存货的日常管理。企业存货的质量，不仅取决于存货的账面数字，还与存货的日常管理密切相关。只有恰当保持各项存货的比例和库存周期，材料存货才能为生产过程所消化，商品存货才能及时实现销售，从而使存货顺利变现。

9.合同资产

企业应按照《企业会计准则第14号——收入》（财会〔2017〕22号）的相关规定，根据本企业履行履约义务与客户付款之间的关系在资产负债表中列示合同资产。合同资产项目应根据“合同资产”科目的相关明细科目的期末余额分析填列，同一合同下的合同资产应当以净额列示，其中净额为借方余额的，应当根据其流动性在“合同资产”或“其他非流动资产”项目中填列，已计提减值准备的，还应根据减去“合同资产减值准备”科目中相关的期末余额后的金额填列。由于同一合同下的合同资产应当以净额列示，企业也可以设置“合同结算”科目（或其他类似科目），以核算同一合同下属于在某一时段内履行履约义务涉及与客户结算对价的合同资产或合同负债，并在此科目下设置“合同结算——价款结算”科目反映定期与客户进行结算的金额，设置“合同结算——收入结转”科目反映按履约进度结转的收入金额。资产负债表日，“合同结算”科目的期末余额在借方的，根据其流动性在“合同资产”或“其他非流动资产”项目中填列。

按照《企业会计准则第14号——收入》（财会〔2017〕22号）的相关规定，确认为资产的合同取得成本应当根据“合同取得成本”科目的明细科目初始确认时摊销期限是否超过一年或一个正常营业周期，在“其他流动资产”或“其他非流动资产”项目中填列，已计提减值准备的，还应根据减去“合同取得成本减值准备”科目中相关的期末余额后的金额填列。

确认为资产的合同履约成本，应当根据“合同履约成本”科目的明细科目初始确认时摊销期限是否超过一年或一个正常营业周期，在“存货”或“其他非流动资产”项目中填列，已计提减值准备的，还应根据减去“合同履约成本减值准备”科目中相关的期末余额后的金额填列。

确认为资产的应收退货成本，应当根据“应收退货成本”科目是否在一年或一个正常营业周期内出售，在“其他流动资产”或“其他非流动资产”项目中填列。

10.持有待售资产

持有待售资产项目，反映资产负债表日划分为持有待售类别的非流动资产及划分为持有待售类别的处置组中的流动资产和非流动资产的期末账面价值。该项目应根据“持有待售资产”科目的期末余额，减去“持有待售资产减值准备”科目的期末余额后的金额填列。

11.一年内到期的非流动资产

一年内到期的非流动资产项目，通常反映预计自资产负债表日起一年内变现的非流动资产。对于按照相关会计准则采用折旧（或摊销、折耗）方法进行后续计量的固定资产、使用权资产、无形资产和长期待摊费用等非流动资产，折旧（或摊销、折耗）年限（或期限）只剩一年或不足一年的，或预计在一年内（含一年）进行折旧（或摊销、折耗）的部分，不得归类为流动资产，仍在各非流动资产项目中填列，不转入“一年内到期的非流动资产”项目。

12.其他流动资产

其他流动资产项目，反映企业除货币资金、交易性金融资产、应收票据、应收账款、存货等流动资产以外的其他流动资产。本项目应根据有关科目的期末余额填列。

13.债权投资

债权投资项目，反映资产负债表日企业以摊余成本计量的长期债权投资的期末账面价值。该项目应根据“债权投资”科目的相关明细科目期末余额，减去“债权投资减值准备”科目中相关减值准备的期末余额后的金额分析填列。自资产负债表日起一年内到期的长期债权投资的期末账面价值，在“一年内到期的非流动资产”项目中反映。企业购入的以摊余成本计量的一年内到期的债权投资的期末账面价值，在“其他流动资产”项目中反映。

14.其他债权投资

其他债权投资项目，反映资产负债表日企业分类为以公允价值计量且其变动计入其他综合收益的长期债权投资的期末账面价值。该项目应根据“其他债权投资”科目的相关明细科目的期末余额分析填列。自资产负债表日起一年内到期的长期债权投资的期末账面价值，在“一年内到期的非流动资产”项目中反映。企业购入的以公允价值计量且其变动计入其他综合收益的一年内到期的债权投资的期末账面价值，在“其他流动资产”项目中反映。

15.其他权益工具投资

其他权益工具投资项目，反映资产负债表日企业指定为以公允价值计量且其变动计入其他综合收益的非交易性权益工具投资的期末账面价值。该项目应根据“其他权益工具投资”科目的期末余额填列。

16.长期应收款

长期应收款项目，反映企业融资租赁产生的应收款项和采用递延方式分期收款、实质上具有融资性质的销售商品和提供劳务等经营活动产生的应收款项。对于可能发生的坏账损失，企业应当予以扣除。长期应收款对于一般企业并不多见，在进行财务分析时应仔细探究那些名义上的长期应收款项目是不是在实质上构成对其他单位的一种变相投资和资金占用。例如，在我国很多企业将拨付给下属独立核算的分公司的长期资金列入长期应收款，但并没有明确的回收期限，其在实质上已经相当于长期股权投资。

17.长期股权投资

长期股权投资项目，反映企业持有的对子公司、联营企业和合营企业的长期股权投资。本项目应根据“长期股权投资”科目的期末余额，减去“长期股权投资减值准备”科目的期末余额后的金额填列。

18.投资性房地产

投资性房地产项目，反映企业持有的投资性房地产。企业采用成本模式计量投资性房地产的，本项目应根据“投资性房地产”科目的期末余额，减去“投资性房地产累计折旧（摊销）”科目和“投资性房地产减值准备”科目期末余额后的金额填列；企业采用公允价值模式计量投资性房地产的，本项目应根据“投资性房地产”科目的期末余额填列。

投资性房地产指的是企业为赚取租金或资本增值，或者两者兼有而持有的房地产，其范围包括已出租的土地使用权、持有准备增值后转让的土地使用权和已出租的建筑物等。需要注意，房地产开发企业开发的商品房并不是投资性房地产，而是该企业的存货。当下的媒体往往把二者混为一谈，这在一定程度上误导了投资者。

在会计核算中，投资性房地产有两种后续计量模式，即成本计量模式和公允价值计量模式。采用公允价值计量模式需要同时满足以下两个条件：一是投资性房地产所在地有活跃的房地产交易市场；二是企业能够从房地产交易市场上取得同类或类似房地产的市场价格及其他相关信息，从而对投资性房地产的公允价值作出科学、合理的估计。据此，该适用条件是比较苛刻的，一般仅仅在大中城市城区中的房地产才适于采用公允价值计量，而且一个企业所有的房地产只能选用一种模式进行计量，而不能两种模式同时使用。因此，在资产负债表上，投资性房地产一般是按照成本（账面原值减去累计摊销和减值损失后的余额）计量的，允许采用公允价值计量投资性房地产往往涉及企业损益的变化，报表使用者需要通过财务报表附注信息对此予以合理关注。

19.固定资产

固定资产项目，反映企业各种固定资产原价减去累计折旧和累计减值准备后的净额。本项目应根据“固定资产”科目的期末余额，减去“累计折旧”和“固定资产减值准备”科目期末余额后的金额填列。

固定资产是指企业为生产商品、提供劳务、出租或经营管理而持有的，使用寿命超过一个会计年度的有形资产。固定资产是企业经营规模大小的标志，是企业最重要的生产力要素之一，是企业经济效益和竞争力的源泉。在资产负债表上，固定资产按照固定资产原值减去累计折旧和固定资产减值准备后的净额列示。累计折旧的计提存在不同方法，企业通常基于税收方面的考虑而选用不同的折旧方法，由此导致的固定资产账面价值的变化，财务报告使用者需要结合财务报表附注信息予以分析，在必要时可以还原固定资产的原始价值，以便考核企业的经营实力。正确评估固定资产的整体运行情况，才能对其使用效率和综合竞争力水平给予全面而公允的评价。

对固定资产进行分析，应注意以下几点：

（1）会计政策变更的影响。从会计政策方面讲，引起固定资产变动的最主要方面是折旧方法的选择，会计准则和会计制度允许企业使用的折旧方法有：平均年限法、工作量法、双倍余额递减法、年数总和法，后两种方法属于加速折旧法。不同的折旧方法由于各期所提折旧不同，会引起固定资产价值发生不同的变化。固定资产折旧方法的选择对固定资产的影响还隐含着会计估计对固定资产的影响，如对折旧年限的估计、对固定资产残值的估计等。分析中，分析人员必须了解企业采用什么样的会计政策，据此说明会计政策选择和变更对资产负债表产生的影响，这样才能真正反映生产经营活动的结果及影响。

（2）企业规模的影响。固定资产代表了企业生产能力的强弱，但并不是固定资产的规模越大越好，超越企业生产规模和生产能力拥有固定资产，会占用企业大量的资金，而且固定资产变现能力弱会造成企业资金周转困难。企业固定资产持有的数量与所处的行业有密切的关系，如制造业固定资产数额一般较大，而商品流通企业固定资产数额则相对较小，因此，分析中应注意固定资产的持有量是否与企业的行业特点相吻合。

（3）固定资产构成的影响。固定资产构成是指各类固定资产原价占全部固定资产原价的比重，它反映固定资产的配置情况。合理配置固定资产既可以提高企业的生产能力，又能使固定资产得到充分有效的利用。分析固定资产构成情况的变化，就是看固定资产的配置是否合理，为挖掘固定资产的利用潜力提供依据。固定资产构成分析主要包括三个方面的内容：一是分析生产经营用固定资产与非生产经营用固定资产之间的比例变化情况，查明企业是否优先增加生产经营用固定资产；二是考查未使用、不需用的固定资产占总资产比重的变化情况，查明企业是否对未使用、不需用的固定资产及时进行处置，结合企业的生产技术特点分析生产用固定资产内部结构是否合理；三是考查生产经营用固定资产内部结构是否合理。

（4）固定资产增减变化的影响。固定资产原值在年内的变化可以在一定程度上反映其质量的变化；各类固定资产在某会计期间的变化，不外乎增加、减少（投资转出、清理、转移）。但是，由于特定企业生产经营状况的特点，企业对各类固定资产的结构有不同要求。各个期间固定资产原值的变化，应朝着优化企业内部固定资产结构、改善固定资产质量、提高固定资产利用效率的方向努力。因此，根据年度固定资产结构的变化与生产经营特点之间的吻合程度，就可以对固定资产质量的变化情况作出判断。

20.在建工程

在建工程项目，反映企业期末各项未完工程的实际支出，包括交付安装的设备价值，未完建筑安装工程已经耗用的材料、工资和费用支出，预付外包工程的价款等可收回金额。本项目应根据“在建工程”科目的期末余额，减去“在建工程减值准备”科目期末余额后的金额填列。

21.使用权资产

使用权资产项目，反映资产负债表日承租人企业持有的使用权资产的期末账面价值。该项目应根据“使用权资产”科目的期末余额，减去“使用权资产累计折旧”和“使用权资产减值准备”科目的期末余额后的金额填列。

22.生产性生物资产

生产性生物资产项目，反映企业持有的生产性生物资产。本项目应根据“生产性生物资产”科目的期末余额，减去“生产性生物资产累计折旧”和“生产性生物资产减值准备”科目期末余额后的金额填列。

23.油气资产

油气资产项目，反映企业持有的矿区权益和油气井及相关设施的原价减去累计折耗和累计减值准备后的净额。本项目应根据“油气资产”科目的期末余额，减去“累计折耗”科目期末余额和相应减值准备后的金额填列。

24.无形资产

无形资产项目，反映企业持有的无形资产，包括专利权、非专利技术、商标权、著作权、土地使用权等。本项目应根据“无形资产”科目的期末余额，减去“累计摊销”和“无形资产减值准备”科目期末余额后的金额填列。无形资产按取得时的实际成本作为入账价值，自取得当月起在预计使用年限内分期平均摊销，计入损益。对可收回金额低于账面价值的差额，应计提无形资产减值准备。摊销期限一般按有效使用期或法定寿命期孰短的原则确定，最长不超过40年（我国为10年），研究与开发费用在发生时作费用处理。企业无形资产的种类、取得成本、已摊销金额和期末余额，在报表附注中披露，可以解释无形资产总额的变动原因。

无形资产是指企业拥有或者控制的、没有实物形态的、可辨认的非货币性资产，包括商标权、著作权、专利权、土地使用权、非专利技术、特许权等。与固定资产类似，无形资产是能够给企业带来较长期的经济利益的资产。无形资产尽管没有实物形态，但在知识经济时代，对企业生产经营活动的影响是巨大的。资产负债表上的无形资产是指无形资产原值减去无形资产摊销后的摊余价值，所以，只根据资产负债表提供的资料是难以分析无形资产的增减变化的。此外，按我国财务制度规定，企业的研究开发费用一旦产生就计入当期费用，因而资产负债表上的无形资产也不能真实地反映企业拥有的无形资产的全部。无形资产的减少除出售、对外投资等原因外，更主要的是由其价值摊销造成的，分析时应注意企业是否有利用无形资产摊销调整利润的行为。

随着人类社会科技进步和知识创新步伐的加快，无形资产所占比重对于部分企业而言会越来越大，并构成企业价值和核心竞争力的主要来源。在资产负债表上，无形资产项目按照无形资产的取得成本减去相关累计摊销后的金额列示。据此可以看出，无形资产在财务报表上反映企业在这方面的投入的金额，并不能反映其无形资产的真正价值，而在现实经济生活当中，其成本和价值可能相去甚远。

25.开发支出

开发支出项目，反映企业开发无形资产过程中能够资本化形成无形资产成本的支出部分。本项目应根据“研发支出”科目中所属的“资本化支出”明细科目的期末余额填列。开发支出项目可以用来表示正处于开发过程中，而且估计能够开发成功并具有一定价值，因此能够资本化的无形资产的投入成本，预示着企业的科技进步前景。

26.商誉

商誉项目，反映企业合并中形成的商誉的价值。本项目应根据“商誉”科目的期末余额，减去相应减值准备后的金额填列。目前，会计上核算的商誉仅指企业在非同一控制下的企业合并中，所支付的合并成本超过合并中取得的被购买方可辨认净资产公允价值份额的差额。根据新会计准则，商誉入账后无须摊销，而是在期末进行减值测试，并在资产负债表上按扣除可能发生的减值损失后的净额列示。

在会计核算中，商誉并非源于对企业的“好感”所产生的价值，也未必代表超出正常水平的获利能力或服务潜力，而仅是企业合并中向被购买方支付的溢价。这种溢价支付，在经济学家看来，部分已被证实是主合并企业“狂妄自大”以及对被合并方盲目、不现实预期的结果。例如，甲公司与乙公司无关联方关系，甲公司通过公开市场交易对乙公司实施吸收合并，实际付出成本200亿元，所取得的乙公司全部净资产公允价值（需注意并非账面原值）为180亿元，那么多付出的20亿元在会计上就被确认为商誉。

需要明确的是，会计对自创商誉不予确认；加之对商誉进行减值测试的难度较高，因此商誉在企业财务报表中列示的金额可能仅是一个平衡数，其信息含量相对有限。

27.长期待摊费用

长期待摊费用项目，反映企业已经发生但应由本期和以后各期负担的分摊期限在1年以上的各项费用。长期待摊费用中在1年内（含1年）摊销的部分，在资产负债表的“一年内到期的非流动资产”项目中填列。本项目应根据“长期待摊费用”科目的期末余额减去将于1年内（含1年）摊销的数额后的金额填列。

长期待摊费用是指不能全部计入当期损益，应当在以后年度内分期摊销的各项费用，包括开办费、租入固定资产改良支出、固定资产大修理支出、筹建期汇兑净损失等。财务报告使用者对于较大金额的长期待摊费用应予以重视，观察企业是否将一些费用递延到后期处理，以达到粉饰现时报表或者有意识地进行平滑收益和盈余管理的目的。

28.递延所得税资产

递延所得税资产项目，反映企业确认的可抵扣暂时性差异产生的递延所得税资产。本项目应根据“递延所得税资产”科目的期末余额填列。

递延所得税资产反映企业由于会计和税法之间的差异，导致会计根据税法的规定需要在当期缴纳更多的所得税（相对于会计利润和账面净资产的增加数而言），但以后期间相对会少缴的所得税金额，即会计上所谓的由于资产（负债）账面价值小于（大于）计税基础所形成的可抵扣暂时性差异而造成的预期未来经济利益流出。本着权责发生制原则和配比原则，会计上应在其经济利益形成的当期予以确认计量，并在财务报表上予以列示。分析时应注意企业在以后期间能否取得足够的可以利用当期可抵扣暂时性差异的应纳税所得额，否则应当减少递延所得税资产的确认。

29.其他非流动资产

“其他非流动资产”项目，反映企业除长期股权投资、固定资产、在建工程、工程物资、无形资产等资产以外的其他非流动资产。本项目应根据有关科目的期末余额分析填列。

其他非流动资产是指企业正常使用的固定资产、流动资产等以外的，因特殊原因导致企业不能随意支配的资产。这类资产一经确定，未经许可，企业无权支配和使用，但仍需加强管理并单独核算。其他非流动资产主要包括：特准储备物资、银行冻结存款、冻结物资及涉及诉讼的财产等。

二、负债主要项目分析

1.短期借款

短期借款项目，反映企业向银行或其他金融机构等借入的期限在1年以下（含1年）的借款。本项目应根据“短期借款”科目的期末余额填列。短期借款用于解决企业流动资金匮乏的问题，一般不用于满足与长期资产相关的资金需求。短期借款相对而言资金成本较低，但其作为流动负债，通常带有强制性的偿还负担，如果资金安排不当，容易造成企业短期的偿债压力。财务报告使用者可以结合若干财务比率指标进行具体分析。对短期借款进行分析时，应注意以下几点：

（1）流动资产资金，特别是临时性占用流动资产需要发生变化。当季节性或临时性需要产生时，企业就可能通过举借短期借款来满足其资金需要；当这种季节性或临时性需要消除时，企业就会偿还这部分短期借款，从而造成短期借款的变动。

（2）短期借款资金成本较低。一般来讲，短期借款的利率低于长期借款和长期债券的利率，举借短期借款相对于长期借款来说可以减少利息支出。

（3）调整负债结构和财务风险。企业增加短期借款，就可以相对减少对长期借款的需求，使企业负债结构发生变化。相对于长期借款而言，短期借款具有风险大、利率低的特点，负债结构变化将会引起负债成本和财务风险发生相应的变化。

（4）偿还期限短，偿债压力大。短期借款可以随借随还，有利于企业对资金存量进行调整。分析时应检查企业短期借款的期限，如果是即将到期的短期借款，应当以企业变现速度最快的货币资金和交易性金融资产为保障，查验短期借款与可用于偿还的资产数额之间的匹配关系，预测企业可用于偿债的现金流量状况，初步评价企业的短期借款偿还能力。

2.交易性金融负债

交易性金融负债项目，反映资产负债表日企业承担的交易性金融负债，以及企业持有的指定为以公允价值计量且其变动计入当期损益的金融负债的期末账面价值。该项目应根据“交易性金融负债”科目的相关明细科目的期末余额填列。

3.应付票据

应付票据项目，反映企业购买材料、商品和接受劳务供应等而开出、承兑的商业汇票，包括银行承兑汇票和商业承兑汇票。本项目应根据“应付票据”科目的期末余额填列。相对于应付账款而言，应付票据可变现能力更强，更容易为客户所接受。

4.应付账款

应付账款项目，反映企业因购买材料、商品和接受劳务供应等经营活动应支付的款项。本项目应根据“应付账款”科目和“预付账款”科目所属各明细科目的期末贷方余额合计数填列；“应付账款”科目所属明细科目期末有借方余额的，应在资产负债表中的“预付款项”项目内填列。

应付票据及应付账款是因商品交易产生的，其变动原因有：

（1）企业销售规模的变动。当企业销售规模扩大时，会增加存货需求，使应付账款及应付票据等债务规模扩大；反之，会使其降低。

（2）为充分利用无成本资金。应付账款及应付票据是因商业信用产生的一种无资金成本或资金成本极低的资金来源，企业在遵守财务制度、维护企业信誉的条件下充分加以利用，可以减少其他筹资方式的筹资数量，减少利息支出。

（3）提供商业信用企业的信用政策发生变化。如果其他企业放宽信用政策和收账政策，企业应付账款和应付票据的规模就会大些；反之，就会小一些。

（4）企业资金的充裕程度。企业资金相对充裕，应付账款和应付票据规模就小些；当企业资金比较紧张时，就会影响应付账款和应付票据的偿还。

5.预收款项

预收款项项目，反映企业按照购货合同规定预付给供应单位的款项。本项目应根据“预收账款”科目和“应收账款”科目所属各明细科目的期末贷方余额合计数填列；“预收账款”科目所属各明细科目期末有借方余额的，应在资产负债表中的“应收账款”项目内填列。

预收款项是指企业因销售商品、提供劳务而预先向客户收取的款项。作为一笔流动负债，它预示着后续的商品或服务支出。企业大量而稳定的预收账款的存在往往意味着后续会计期间内有较为稳定的收入来源，这对于以后期间的利润具有一定的保障作用，同时也可能展示出该企业商品或劳务供应的紧俏性和优越感，是利好消息。

6.合同负债

合同负债是指企业已收或应收客户对价而应向客户转让商品的义务。企业在向客户转让商品之前，如果客户已经支付了合同对价或企业已经取得了无条件收取合同对价的权利，则企业应当在客户实际支付款项与到期应支付款项孰早时点，将该已收或应收的款项列示为合同负债。

企业应按照《企业会计准则第14号——收入》（财会〔2017〕22号）的相关规定，根据本企业履行履约义务与客户付款之间的关系在资产负债表中列示合同负债。合同负债项目应根据“合同负债”科目的相关明细科目的期末余额分析填列，同一合同下的合同负债应当以净额列示，其净额为贷方余额的，应当根据其流动性在“合同负债”或“其他非流动负债”项目中填列。由于同一合同下的合同负债应当以净额列示，企业也可以设置“合同结算”科目（或其他类似科目），以核算同一合同下属于在某一时段内履行履约义务涉及与客户结算对价的合同负债，并在此科目下设置“合同结算——价款结算”科目反映定期与客户进行结算的金额，设置“合同结算——收入结转”科目反映按履约进度结转的收入金额。资产负债表日，“合同结算”科目的期末余额在贷方的，根据其流动性在“合同负债”或“其他非流动负债”项目中填列。

按照《企业会计准则第14号——收入》（财会〔2017〕22号）的相关规定，确认为预计负债的应付退货款，应当根据“预计负债”科目下的“应付退货款”明细科目是否在一年或一个正常营业周期内清偿，在“其他流动负债”或“预计负债”项目中填列。

企业按照《企业会计准则第22号——金融工具确认和计量》（财会〔2017〕7号）的相关规定对贷款承诺、财务担保合同等项目计提的损失准备，应当在“预计负债”项目中填列。

7.应付职工薪酬

应付职工薪酬项目，反映企业根据有关规定应付给职工的工资、职工福利、社会保险费、住房公积金、工会经费、职工教育经费、非货币性福利、辞退福利等各种薪酬。外商投资企业按规定从净利润中提取的职工奖励及福利基金，也在本项目中列示。

应付职工薪酬反映企业按照规定应当向职工支付的各项报酬。作为新企业会计准则改革的一项重要内容，会计上树立了完整的人工成本概念，使得职工薪酬的内容变得十分丰富。它不仅包括传统意义上的工资和职工福利费，诸如社会保险费、住房公积金、工会经费与职工教育经费、非货币性福利、辞退福利、现金结算的股份支付等都被纳入职工薪酬的范畴。

8.应交税费

应交税费项目，反映企业按照税法规定计算应缴纳的各种税费，包括增值税、消费税、所得税、资源税、土地增值税、城市维护建设税、房产税、城镇土地使用税、车船税、教育费附加、矿产资源补偿费等。企业代扣代缴的个人所得税，也通过本项目列示。企业所缴纳的税金不需要预计应缴数的，如印花税、耕地占用税等不在本项目中列示。本项目应根据“应交税费”科目的期末贷方余额填列；“应交税费”科目期末为借方余额的，应以“-”号填列。

除了少数税种，如印花税和耕地占用税等不需要通过该项目反映外，企业应缴而尚未缴的其他大部分税款以及教育费附加、矿产资源补偿费等都需要通过该项目予以列示。应交税费和应付职工薪酬等其他流动负债一样，都是企业“当下”需要偿付的义务。分析时应注意企业有无拖欠税款的现象，及其对企业支付能力的影响。

9.其他应付款

“其他应收款”项目，应根据“应收利息”、“应收股利”和“其他应收款”科目的期末余额合计数，减去“坏账准备”科目中相关坏账准备期末余额后的金额填列。其中的“应收利息”仅反映相关金融工具已到期可收取但于资产负债表日尚未收到的利息。基于实际利率法计提的金融工具的利息应包含在相应金融工具的账面余额中。

与前文对其他应收款的分析类似，其他应付款作为一种往来结算款项，财务报告使用者需要警惕企业变相的资金拆借和不合理的资金占用行为。分析时应重点关注：

（1）其他应付款规模与变动是否正常。

（2）是否存在企业长期占用关联方企业资金的现象。

10.持有待售负债

持有待售负债项目，反映资产负债表日处置组中与划分为持有待售类别的资产直接相关的负债的期末账面价值。该项目应根据“持有待售负债”科目的期末余额填列。

11.租赁负债

租赁负债项目，反映资产负债表日承租人企业尚未支付的租赁付款额的期末账面价值。该项目应根据“租赁负债”科目的期末余额填列。自资产负债表日起一年内到期应予以清偿的租赁负债的期末账面价值，在“一年内到期的非流动负债”项目中反映。

12.一年内到期的非流动负债

一年内到期的非流动负债项目，反映企业非流动负债中将于资产负债表日后一年内到期部分的金额，如将于一年内偿还的长期借款，本项目应根据有关科目的期末余额填列。

13.其他流动负债

其他流动负债项目，反映企业除短期借款、交易性金融负债、应付票据、应付账款、应付职工薪酬、应交税费等流动负债以外的其他流动负债。本项目应根据有关科目的期末余额填列。

14.长期借款

长期借款项目，反映企业向银行或其他金融机构借入的期限在1年以上（不含1年）的各项借款。本项目应根据“长期借款”科目的期末余额填列。

影响长期借款变动的因素有：①银行信贷政策及资金市场的资金供求状况。②企业对资金的长期需要。分析时应关注企业长期借款的用途，企业长期借款的增加是否与企业长期资产的增加相匹配，是否存在将长期借款用于流动资产支出的情况。③企业权益结构的稳定性，分析时应关注资产负债率的变化，保持合理的资本结构。④企业负债结构和财务风险。⑤长期债务的偿还与现金流量的关系，关注长期债务到期的时间，根据企业连续几年的现金流量，预测企业能否有足够的资金偿还到期的债务。⑥企业的盈利能力。长期借款本金和利息的支付来自企业的盈利，因此盈利能力应与长期借款规模相配比。

15.应付债券

应付债券项目，反映企业为筹集长期资金而发行的债券的本金和利息。本项目应根据“应付债券”科目的期末余额填列。

16.长期应付款

“长期应付款”项目，反映企业除长期借款和应付债券以外的其他各种长期应付款项。本项目应根据“长期应付款”科目的期末余额，减去相应“未确认融资费用”科目的期末余额后的金额，再加上“专项应付款”科目的期末余额填列。

长期应付款是指企业除长期借款、应付债券以外的其他各种长期应付款项。在当前业务中，分期付款方式较为常见，例如应付融资租赁款、分期付款购买货物等，若其偿还期超过1年，会计上即称为长期应付款。

17.专项应付款

专项应付款项目，反映企业取得政府作为企业所有者投入的具有专项或特定用途的款项。本项目应根据“专项应付款”科目的期末余额填列。对于这类负债，财务分析者通常无需过度关注，因为它一般不要求以现金偿还，企业只需完成政府指定的任务即可。这类款项有时可视为国家对该企业的政策倾斜或变相补贴，不像一般长期负债那样构成企业的强制性偿还负担。

18.预计负债

预计负债项目，反映企业确认的对外提供担保、未决诉讼、产品质量保证、重组义务、亏损性合同等预计负债。本项目应根据“预计负债”科目的期末余额填列。

由于预计负债的确认和计量涉及较多的财务判断，企业也倾向于尽可能少地披露相关债务。因此，分析时应注意仔细寻找有关预计负债的存在踪迹，查看企业售后条款、发生的诉讼事项等，并注意企业对预计负债的计量是否正确、对预计负债金额的估计是否合理等。

19.递延收益

递延收益项目中摊销期限只剩1年或不足1年的，或预计在1年内（含1年）进行摊销的部分，不得归类为流动负债，仍在该项目中填列，不转入“1年内到期的非流动负债”项目中。

20.递延所得税负债

递延所得税负债项目，反映企业确认的应纳税暂时性差异产生的所得税负债。本项目应根据“递延所得税负债”科目的期末余额填列。

递延所得税负债反映企业由于会计和税法之间的差异，导致会计根据税法的规定在当期不必缴纳较多的所得税（相对于会计利润和账面净资产的增加数而言），但注定在以后期间需要补缴的所得税金额，即会计上所说的由于资产（负债）账面价值大于（小于）计税基础所形成的应纳税暂时性差异而可能造成的预期未来经济利益的流出。本着权责发生制和配比原则，会计上应在这种在未来予以补缴的义务形成的当期对其予以确认并计量，并在报表上予以列示。分析时应当关注资产和负债的计税基础和账面价值，核实企业的递延所得税负债是否真实，是否存在少计、漏计的情况。

21.其他非流动负债

其他非流动负债项目，反映企业除长期借款、应付债券等负债以外的其他非流动负债。本项目应根据有关科目的期末余额减去将于1年内（含1年）到期偿还数后的余额填列。非流动负债各项目中将于1年内（含1年）到期的非流动负债，应在“1年内到期的非流动负债”项目中单独反映。

三、所有者权益主要项目分析

所有者权益是指企业的投资者对企业净资产的要求权，亦称净权益。根据所有者权益的永久性程度一般将其分为投入资本和留存收益两大类。其中投入资本是指企业所有者实际投入企业的资本，包括实收资本和资本公积。而留存收益是指通过企业的生产经营活动而形成的资本，即经营所得净收益的积累。它包括盈余公积和未分配利润两部分。

未分配利润是企业实现的净利润在提取盈余公积和分配利润后的余额。它是一种未拨定的留存收益，既未指定用途，也未分配给所有者。同时，它也是所有者权益的重要组成部分，是资产负债表与利润表（或利润分配表）联系的桥梁。

1.实收资本（或股本）

实收资本（或股本）项目，反映企业各投资者实际投入的资本（或股本）总额。本项目应根据“实收资本”（或“股本”）科目的期末余额填列。实收资本是指股份有限公司以外的企业投资者实缴的、并经国家有关部门注册的出资额，也称资本金。对股份有限公司而言，实收资本即股本，表现为已投入企业的资本中相当于股票面值或设定价值的部分。

我国的资本金制度从法律层面明确了建立企业必须有合法投资者的最低限额投资。我国实行注册资本金制度，开办企业必须依法筹集最低限度的资本金（即注册资本）。例如，《中华人民共和国公司法》（简称《公司法》）曾规定股份有限公司最低注册资本不低于1000万元（注：该条款已随《公司法》修订调整，现行规定更注重注册资本认缴制及行业特殊要求）。注册资本是国家授予企业法人经营管理的财产或企业法人自有财产数额的体现，它能反映公司法人财产权的规模，并作为公司经营及社会信用的保障。由于投资者的资本金允许分次缴付，因此在会计核算中需设置“实收资本”科目以反映实际收到的资本金。投资者缴清资本金后，企业的实收资本应与注册资本一致。

股本的变动一般由以下原因引起：

（1）公司增发新股或配股。从本质上说，这是由投资者追加投资引起的股本变化。如果企业减资，则会相反。

（2）资本公积或盈余公积转增股本。这虽然会引起股本发生变化，但所有者权益总额并不因此而变化。

（3）以送股形式进行利润分配。这会引起股本的增加和未分配利润的减少，但所有者权益总额不变。

2.其他权益工具

其他权益工具项目，反映资产负债表日企业发行在外的除普通股以外分类为权益工具的金融工具的期末账面价值。对于资产负债表日企业发行的金融工具，分类为金融负债的，应在“应付债券”项目中填列，对于优先股和永续债，还应在“应付债券”项目下的“优先股”项目和“永续债”项目中分别填列；分类为权益工具的，应在“其他权益工具”项目中填列，对于优先股和永续债，还应在“其他权益工具”项目下的“优先股”项目和“永续债”项目中分别填列。

3.资本公积

资本公积项目，反映企业资本公积的期末余额。本项目应根据“资本公积”科目的期末余额填列。库存股项目，反映企业持有尚未转让或注销的本公司股份的金额。本项目应根据“库存股”科目的期末余额填列。

资本公积在会计核算中分为两大类：一是资本（股本）溢价，二是其他资本公积。投资者直接投入企业的资金包括两部分：第一部分为前述的股本或实收资本；第二部分是企业收到的投资者出资额超过其在注册资本或股本中所占份额的部分，即资本溢价或股本溢价，这部分在会计上通过“资本公积”项目核算。资本公积除资本溢价外，还包括其他资本公积，主要指直接计入所有者权益的利得和损失。例如，会计核算中涉及其他资本公积调整的事项有：其他权益工具投资的公允价值变动；采用权益法核算的长期股权投资，随被投资方除净损益外的所有者权益其他变动而发生的变动；以权益结算的股份支付所换取的职工或其他方服务的金额；自用房地产或存货转换为以公允价值计量的投资性房地产时，转换日公允价值大于账面价值的差额等。

资本公积包括股本溢价、接受捐赠的资产价值、法定财产重估增值等项目。其用途有两方面：第一，按法定程序转化为资本，其中准备项目不能转增资本（或股本）；第二，用于弥补亏损。

4.其他综合收益

其他综合收益项目，是指企业根据其他会计准则规定未在当期损益中确认的各项利得和损失。本项目应根据“其他综合收益”科目的期末余额填列。

依据《企业会计准则第30号——财务报表列报》的相关规定，在资产负债表中的“资本公积”项目后增加了“其他综合收益”项目，将“其他综合收益”从资本公积中分离出来单独列示。一方面使报表使用者能直接从资产负债表中获取其他综合收益的相关信息，改变了其他综合收益与资本公积混合列示的状况；另一方面更加清晰地表明了资产负债表、利润表以及所有者权益变动表中的“其他综合收益”项目之间的勾稽关系，方便了财务报告的编制和解读，也为报告使用者提供了可靠、清晰、可比的信息资源。分析时应关注其他综合收益的增减变动，对引起其他综合收益变动的原因结合利润表、附注做进一步分析。

5.专项储备

专项储备项目，反映高危行业企业按国家规定提取的安全生产费的期末账面价值。该项目应根据“专项储备”科目的期末余额填列。

6.盈余公积

盈余公积项目，反映企业盈余公积的期末余额。本项目应根据“盈余公积”科目的期末余额填列。

盈余公积和未分配利润合称留存利润或留存收益，它们都表示企业经营活动中的积累，二者并没有本质区别。一般教科书把盈余公积定义为“具有特定用途的留存收益”，这里所谓的“特定用途”其实是一个误解。盈余公积作为一项资金来源，并没有什么特定用途。如果说它有特定用途，就是指盈余公积对利润分配的限定。换言之，只要不被当作红利分配给股东，这部分资金用于内部经营活动的什么方面并没有限制和特殊规定。除了法定盈余公积之外，公司还可以根据股东大会或类似权力机构的批准，按规定提取一定比例的盈余公积，以进一步扩大资本积累。

盈余公积是一种已拨定的留存收益，是指累计的税后利润中已指定用途、不可随便分配给所有者的部分。盈余公积按其提取的法定性和用途的不同，又可分为法定盈余公积和任意盈余公积。企业的盈余公积的主要用途为：①弥补亏损。企业弥补亏损的渠道大体上有三条：一是税前利润；二是税后利润；三是盈余公积。②增加资本或股本。经股东会议决议，企业可将盈余公积转增为资本，但此时应注意以下三点：①要先办理增资手续；②要按股东原有股份比例结转，股份有限公司可采用发放新股或增加每股面值的方法增加股本；③法定盈余公积转增股本时，在转增后留存的此项公积金不应少于注册资本的25%。

7.未分配利润

未分配利润项目，反映企业尚未分配的利润。本项目应根据“本年利润”科目和“利润分配”科目的余额计算填列。未弥补的亏损在本项目中以“-”号填列。

未分配利润是企业利润经过具体分配后的剩余部分。确切地说，它是公司期初累积未分配利润加上本期实现的净利润，再减去提取的盈余公积、向投资者分配的利润等后的余额。未分配利润作为企业可自主支配的资金来源，既可留待以后年度分配，也可用于以丰补歉，对稳定或调整企业利润分配政策具有一定积极意义。对未分配利润的分析，应注意引起未分配利润项目发生变化的两点原因：

（1）企业生产经营活动的业绩。企业生产经营活动包括本年度的经营活动和以前年度的经营活动，因为未分配利润是以前年度生产经营业绩积累的结果。

（2）企业的利润分配政策。企业采取高股利分配政策，未分配利润就会减少；企业采取低股利分配政策，未分配利润就会增加。

第三节　资产负债表结构分析

资产负债表结构是指资产负债表中各内容要素金额之间的相互关系。资产负债表结构分析则是通过对这种关系的分析，对企业整体财务状况作出判断。资产负债表结构分析的方法是：以资产负债表中某一关键项目为基数（金额设定为100或1），其余项目分别按其金额计算占该关键项目金额的百分比，通过这一百分比反映各项目的占比，进而对各项目作出判断和评价。资产负债表结构分析通常以资产总额为总体值，具体公式如下：

结构百分比=某项指标值÷总体值×100%

一、资产结构分析

新准则下的资产负债表按流动性的强弱将资产划分为两大类，即流动资产和非流动资产。流动资产是指将在1年内或超过1年但不超过一个营业周期内变现或消耗的资产。流动资产流动性强、变现能力强，具有较强的抗风险能力，但过多持有流动资产会削弱企业的盈利能力。企业在进行资产结构决策时，往往关注资产的流动性问题，特别是流动资产占总资产的比重。企业为了更好地发展，应将流动资产的持有量控制在一个与企业规模相适应的合理水平。根据流动资产占资产总额的比重可以将企业的资产结构划分为三种类型，即保守型、中庸型和风险型。

流动资产占资产总额的比重=流动资产合计÷资产总额×100%

1.保守型资产结构

保守型资产结构是指企业在一定销售水平上，尽可能增加流动资产的比重，减少非流动资产的比重，从而使企业总资产构成维持较低的风险水平。在这种资产结构下，企业资产流动性较好，从而降低了企业的风险，但由于收益水平较高的非流动资产比重较小，企业的盈利水平同时也较低，企业的风险和收益水平因此都较低。采用保守型资产结构的企业，比较注重营运资金的保有，注重规模扩张应以资产的流动性和足够的偿债能力为前提。这类企业经营比较稳健，资本扩张速度较慢，效率保障程度较高。

2. 中庸型资产结构

中庸型资产结构是指企业在特定销售水平下，力求使无风险、低风险资产与风险资产的占比达到均衡状态。该结构对应的企业投资策略具有中庸特质，既不偏向保守，也不趋于冒进。从理论层面而言，这种结构具备最优的稳定性。企业经营活动的开展，一方面需要具备一定的基本物质条件，包括场地、房屋、建筑物、机器设备、工具、装置等有形固定资产，以及某些特定的长期权利；另一方面则需要一定的流动性资源，如现金、债权、存货等，以满足正常周转、支付需求及其他临时性需求。当企业将总资产相对均衡地分配于流动资产与长期资产时，意味着其兼顾了规模与效益、短期与长期的关系。采用这种资产结构的企业，其经营状况与财务状况通常较为稳定。

3. 风险型资产结构

风险型资产结构是指企业在一定销售水平上，尽可能减少流动资产的比重，增加非流动资产的比重，从而使企业总资产构成维持较高的收益水平。在这种资产结构下，企业资产流动性和变现能力较弱，从而提高了企业的风险，但由于收益水平较高的非流动资产比重较大，企业的盈利水平同时也会提高，企业的风险和收益水平因此都较高。风险型资产结构表明非流动资产占资产总额的比重较大，企业拥有雄厚的物质基础。这是一种扩张式结构，说明企业把大量资金配置于固定资产、长期股权投资及无形资产等变现性较差的资产上，企业扩张欲望强烈，追求长期经济利益，相比之下，对资产的流动性和短期偿债能力较为忽视。这类企业注重外延式的扩大再生产，注重规模经济优势，善于进行资本运营，应当说是企业发展的一个方向。但由于投资额大、投资回收期长，投资风险相对也大。虽然扩张结构并不意味着企业一定发生财务危机，但如果筹资不畅、投资项目预期效益差甚至不能按期收回投资时，企业的财务危机肯定是要出现的。贵州茅台流动资产占资产总额结构分析表见表3-2。

表3-2　**贵州茅台流动资产占资产总额结构分析表**　金额单位：元

项　目	2020年12月31日	2021年12月31日	2022年12月31日	2023年12月31日
流动资产合计	185 652 154 956.94	220 765 692 846.31	216 611 435 672.92	225 172 517 821.28
资产合计	213 395 810 527.46	255 168 195 159.90	254 364 804 995.25	272 699 660 092.25
流动资产占资产总额的比重	87.00%	86.52%	85.16%	82.57%

表3-2表明贵州茅台连续4年流动资产在资产总额中所占的比重较高，其资产结构较为保守，尤其是2021年流动资产占资产总额的比重高达86.52%。保守型资产结构的优势是能使企业拥有足够的具有较强流动性和变现能力的资产以清偿其到期的债务，拥有足够的存货保证生产和销售的顺利进行，因此企业所面临的风险较小。但其不利之处在于，由于流动资产占用了大量的资金，增加了资金占用的机会成本，不利于加速资金的周转，从而导致企业资金利润率相对较低。

二、资本结构分析

资本结构是指企业各项资本的构成及其比例关系。广义的资本结构是指企业全部资本的构成，包括企业负债与所有者权益之间的比例关系、债务结构、所有权结构等；狭义的资本结构是指企业各中长期资本价值的构成及其比例关系，尤其是指长期的股权资本与债权资本的构成及其比例关系。资本结构问题实际上是债务资本和权益资本各占多少比例的问题，或者说是确定负债在全部资本中所占比重的问题。

不同的融资结构，其资金成本和财务风险是各不相同的。资金成本是指企业为获取某类资本所要付出的代价。财务风险是指企业由于对筹措资金的供应者承担义务而可能发生的风险。最佳的融资结构应是资金成本最低而财务风险最小的融资结构。资本结构也有三种类型：保守型、中庸型和风险型。资产负债率公式如下：

资产负债率=负债总额÷资产总额×100%

1.保守型资本结构

保守型资本结构，是指在资本结构中主要采取主权资本融资，且在负债融资结构中又以长期负债融资为主。在这种融资结构下，企业对流动负债的依赖性较低，从而减轻了短期偿债压力，财务风险较低；与此同时，由于主权资本融资的成本较高，又会增大企业的资金成本。这是一种低财务风险、高资金成本的融资结构。

2.中庸型资本结构

中庸型资本结构，是指在资本结构中主权资本融资与负债资本融资几乎对等。在这种融资结构下，主权资本融资与负债资本融资的比重主要根据资金的使用用途来确定，即对波动性资产采用短期融资的方式筹资，对永久性资产则采用长期融资的方式筹资。这种融资决策的优点是，企业既可以避免因资金来源期限太短引起的还债风险，又可以减少由于过多地借入长期资金而支付的高额利息。

3.风险型资本结构

风险型资本结构，是指在资本结构中主要采取负债融资，流动负债也被大量的长期资产所占用。在这种融资结构下，企业用长期资金来满足部分永久性资产对资金的需求，余下的需要的永久性资产和全部波动性资产都靠短期资金来融通。风险型资本结构的缺点是具有较大的风险性，这个风险既有旧债到期难以偿还和可能借不到新债的风险，还有利率上涨、再融资成本升高的风险。当然，高风险也可能获得高收益，如果企业的融资环境比较宽松，或者企业正赶上利率下调的好时机，则具有更多短期融资的企业会获得较多利率成本降低的收益。这是一种高财务风险、低资金成本的融资结构。贵州茅台资本结构分析表见表3-3。

表3-3 **贵州茅台资本结构分析表** 金额单位：元

项　目	2020年12月31日	2021年12月31日	2022年12月31日	2023年12月31日
负债合计	45 675 127 426.18	58 210 688 454.56	49 400 116 741.17	49 043 190 797.43
资产合计	213 395 810 527.46	255 168 195 159.90	254 364 804 995.25	272 699 660 092.25
资产负债率	21.40%	22.81%	19.42%	17.98%

从表3-3中可以看出，贵州茅台的资本构成以自有资本为主。2022—2023年，其自有资本占比高达80%以上，资本结构呈现保守特征。国际上公认的资产负债率合理标准为50%，即企业资本中债权人和股东各占一半——这一比例既能通过适度利用财务杠杆提升收益，又可避免因负债过高导致财务压力过大。而贵州茅台连续4年的资产负债率均远低于这一国际公认标准，这一现象可从两方面解读：一方面，这体现出贵州茅台自有资本实力雄厚，抗风险能力较强；另一方面，也反映出其资本结构偏于保守，未能充分借助财务杠杆扩大盈利空间。

三、资产负债结构分析表

贵州茅台资产负债结构分析表见表3-4。

表3-4 **贵州茅台资产负债结构分析表**

项目	2020-12-31	2021-12-31	2022-12-31	2023-12-31
货币资金	16.91%	20.30%	22.90%	25.33%
拆出资金	55.39%	52.93%	45.65%	38.71%

续表

项目	2020-12-31	2021-12-31	2022-12-31	2023-12-31
交易性金融资产				0.15%
应收票据	0.72%	不适用	0.04%	0.01%
应收账款			0.01%	0.02%
应收款项融资	0.00%	0.00%	0.00%	0.00%
预付款项	0.42%	0.15%	0.35%	0.01%
其他应收款	0.02%	0.01%	0.01%	0.01%
其中：应收利息				
应收股利				
买入返售金融资产	0.00%	0.00%	0.00%	1.29%
存货	13.53%	13.09%	15.26%	17.03%
持有待售资产	0.00%	0.00%	0.00%	0.00%
一年内到期的非流动资产			0.83%	0.00%
其他流动资产	0.01%	0.03%	0.06%	0.03%
流动资产合计	87.00%	86.52%	85.11%	82.57%
发放贷款和垫款	1.38%	1.34%	1.62%	0.78%
债权投资	0.01%	0.07%	0.15%	1.95%
其他债权投资				
长期应收款				
长期股权投资				
其他权益工具投资	0.00%	0.00%	0.00%	0.00%
其他非流动金融资产	0.00%	0.00%	0.00%	1.47%
投资性房地产				
固定资产	7.60%	6.85%	7.76%	7.30%
在建工程	1.15%	0.91%	0.87%	0.78%
生产性生物资产				
油气资产				
使用权资产	0.25%	0.10%	0.16%	0.12%
无形资产	2.26%	2.43%	2.78%	3.14%
开发支出			0.07%	0.08%
商誉				

续表

项目	2020-12-31	2021-12-31	2022-12-31	2023-12-31
长期待摊费用	0.07%	0.05%	0.06%	0.06%
递延所得税资产	0.53%	0.88%	1.41%	1.70%
其他非流动资产				0.04%
非流动资产合计	13.00%	13.48%	14.89%	17.43%
资产总计	100.00%	100.00%	100.00%	100.00%
短期借款				
向中央银行借款				
拆入资金				
交易性金融负债				
应付票据				
应付账款	0.63%	0.79%	0.95%	1.13%
预收款项				
合同负债	6.24%	4.98%	6.08%	5.18%
卖出回购金融资产款	0.00%	0.00%	0.00%	0.00%
吸收存款及同业存放	6.67%	8.53%	5.06%	4.41%
应付职工薪酬	1.40%	1.44%	1.88%	1.98%
应交税费	4.18%	4.69%	2.71%	2.55%
其他应付款	1.53%	1.62%	1.79%	1.91%
其中：应付利息				
应付股利				
应付手续费及佣金				
应付分保账款				
持有待售负债				
一年内到期的非流动负债	0.00%	0.04%	0.04%	0.02%
其他流动负债	0.75%	0.60%	0.78%	0.67%
流动负债合计	21.46%	22.70%	19.28%	17.86%
保险合同准备金				
长期借款				
应付债券				
其中：优先股				
永续债				

续表

项目	2020-12-31	2021-12-31	2022-12-31	2023-12-31
租赁负债	0.19%	0.12%	0.13%	0.10%
长期应付款				
长期应付职工薪酬				
预计负债				
递延收益				
递延所得税负债			0.06%	0.03%
其他非流动负债			0.00%	0.00%
非流动负债合计	0.00%	0.12%	0.13%	0.13%
负债合计	21.40%	22.81%	19.47%	17.98%
实收资本（或股本）	0.59%	0.49%	0.49%	0.46%
其他权益工具				
其中：优先股				
永续股				
资本公积	0.64%	0.54%	0.54%	0.50%
减：库存股				
其他综合收益				
专项储备				
盈余公积	9.45%	9.85%	12.78%	14.30%
一般风险准备	0.43%	0.42%	0.42%	0.39%
未分配利润	64.48%	62.98%	63.38%	63.43%
归属母公司所有者权益（或股东权益）	75.60%	74.28%	77.60%	79.09%
少数股东权益	3.00%	2.91%	2.93%	2.93%
所有者权益（或股东权益）合计	78.60%	77.19%	80.53%	82.02%
负债和所有者（或股东权益）合计	100.00%	100.00%	100.00%	100.00%

注：（1）应收利息、应收股利项目，2022年起在其他应收款项目列报。2020年、2021年应收利息、应收股利是单独列示的，没有合并在其他应收款项目，表中应收利息结构百分比是按资产总额计算的。下同。

（2）应付利息、应付股利项目，2022年起在其他应付款项目列报。2020年、2021年应付利息、应付股利是单独列示的，没有合并在其他应付款项目，表中应付利息、应付股利结构百分比是按资本总额计算的。下同。

从表3-4的相关数据，可以初步得出以下结论：

1.贵州茅台的资产总额中，流动资产占比较大，2020年至2023年连续4年，贵州茅台流动资产占资产总额的比重在80%以上，2020年流动资产占资产总额的比重高达87%。在流动资产中主要成分是货币资金（含拆出资金）和存货，2023年货币资金（含拆出资金）占资产总额的64.04%。也就是说在贵州茅台的资产总额中有一半以上是可以直接进行支付的货币资金。2023年贵州茅台资产总额约为2 726.99亿元（准确数额为272 699 660 092.25元），其中货币资金690.70亿元（准确数额为69 070 136 376.12元）、拆出资金1 055.54亿元（准确数额为105 553 836 462.58元）。

2.资产总额中存货所占比重也较高，2022—2023年存货占资产总额的比重逐年上升，2023年存货为464.35亿元（准确数额为46 435 185 061.53元），占资产总额的17.03%，酿酒制造企业存货在资产总额中所占的比重在15%~25%比较合理。

3.贵州茅台的资产总额中，非流动资产所占比重较低，近年来非流动资产在资产总额中的比重略有上升，在非流动资产中主要是固定资产。2023年贵州茅台固定资产约为199.09亿元（准确数额为19 909 280 655.97元），占资产总额的7.3%。

4.贵州茅台的资本总额中，主要以自有资本为主。2022—2023年贵州茅台的自有资本占资本总额的80%以上，2023年自有资本占资本总额的82.02%，说明贵州茅台自有资本实力雄厚。

5.贵州茅台的资本总额中，负债所占比重较低，负债占资本总额的比重在2022—2023年不到20%。在负债总额中非流动负债所占比重不到1‰，其负债主要为流动负债，而流动负债主要是合同负债和吸收存款及同业存放，2023年合同负债总额为141.25亿元（准确数额为14 125 755 802.29元），占资本总额的5.18%，吸收存款及同业存放总额为120.34亿元（准确数额为12 034 492 909.95元），占资本总额的4.41%，说明贵州茅台产品畅销，供不应求，预收了大量的货款。

6.贵州茅台连续4年没有筹集资金，其长期借款、应付债券的金额均为0，说明贵州茅台近几年资金较充裕，没有融资需求。

第四节　资产负债表趋势分析

资产负债表趋势分析的对象是企业连续若干年的财务状况信息，主要采用比较的方法，分析并观察其变动趋势。

趋势分析法是根据企业连续数期的财务报告，以第1年或另外选择某一年份为基期，计算每一期各项目对基期同一项目的趋势百分比，或计算趋势比例或指数，形成一系列具有可比性的百分数或指数，从而揭示了当期财务状况和经营成果的增减变化及发展趋势。对不同时期财务指标的比较，可以计算成动态比率指标，依据采用的基期不同，所计算的动态指标比率有定基比趋势分析和环比趋势分析两种：

（一）定基比趋势分析

定基比趋势分析相关公式如下：

定基比趋势分析=分析期某指标数值÷固定基期某指标数值×100%

贵州茅台资产负债表定基比趋势分析表见表3-5。

表3-5　**贵州茅台资产负债表定基比趋势分析表**

（以2020年为基期年度）

项目	2020-12-31	2021-12-31	2022-12-31	2023-12-31
货币资金	100.00%	143.55%	161.46%	191.38%
拆出资金	100.00%	114.27%	98.29%	89.30%
交易性金融资产				

续表

项目	2020-12-31	2021-12-31	2022-12-31	2023-12-31
应收票据	100.00%	不适用	6.88%	0.91%
应收账款				
应收款项融资				
预付款项	100.00%	43.31%	99.88%	3.85%
其他应收款	100.00%	96.14%	92.26%	79.74%
其中：应收利息				
应收股利				
买入返售金融资产				
存货	100.00%	115.68%	134.48%	160.85%
持有待售资产				
一年内到期的非流动资产				
其他流动资产	100.00%	267.52%	601.58%	267.06%
流动资产合计	100.00%	118.91%	116.68%	121.29%
发放贷款和垫款	100.00%	115.99%	140.02%	72.16%
债权投资	100.00%	846.28%	1889.88%	26425.54%
其他债权投资				
长期应收款				
长期股权投资				
其他权益工具投资				
其他非流动金融资产	100.00%	0.00%	0.00%	40716.36%
投资性房地产				
固定资产	100.00%	107.69%	121.68%	122.71%
在建工程	100.00%	94.87%	90.23%	87.33%
生产性生物资产				
油气资产				
使用权资产	100.00%	46.56%	75.06%	58.59%
无形资产	100.00%	128.88%	147.04%	177.95%
开发支出				
商誉				
长期待摊费用	100.00%	94.33%	99.14%	108.35%
递延所得税资产	100.00%	199.18%	320.06%	413.62%

续表

项目	2020-12-31	2021-12-31	2022-12-31	2023-12-31
其他非流动资产				
非流动资产合计	100.00%	124.00%	136.57%	171.31%
资产总计	100.00%	119.58%	119.26%	127.79%
短期借款				
向中央银行借款				
拆入资金				
交易性金融负债				
应付票据				
应付账款	100.00%	149.73%	179.43%	230.44%
预收款项				
合同负债	100.00%	95.47%	116.14%	106.04%
卖出回购金融资产款				
吸收存款及同业存放	100.00%	152.81%	90.40%	84.50%
应付职工薪酬	100.00%	123.37%	160.42%	181.20%
应交税费	100.00%	134.31%	77.32%	77.91%
其他应付款	100.00%	126.62%	139.50%	160.05%
其中：应付利息				
应付股利				
应付手续费及佣金				
应付分保账款				
持有待售负债				
一年内到期的非流动负债				
其他流动负债	100.00%	95.41%	122.95%	113.21%
流动负债合计	100.00%	126.46%	107.14%	106.34%
保险合同准备金				
长期借款				
应付债券				
其中：优先股				
永续债				
租赁负债				
长期应付款				

续表

项目	2020-12-31	2021-12-31	2022-12-31	2023-12-31
长期应付职工薪酬				
预计负债				
递延收益				
递延所得税负债	100.00%	0.00%	11157.92%	5416.28%
其他非流动负债				
非流动负债合计	100.00%	20340.55%	22946.48%	23710.20%
负债合计	100.00%	127.45%	108.51%	107.37%
实收资本（或股本）	100.00%	100.00%	100.00%	100.00%
其他权益工具				
其中：优先股				
永续股				
资本公积	100.00%	100.00%	100.00%	100.00%
减：库存股				
其他综合收益	100.00%	244.18%	202.14%	113.70%
专项储备				
盈余公积	100.00%	124.62%	161.20%	193.30%
一般风险准备	100.00%	114.44%	114.44%	114.44%
未分配利润	100.00%	116.80%	117.23%	125.72%
归属母公司所有者权益（或股东权益）	100.00%	117.49%	122.41%	133.69%
少数股东权益	100.00%	115.95%	116.57%	124.85%
所有者权益（或股东权益）合计	100.00%	117.43%	122.19%	133.35%
负债和所有者（或股东权益）合计	100.00%	119.58%	119.26%	127.79%

（二）环比趋势分析

环比趋势分析相关公式如下：

环比趋势分析=（分析期某指标数值-上一期某指标数值）÷上一期某指标数值×100%

贵州茅台资产负债表环比趋势分析表见表3-6。

表3-6 **贵州茅台资产负债表环比趋势分析表**

项目	2020-12-31	2021-12-31	2022-12-31	2023-12-31
货币资金	172.35%	43.55%	12.48%	18.53%
拆出资金	0.70%	14.27%	-13.99%	-9.14%
交易性金融资产				
应收票据	4.77%	不适用	不适用	-86.79%

续表

项目	2020-12-31	2021-12-31	2022-12-31	2023-12-31
应收账款				188.36%
应收款项融资				
预付款项	-42.02%	-56.69%	130.62%	-96.15%
其他应收款	-54.94%	-3.86%	-4.04%	-13.57%
其中：应收利息				
应收股利				
买入返售金融资产				
存货	14.18%	15.68%	16.26%	19.60%
持有待售资产				
一年内到期的非流动资产				-100.00%
其他流动资产	27.90%	167.52%	124.87%	-55.61%
流动资产合计	16.74%	18.91%	-1.88%	3.95%
发放贷款和垫款	5 957.51%	15.99%	20.72%	-48.47%
债权投资		746.28%	123.32%	1 298.27%
其他债权投资				
长期应收款				
长期股权投资				
其他权益工具投资				
其他非流动金融资产		-100.00%		
投资性房地产			1.77%	-22.43%
固定资产	7.14%	7.69%	12.99%	0.84%
在建工程	-2.84%	-5.13%	-4.89%	-3.21%
生产性生物资产				
油气资产				
使用权资产		-53.44%	61.22%	-21.95%
无形资产	1.89%	28.88%	14.09%	21.02%
开发支出				14.42%
商誉				
长期待摊费用	-6.67%	-5.67%	5.10%	9.29%
递延所得税资产	2.12%	99.18%	60.69%	29.23%

续表

项目	2020-12-31	2021-12-31	2022-12-31	2023-12-31
其他非流动资产				
非流动资产合计	15.51%	24.00%	10.14%	25.44%
资产总计	16.58%	19.58%	-0.26%	7.15%
短期借款				
向中央银行借款				
拆入资金				
交易性金融负债				
应付票据				
应付账款	-11.32%	49.73%	19.83%	28.43%
预收款项	-100.00%			
合同负债		-4.53%	21.65%	-8.70%
卖出回购金融资产款				
吸收存款及同业存放	28.90%	52.81%	-40.85%	-6.52%
应付职工薪酬	21.92%	23.37%	30.03%	12.96%
应交税费	1.87%	34.31%	-42.43%	0.77%
其他应付款	-9.26%	26.62%	10.17%	14.73%
其中：应付利息	-100.00%			
应付股利	-100.00%			
应付手续费及佣金				
应付分保账款				
持有待售负债				
一年内到期的非流动负债			4.82%	-47.82%
其他流动负债		-4.59%	28.86%	-7.92%
流动负债合计	11.44%	26.46%	-15.28%	-0.75%
保险合同准备金				
长期借款				
应付债券				
其中：优先股				
永续债				
租赁负债		-28.55%	12.81%	-20.28%

续表

项目	2020-12-31	2021-12-31	2022-12-31	2023-12-31
长期应付款				
长期应付职工薪酬				
预计负债				
递延收益				
递延所得税负债		-100.00%		-51.46%
其他非流动负债				
非流动负债合计	-97.99%	20 240.55%	12.81%	3.33%
负债合计	10.95%	27.45%	-14.86%	-1.05%
实收资本（或股本）	0.00%	0.00%	0.00%	0.00%
其他权益工具				
其中：优先股				
永续股				
资本公积	0.00%	0.00%	0.00%	0.00%
减：库存股				
其他综合收益	-25.94%	144.18%	-17.21%	-43.75%
专项储备				
盈余公积	21.57%	24.62%	29.35%	19.91%
一般风险准备	3.25%	14.44%	0.00%	0.00%
未分配利润	18.73%	16.80%	0.36%	7.24%
归属母公司所有者权益（或股东权益）	18.61%	17.49%	4.19%	9.21%
少数股东权益	9.07%	15.95%	0.54%	7.10%
所有者权益（或股东权益）合计	18.22%	17.43%	4.05%	9.13%
负债和所有者（或股东权益）合计	16.58%	19.58%	-0.26%	7.15%

从表3-5及表3-6的相关数据中可以初步得出以下结论：

1.近年来，贵州茅台资产总额稳步增长，2023年较基期年度2020年资产总额增长了127.79%。贵州茅台的资产总额中，流动资产增长较快，2023年流动资产较2020年增长121.29%，其中货币资金增长幅度较大，2023年货币资金较基期年度2020年增长191.38%，2023年拆出资金较基期年度2020年增长89.30%，2023年货币资金持有量高达690.70亿元（准确数额为69 070 136 376.12元），拆出资金持有量高达1 055.54亿元（准确数额为105 553 836 462.58元）。

2.资产总额中，存货增长幅度也较大，2023年存货较2020年增长160.85%，这是由其酿酒行业特殊的生产工艺而形成的，酒的酿造需要一定的时间，茅台酒的酿制时间一般为3至5年。

3.贵州茅台的资产总额中，非流动资产的增长速度亦较快，2023年非流动资产较2020年增长

171.31%，其中主要是无形资产与固定资产的增长，2023年无形资产较2020年增长了177.95%，固定资产增长了122.71%。在产销两旺、产品供不应求的情况下，贵州茅台加大了无形资产、固定资产的投资力度，力求增加产品品种、扩大生产规模，以获得更多的利润。

4.贵州茅台连续4年所有者权益稳定增长，2023年所有者权益较2020年增长133.35%，所有者权益的增长主要是留存收益的增长，其中盈余公积2023年较2020年增长193.30%，未分配利润2023年较2020年增长125.72%，说明自2020年以来贵州茅台产销两旺，利润大幅度上升。

5.近年来负债总额增幅较慢，2023年较基期年度2020年仅增加107.37%，负债总额中，增幅较大的是其他应付款和应付职工薪酬，2023年其他应付款较2020年增长了160.05%，应付职工薪酬较2020年增长了181.20%。近年来，贵州茅台随着营业收入的稳步增长，各项税费也同比增长。

第四章

现金流量表分析

第一节　现金流量表概述

一、现金流量表的概念

现金流量表，是反映企业一定会计期间现金及现金等价物流入和流出的报表。企业的会计核算以权责发生制为基础，而现金流量表的编制是以收付实现制为基础的。它是一张动态的会计报表。现金流量表将企业活动划分为经营活动、投资活动和筹资活动，以现金及现金等价物为基础，按照收付实现制原则编制，将权责发生制下的盈利信息调整为收付实现制下的现金流量信息。

分析现金流量表，还应正确理解现金流量表中涉及的以下相关概念：

1.现金

现金，是指企业库存现金以及可以随时用于支付的存款。不能随时用于支付的存款不属于现金。现金主要包括：

（1）库存现金。

库存现金是指企业持有的、可随时用于支付的现金，与“库存现金”科目的核算内容一致。

（2）银行存款。

银行存款是指企业存入金融机构的、可以随时用于支取的存款，与“银行存款”科目的核算内容基本一致，但不包括不能随时用于支取的存款。例如，不能随时支取的定期存款等不应作为现金；提前通知金融机构便可支取的定期存款则应包括在现金范围内。

（3）其他货币资金。

其他货币资金是指存放在金融机构的外埠存款、银行汇票存款、银行本票存款、信用卡存款、信用证保证金存款和存出投资款等，与“其他货币资金”科目的核算内容一致。

2.现金等价物

现金等价物，是指企业持有的期限短、流动性强、易于转换为已知金额现金、价值变动的风险很小的投资，“期限短”一般是指从购买日起3个月内到期，如可在证券市场上流通的3个月内到期的短期债券等。

现金等价物虽然不是现金，但其支付能力与现金的差别不大，可视为现金。例如，企业为保证支付能力，手持必要的现金，为了不使现金闲置，可以购买短期债券，在需要现金时随时可以变现。

3.现金流量

现金流量是指企业现金及现金等价物的流入和流出。

4.现金净流量

现金净流量是指现金流入和流出的差额。如果是正数，则为净流入；如果是负数，则为净流出。

5.现金流量的分类

现金流量可分为三类：经营活动产生的现金流量、投资活动产生的现金流量和筹资活动产生的现金流量。

经营活动是指企业发生的投资活动和筹资活动以外的所有交易和事项。

投资活动是指企业长期资产的购建和不包括在现金等价物范围内的投资及其处置活动。这里所指的长期资产是指固定资产、在建工程、无形资产、其他资产等持有期限在一年或一个营业周期以上的资产。

筹资活动是指导致企业资本及债务规模和构成发生变化的活动。

二、现金流量表的作用

编制现金流量表的主要目的是为财务报表使用者提供企业一定会计期间内现金及现金等价物流入和流出的信息，以便于财务报表使用者了解和评价企业获取现金及现金等价物的能力，并据以预测企业未来的现金流量。现金流量表的作用主要体现在以下几个方面：

一是有助于评价企业的支付能力、偿债能力和周转能力；

二是有助于预测企业未来的现金流量；

三是有助于分析企业收益的质量及影响现金净流量的因素，通过掌握企业经营活动、投资活动和筹资活动的现金流量，可以从现金流量的角度了解净利润的质量，为分析和判断企业的财务前景提供信息。

三、现金流量表的勾稽关系

1.现金流量表表内项目的勾稽关系

经营活动产生的现金流量净额=经营活动产生的现金流入-经营活动产生的现金流出

投资活动产生的现金流量净额=投资活动产生的现金流入-投资活动产生的现金流出

筹资活动产生的现金流量净额=筹资活动产生的现金流入-筹资活动产生的现金流出

$$\begin{matrix}\text{现金及现金}\\\text{等价物净增加额}\end{matrix}=\begin{matrix}\text{经营活动产生的}\\\text{现金流量净额}\end{matrix}\pm\begin{matrix}\text{投资活动产生的}\\\text{现金流量净额}\end{matrix}\pm\begin{matrix}\text{筹资活动产生的}\\\text{现金流量净额}\end{matrix}\pm\begin{matrix}\text{汇率变动对现金及}\\\text{现金等价物的影响}\end{matrix}$$

2.现金流量表与其补充资料及其他报表的勾稽关系

现金流量表主表中经营活动产生的现金流量净额= 现金流量表补充资料中经营活动产生的现金流量净额

现金流量表主表中现金及现金等价物净增加额 = 现金流量表补充资料中现金及现金等价物净增加额

$$=\left(\begin{matrix}\text{货币资金}\\\text{期末余额}\end{matrix}-\begin{matrix}\text{货币资金}\\\text{期初余额}\end{matrix}\right)\pm\left(\begin{matrix}\text{现金等价物}\\\text{期末余额}\end{matrix}-\begin{matrix}\text{现金等价物}\\\text{期初余额}\end{matrix}\right)$$

四、现金流量表的格式

现金流量表的格式见表4-1。

表4-1　　**现金流量表**　　会企03表

编制单位：　　年度　　单位：

项　　目	本期金额	上期金额
一、经营活动产生的现金流量		
销售商品、提供劳务收到的现金		
收到的税费返还		
收到其他与经营活动有关的现金		
经营活动现金流入小计		

续表

项　　目	本期金额	上期金额
购买商品、接受劳务支付的现金		
支付给职工以及为职工支付的现金		
支付的各项税费		
支付其他与经营活动有关的现金		
经营活动现金流出小计		
经营活动产生的现金流量净额		
二、投资活动产生的现金流量		
收回投资收到的现金		
取得投资收益收到的现金		
处置固定资产、无形资产和其他长期资产收回的现金净额		
处置子公司及其他营业单位收到的现金净额		
收到其他与投资活动有关的现金		
投资活动现金流入小计		
购建固定资产、无形资产和其他长期资产支付的现金		
投资支付的现金		
取得子公司及其他营业单位支付的现金净额		
支付其他与投资活动有关的现金		
投资活动现金流出小计		
投资活动产生的现金流量净额		
三、筹资活动产生的现金流量		
吸收投资收到的现金		
取得借款收到的现金		
收到其他与筹资活动有关的现金		
筹资活动现金流入小计		
偿还债务支付的现金		
分配股利、利润或偿付利息支付的现金		
支付其他与筹资活动有关的现金		
筹资活动现金流出小计		
筹资活动产生的现金流量净额		

续表

项　　　目	本期金额	上期金额
四、汇率变动对现金及现金等价物的影响		
五、现金及现金等价物净增加额		
加：期初现金及现金等价物余额		
六、期末现金及现金等价物余额		

第二节　现金流量表项目分析

分析现金流量及其构成，可以了解企业现金的来龙去脉和现金收支的去向，评价企业的偿债能力、支付能力、变现能力和资金实力。

企业的现金流量由经营活动产生的现金流量、投资活动产生的现金流量和筹资活动产生的现金流量三部分构成。

在现金流量表中，经营活动是企业最主要的活动，能够反映企业的盈利质量，经营活动引起现金及现金等价物变化的金额最大，投资、筹资活动引起现金及现金等价物变化的金额相对较小。从现金流量表的总量上看，如果未来的现金净流量为正，说明现金流入量大于现金流出量，偿还贷款仅为现金流出的一部分，因此，这种情况下的借款人具备还款能力。如果未来的现金净流量为负，说明现金流入量不能满足全部的现金流出需求，但是偿还贷款只是现金流出总量的一部分，所以借款人有可能具有偿还能力。

我们在对现金流量表进行分析时，不仅要看总量，也要对经营活动、投资活动、筹资活动产生的现金流量进行分析，只有这样才能动态地了解企业在不同的发展阶段现金流入、流出的变化。

一、经营活动产生的现金流量

经营活动，是指企业投资活动和筹资活动以外的所有交易和事项。分析现金流量表，最关键的是看企业来自经营活动的现金净流量。因为企业偿还债务、进行投资都需要动用现金，而经营活动产生的现金流量是满足这些需要的最根本的来源。

一般来说，在企业经营正常且稳定的情况下，经营活动产生的现金净流量应该为正数，也就是说企业销售商品、提供劳务收到的现金大于经营过程中购买商品、接受劳务、支付工资和税费的开销，企业销售回款情况良好，创现能力强。当经营活动产生的现金净流量为负数时，企业可能处于创建期或衰退期，这时要结合投资活动、筹资活动产生的现金流量进行分析。

企业处于创建期，材料消耗量较多，为推销产品会发生大量的广告费、宣传费等，资金占用率较高；企业处于衰退期，会因为存货大量积压、产品销售不出去而导致经营活动产生的现金净流量为负数。

1.销售商品、提供劳务收到的现金

本项目反映企业销售商品、提供劳务实际收到的现金，包括销售收入和应向购买者收取的增值税销项税额，具体包括：本期销售商品、提供劳务收到的现金，以及前期销售商品、提供劳务本期收到的现金和本期预收的款项，减去本期销售本期退回的商品和前期销售本期退回的商品支付的现金。

2.收到的税费返还

本项目反映企业收到返还的各种税费，如收到的增值税、所得税、消费税、关税和教育费附加的返还款等。

3.收到其他与经营活动有关的现金

本项目反映企业除上述各项目外，收到的其他与经营活动有关的现金，如罚款收入、经营租赁固定资产收到的现金、投资性房地产收到的租金收入、流动资产损失中由个人赔偿的现金收入、除税费返还外的其他政府补助收入等。

4.购买商品、接受劳务支付的现金

本项目反映企业购买材料、商品以及接受劳务实际支付的现金，包括支付的货款以及与货款一并支付的增值税进项税额，具体包括：本期购买商品、接受劳务支付的现金，以及本期支付前期购买商品、接受劳务的未付款项和本期预付款项，减去本期发生的购货退回收到的现金。为购置存货而发生的借款利息资本化部分，应在分配股利、利润或偿付利息支付的现金项目中反映。

5.支付给职工以及为职工支付的现金

本项目反映企业实际支付给职工的现金以及为职工支付的现金，包括企业为获得职工提供的服务而实际给予各种形式的报酬以及其他相关支出，如支付给职工的工资、奖金、各种津贴和补贴等，以及为职工支付的其他费用，不包括支付给在建工程人员的工资。支付给在建工程人员的工资，在“购建固定资产、无形资产和其他长期资产支付的现金”项目中反映。

企业为职工支付的医疗、养老、失业、工伤、生育等社会保险基金、补充养老保险、住房公积金，企业为职工缴纳的商业保险金，因解除与职工劳动关系给予的补偿，现金结算的股份支付，以及企业支付给职工或为职工支付的其他福利费等，应根据职工的工作性质和服务对象，分别在“购建固定资产、无形资产和其他长期资产支付的现金”和“支付给职工以及为职工支付的现金”项目中反映。

6.支付的各项税费

本项目反映企业按规定支付的各项税费，包括本期发生并支付的税费，以及本期支付以前各期发生的税费和预缴的税金，如支付的增值税、消费税、所得税、教育费附加、印花税、房产税、土地增值税、车船税等，不包括本期退回的增值税、所得税。本期退回的增值税、所得税等，在“收到的税费返还”项目中反映。

7.支付其他与经营活动有关的现金

本项目反映企业除上述各项目外，支付的其他与经营活动有关的现金，如罚款支出、支付的差旅费、业务招待费、保险费、经营租赁支付的现金等。其他与经营活动有关的现金，如果金额较大的，应单列项目反映。本项目可以根据有关科目的记录分析填列。

二、投资活动产生的现金流量

投资活动，是指企业长期资产的购建和不包括在现金等价物范围内的投资及其处置活动。投资活动现金流量反映了企业对外进行投资、购置长期资产等活动的现金流量。

当企业扩大规模或开发新的利润增长点时，需要大量的现金投入，投资活动产生的现金流入量不足以补偿流出量，投资活动现金净流量为负数。

当企业处于衰退时期，由于市场已经饱和，销售量下降，企业会大幅度收回投资，因此，此时投资活动的现金净流量为正数。

分析投资活动现金流量，应结合企业的投资项目进行分析，不能单纯地以现金净流量的正负直接判断其优劣。

1.收回投资收到的现金

本项目反映企业出售、转让或到期收回除现金及现金等价物以外的交易性金融资产、债权投资、其他债权投资、其他权益工具投资、长期股权投资、投资性房地产等而收到的现金，不包括债权性投资收回的利息、收回的非现金资产，以及处置子公司及其他营业单位收到的现金净额。

债权性投资收回的本金，在本项目中反映；债权性投资收回的利息，不在本项目中反映，而在“取得投资收益收到的现金”项目中反映。处置子公司及其他营业单位收到的现金净额单设项目反映。

2.取得投资收益收到的现金

本项目反映企业因股权性投资而分得的现金股利，从子公司、联营企业或合营企业分回利润而收到的现金，因债权性投资而取得的现金利息收入。股票股利由于不产生现金流量，不在本项目中反映，包括在现金等价物范围内的债权性投资，其利息收入在本项目中反映。

3.处置固定资产、无形资产和其他长期资产收回的现金净额

本项目反映企业出售固定资产、无形资产和其他长期资产（如投资性房地产）所取得的现金，减去为处置这些资产而支付的有关费用后的净额。处置固定资产、无形资产和其他长期资产所收到的现金，与处置活动支付的现金，两者在时间上比较接近，以净额填列更能准确反映处置活动对现金流量的影响。由于自然灾害等原因所造成的固定资产等长期资产报废、毁损而收到的保险赔偿收入，在本项目中反映。如处置固定资产、无形资产和其他长期资产收回的现金净额为负数，则应作为投资活动产生的现金流量，在支付的其他与投资活动有关的现金项目中反映。

4.处置子公司及其他营业单位收到的现金净额

本项目反映企业处置子公司及其他营业单位所取得的现金，减去子公司或其他营业单位持有的现金及现金等价物以及相关处置费用后的净额。本项目可以根据有关科目的记录分析填列。

整体处置一个单位，其结算方式是多种多样的。企业处置子公司及其他营业单位是整体交易，子公司和其他营业单位可能持有现金及现金等价物。这样，整体处置子公司或其他营业单位的现金流量，就应以处置价款中收到现金的部分，减去子公司或其他营业单位持有的现金及现金等价物以及相关处置费用后的净额反映。

《企业会计准则第31号——现金流量表》要求企业在附注中以总额披露当期取得或处置子公司及其他营业单位的下列信息：

（1）取得或处置价格；

（2）取得或处置价格中以现金支付的部分；

（3）取得或处置子公司及其他营业单位所取得的现金；

（4）取得或处置子公司及其他营业单位按主要类别分类的非现金资产和负债。

处置子公司及其他营业单位收到的现金净额如为负数，则将该金额填列至支付的其他与投资活动有关的现金项目中。

5.收到其他与投资活动有关的现金

本项目反映企业除上述各项目外，收到的其他与投资活动有关的现金。其他与投资活动有关的现金，如果价值较大的，应单列项目反映。本项目可以根据有关科目的记录分析填列。

6.购建固定资产、无形资产和其他长期资产支付的现金

本项目反映企业购买、建造固定资产，取得无形资产和其他长期资产（如投资性房地产）支付的现金，包括购买机器设备所支付的现金及增值税款、建造工程支付的现金、支付在建工程人员的工资等现金支出，不包括为购建固定资产、无形资产和其他长期资产而发生的借款利息资本化部分，以及融资租入固定资产所支付的租赁费。为购建固定资产、无形资产和其他长期资产而发生的借款利息资本化部分，在分配股利、利润或偿付利息支付的现金项目中反映；融资租入固定资产所支付的租赁费，在支付的其他与筹资活动有关的现金项目中反映，不在本项目中反映。

7.投资支付的现金

本项目反映企业进行权益性投资和债权性投资所支付的现金，包括企业取得的除现金等价物以外的交易性金融资产、债权投资、其他债权投资、其他权益工具投资支付的现金，以及支付的佣金、手

续费等交易费用。企业购买债券的价款中含有债券利息的，以及溢价或折价购入的，均按实际支付的金额反映。

企业购买股票和债券时，实际支付的价款中包含的已宣告但尚未领取的现金股利或已到付息期但尚未领取的债券利息，应在支付的其他与投资活动有关的现金项目中反映；收回购买股票和债券时支付的已宣告但尚未领取的现金股利或已到付息期但尚未领取的债券利息，应在收到的其他与投资活动有关的现金项目中反映。

8.取得子公司及其他营业单位支付的现金净额

本项目反映企业取得子公司及其他营业单位购买出价中以现金支付的部分，减去子公司或其他营业单位持有的现金及现金等价物后的净额。本项目可以根据有关科目的记录分析填列。

整体购买一个单位，其结算方式是多种多样的，如购买方全部以现金支付或一部分以现金支付而另一部分以实物清偿。

同时，企业购买子公司及其他营业单位是整体交易，子公司和其他营业单位除有固定资产和存货外，还可能持有现金及现金等价物。这样，整体购买子公司或其他营业单位的现金流量，就应以购买出价中以现金支付的部分减去子公司或其他营业单位持有的现金及现金等价物后的净额反映；如为负数，应在收到的其他与投资活动有关的现金项目中反映。

9.支付其他与投资活动有关的现金

本项目反映企业除上述各项目外，支付的其他与投资活动有关的现金。其他与投资活动有关的现金，如果价值较大的，应单列项目反映。本项目可以根据有关科目的记录分析填列。

三、筹资活动产生的现金流量

筹资活动，是指导致企业资本及债务规模和构成发生变化的活动。筹资活动的现金流量与企业的发展规划有很大的关联性。

当企业以扩大投资和经营活动为目标时，企业将以各种方式筹资，此时筹资活动产生的现金流量净额可能为正数。

一般来说，筹资活动产生的现金净流量越大，企业面临的偿债压力也越大，但如果现金净流入量主要来自企业吸收的权益性资本，则不仅不会面临偿债压力，资金实力反而会增强。

如果企业经营正常，且有足够能力偿付债务时，会拿出现金去偿付债务，此时筹资活动产生的现金流量净额为负数。

1.吸收投资收到的现金

本项目反映企业以发行股票、债券等方式筹集资金实际收到的款项净额（发行收入减去支付的佣金等发行费用后的净额）。

以发行股票等方式筹集资金而由企业直接支付的审计、咨询等费用，不在本项目中反映，而在“支付其他与筹资活动有关的现金”项目中反映；由金融企业直接支付的手续费、宣传费、咨询费、印刷费等费用，从发行股票、债券取得的现金收入中扣除，以净额列示。

2.取得借款收到的现金

本项目反映企业举借各种短期、长期借款而收到的现金，以及发行债券实际收到的款项净额（发行收入减去直接支付的佣金等发行费用后的净额）。

本项目可以根据“短期借款”“长期借款”“交易性金融负债”“应付债券”“库存现金”“银行存款”等科目的记录分析填列。

3.收到其他与筹资活动有关的现金

本项目反映企业除上述各项目外，收到的其他与筹资活动有关的现金。其他与筹资活动有关的现金，如果价值较大的，应单列项目反映。本项目可根据有关科目的记录分析填列。

4.偿还债务支付的现金

本项目反映企业以现金偿还债务的本金，包括：归还金融企业的借款本金、偿付企业到期的债券本金等。

企业偿还的借款利息、债券利息，在“分配股利、利润或偿付利息支付的现金”项目中反映，不在本项目中反映。本项目可以根据“短期借款”“长期借款”“交易性金融负债”“应付债券”“库存现金”“银行存款”等科目的记录分析填列。

5.分配股利、利润或偿付利息支付的现金

本项目反映企业实际支付的现金股利、支付给其他投资单位的利润或用现金支付的借款利息、债券利息。不同用途的借款，其利息的开支渠道不一样，如在建工程、财务费用等，均在本项目中反映。

6.支付其他与筹资活动有关的现金

本项目反映企业除上述各项目外支付的其他与筹资活动有关的现金，如以发行股票、债券等方式筹集资金而由企业直接支付的审计、咨询等费用，融资租赁各期支付的现金，以分期付款方式购建固定资产、无形资产等以后各期支付的现金。其他与筹资活动有关的现金，如果价值较大的，应单列项目反映。本项目可以根据有关科目的记录分析填列。

四、汇率变动对现金及现金等价物的影响

编制现金流量表时，应当将企业外币现金流量以及境外子公司的现金流量折算成记账本位币。现金流量表准则规定，外币现金流量以及境外子公司的现金流量，应当采用现金流量发生日的即期汇率或按照系统、合理的方法确定的、与现金流量发生日即期汇率近似的汇率折算。汇率变动对现金及现金等价物的影响额应当作为调节项目，在现金流量表中单独列报。

汇率变动对现金及现金等价物的影响，是指企业外币现金流量及境外子公司的现金流量折算成记账本位币时，所采用的是现金流量发生日的汇率或按照系统、合理的方法确定的、与现金流量发生日即期汇率近似的汇率，而现金流量表中“现金及现金等价物净增加额”项目中外币现金净增加额是按资产负债表日的即期汇率折算的。这两者的差额即为汇率变动对现金及现金等价物的影响。

第三节　现金流量表结构分析

现金流量表的结构分析就是通过对现金流量表中不同项目之间的比较，分析企业现金流入和流出的来源与方向，评价各种现金流量形成的原因。现金流量结构分析主要是指企业各种现金流入量、各种现金流出量，以及现金净流量与企业总的现金流入量、总的现金流出量及全部现金净流量的比率关系。现金流量表结构分析包括：现金流入结构分析、现金流出结构分析、现金流出流入结构分析。

一、现金流入结构分析

现金流入结构分析就是将经营活动、投资活动和筹资活动的现金流入量加总合计，然后计算每个现金流入项目占总现金流入量的比率，分析现金流入的结构和含义，明确企业的现金来自何方，要增加现金流入主要应在哪些方面采取措施等。现金流入结构分析的公式为：

经营活动现金流入占现金总流入的百分比=经营活动现金流入量÷现金总流入量×100%

投资活动现金流入占现金总流入的百分比=投资活动现金流入量÷现金总流入量×100%

筹资活动现金流入占现金总流入的百分比=筹资活动现金流入量÷现金总流入量×100%

贵州茅台现金流入结构分析表见表4-2。

表4-2 **贵州茅台现金流入结构分析表**

项　　目	2020年	2021年	2022年	2023年
销售商品、提供劳务收到的现金	94.02%	90.64%	102.08%	93.02%
客户存款和同业存放款项净增加额	2.80%	5.71%	−6.47%	−0.46%
收取利息、手续费及佣金的现金	2.70%	2.39%	2.36%	1.72%
收到的税费返还	0.00%	0.00%	0.02%	0.00%
收到其他与经营活动有关的现金	0.19%	1.25%	2.00%	1.33%
经营活动现金流入小计	99.72%	99.99%	99.99%	95.61%
收回投资收到的现金	0.28%	0.00%	0.00%	4.29%
取得投资收益收到的现金		0.00%	0.00%	0.08%
处置固定资产、无形资产和其他长期资产收回的现金净额	0.00%	0.00%	0.00%	0.01%
处置子公司及其他营业单位收到的现金净额	0.00%	0.00%	0.00%	0.00%
收到其他与投资活动有关的现金	0.01%	0.01%	0.00%	0.00%
投资活动现金流入小计	0.28%	0.01%	0.01%	4.39%
吸收投资收到的现金	0.00%	0.00%	0.00%	0.00%
取得借款收到的现金	0.00%	0.00%	0.00%	0.00%
收到其他与筹资活动有关的现金	0.00%	0.00%	0.00%	0.00%
筹资活动现金流入小计	0.00%	0.00%	0.00%	0.00%
现金流入合计	100.00%	100.00%	100.00%	100.00%

通过表4-2可以得到以下信息：

贵州茅台2020—2023年连续4年的现金流入主要是经营活动产生的现金流入，经营活动产生的现金流入占总现金流入的99%以上，说明贵州茅台现金流入量以经营活动为主，“造血功能”非常强。在经营活动产生的现金流入量中，又以销售商品、提供劳务收到的现金为主，销售商品、提供劳务收到的现金连续4年占经营活动产生的现金流入量的90%以上，说明贵州茅台的产品畅销，货币资金回笼情况良好，货币资金充裕。

二、现金流出结构分析

现金流出结构分析就是将经营活动、投资活动和筹资活动的现金流出加总合计，然后计算每个现金流出项目占总现金流出量的比率，分析现金流出的结构和含义。

通过现金流出结构分析，可以看出企业资金的主要去向，进而分析企业发展状况和各项现金流出量波动的原因。现金流出结构分析的公式为：

经营活动现金流出占现金总流出百分比=经营活动现金流出量÷现金总流出量×100%

投资活动现金流出占现金总流出百分比=投资活动现金流出量÷现金总流出量×100%

筹资活动现金流出占现金总流出百分比=筹资活动现金流出量÷现金总流出量×100%

贵州茅台现金流出结构分析表见表4-3。

表4-3　　**贵州茅台现金流出结构分析表**

项　　目	2020年	2021年	2022年	2023年
购买商品、接受劳务支付的现金	11.30%	10.57%	7.83%	9.25%
客户贷款及垫款净增加额	4.65%	0.66%	0.68%	-1.72%
存放中央银行和同业款项净增加额	-3.92%	0.76%	12.22%	1.32%
拆出资金净增加额	0.31%	-0.55%	0.00%	2.10%
支付利息、手续费及佣金的现金	0.17%	0.22%	0.07%	0.12%
支付给职工以及为职工支付的现金	12.75%	13.73%	11.01%	11.61%
支付的各项税费	65.03%	60.89%	58.14%	55.92%
支付其他与经营活动有关的现金	6.64%	5.42%	4.80%	6.66%
经营活动现金流出小计	96.62%	92.26%	94.75%	85.26%
购建固定资产、无形资产和其他长期资产支付的现金	3.26%	4.65%	4.97%	2.20%
投资支付的现金	0.03%	2.93%	0.20%	12.43%
支付其他与投资活动有关的现金	0.03%	0.03%	0.03%	0.01%
投资活动现金流出小计	3.32%	7.62%	5.20%	14.63%
偿还债务支付的现金	0.00%	0.00%	0.00%	0.00%
分配股利、利润或偿付利息支付的现金	27.35%	26.55%	34.96%	33.01%
支付其他与筹资活动有关的现金	0.04%	0.09%	0.03%	0.08%
筹资活动现金流出小计	27.39%	26.64%	34.99%	33.09%
现金流出合计	100.00%	100.00%	100.00%	100.00%

通过表4-3可以得到以下信息：

（1）贵州茅台2020—2023年连续4年的现金流出主要是经营活动产生的现金流出量，经营活动产生的现金流出占总现金流出的85%以上。投资活动现金流出量近年来变化不大，2023年投资活动现金流出量占总现金流出量的比重略有上升，结构比为14.63%，主要是用于对外投资支付的现金。筹资活动的现金流出量占总现金流出量比重不到1%，贵州茅台近年来无短期、长期债务，其筹资活动现金流出量主要是支付的现金股利。

（2）在经营活动现金流出量中，购买商品、接受劳务支付的现金占总现金流出量的比重在10%左右，说明酿酒所用的粮食成本不高，在原材料购买上企业没有支付太多的资金。近年来，支付给职工以及为职工支付的现金占总现金流出量的11%左右，说明贵州茅台的职工享有较高的工资报酬。支付的各项税费占总现金流出量的比重在60%左右，一方面说明贵州茅台作为需要缴纳消费税的酿酒行业，缴纳了较多的消费税及增值税，另一方面也说明其盈利后缴纳了较多的所得税等。

（3）投资活动现金流出量2023年有较大提升，该年贵州茅台向茅台招华（贵州）产业发展基金合伙企业、茅台金石（贵州）产业发展基金合伙企业分别投资了20亿元和174.45亿元。

（4）在筹资活动现金流出量中，分配股利、利润或偿付利息支付的现金占总现金流出量的20%左右，由于贵州茅台近年来没有向银行申请长期、短期借款，因此该项现金流出主要是回报股东所支付的现金股利，可见贵州茅台的派现比例是较高的。

三、现金流出流入结构百分比

现金流出流入结构反映企业的各项现金活动中现金流出量与现金流入量的比率。

经营活动现金流量比=经营活动现金流出量÷经营活动现金流入量×100%

投资活动现金流量比=投资活动现金流出量÷投资活动现金流入量×100%

筹资活动现金流量比=筹资活动现金流出量÷筹资活动现金流入量×100%

在上述三个公式中，尤以经营活动现金流量比的分析效果最好，该比率越低，表示经营活动现金净流量越多，经营活动现金净流量越充裕。

（1）一个销售业绩良好、经营稳定的企业，其经营活动现金流量比应维持在50%~90%之间，这样，企业可以用经营活动产生的现金的10%~50%去偿还债务或进行投资。经营活动现金的流入量大于流出量，说明借款企业能够用经营活动产生的现金还款，而且现金流量充足。

（2）经营活动现金流量比在90%~100%之间，说明企业经营活动所产生的现金较少，虽然借款企业偿还贷款本息没有问题，但若现金流量继续减少，将会影响贷款的偿还。

（3）经营活动现金流量比大于100%，说明企业销售业绩欠佳，靠经营活动已经不能为企业带来现金流量，而必须依靠收回投资或举债才能维持生产经营。

贵州茅台经营活动现金流量比分析表见表4-4。

表4-4 **贵州茅台经营活动现金流量比分析表**

金额单位：元

项　目	2020年	2021年	2022年	2023年
经营活动现金流出小计	61 841 782 676.98	67 592 310 690.60	101 117 279 093.78	101 662 921 234.86
经营活动现金流入小计	113 510 851 370.01	131 620 986 837.97	137 815 874 923.81	168 256 168 955.95
经营活动现金流量比	54.48%	51.35%	73.37%	60.42%

通过表4-4可以得出以下结论：贵州茅台经营活动现金流量比2020—2023年分别是54.48%、51.35%、73.37%、60.42%，说明贵州茅台的产品销售能力很强，货币资金回笼情况良好，经营活动现金净流量非常充裕，剩余的资金既可以用于偿还债务，也可以用于投资。贵州茅台近年来经营活动产生的现金流量主要是用于分配现金股利。

贵州茅台投资活动现金流量比分析表见表4-5。

表4-5 **贵州茅台投资活动现金流量比分析表**

金额单位：元

项　目	2020年	2021年	2022年	2023年
投资活动现金流出小计	2 127 304 901.08	5 581 832 561.94	5 548 033 246.08	17 444 630 555.89
投资活动现金流入小计	322 077 745.36	19 386 857.60	11 206 911.18	7 720 216 540.73
投资活动现金流量比	660.49%	28791.84%	49505.46%	225.96%

通过表4-5可以得出以下结论：

贵州茅台投资活动流入量较少，主要是处置固定资产等长期资产产生的，投资活动流出量主要是用于对外投资。2022年，贵州茅台投资活动现金流量比为49 505.46%，主要是当年购建固定资产、无形资产和其他长期资产支付的现金。

贵州茅台筹资活动现金流量比分析表见表4-6。

表4-6　　**贵州茅台筹资活动现金流量比分析表**　　金额单位：元

项　目	2020年	2021年	2022年	2023年
筹资活动现金流出小计	36 507 157.75	88 121 549.59	54 332 788.37	134 315 261.9
筹资活动现金流入小计	0	0	0	0
筹资活动现金流量比	不适用	不适用	不适用	不适用

通过表4-6可以得出以下结论：

近年来，贵州茅台未筹集资金，连续4年筹资活动现金流入为零，贵州茅台筹资活动的现金流出主要是用于分配股利、利润或偿付利息支付项目，说明贵州茅台近年来资金充裕，无须筹集资金。

贵州茅台现金流出流入比分析表见表4-7。

表4-7　　**贵州茅台现金流出流入比分析表**　　金额单位：元

项　目	2020年	2021年	2022年	2023年
现金流出小计	64 005 594 735.81	73 262 264 802.13	106 719 645 128.23	119 241 867 052.68
现金流入小计	113 832 929 115.37	131 640 373 695.57	137 827 081 834.99	175 976 385 496.68
现金流出流入比	56.23%	55.65%	77.43%	67.76%

通过表4-7可以得出以下结论：

贵州茅台在2022年的现金流出流入比较高，为77.43%，其他年份的比例均未超过70%。通过前面的分析可知，贵州茅台的现金流入量主要来自经营活动，经营活动产生的现金净流量完全可以满足公司追加投资及支付现金股利的需求，还有剩余的现金留待以后年份使用。

第四节　现金流量表趋势分析

现金流量表趋势分析就是将不同时期的现金流量表指标一同列示，进行对比，分析其增减差异和变动趋势。分析的方法有定基比趋势分析法和环比趋势分析法。其计算公式分别为：

定基比趋势分析=分析期某指标数值÷固定基期某指标数值×100%

环比趋势分析=（分析期某指标数值-上一期某指标数值）÷上一期某指标数值×100%

贵州茅台现金流量表定基比趋势分析、环比趋势分析分别见表4-8、表4-9。

表4-8　　**贵州茅台现金流量表定基比趋势分析表**

（以2020年为基期年度）

项　　目	2020年	2021年	2022年	2023年
一、经营活动产生的现金流量				
销售商品、提供劳务收到的现金	100.00%	111.49%	131.46%	152.96%
客户存款和同业存放款项净增加额	100.00%	235.53%	−279.58%	−25.41%
收取利息、手续费及佣金的现金	100.00%	102.27%	105.58%	98.14%
收到的税费返还				
收到其他与经营活动有关的现金	100.00%	742.27%	1 246.23%	1 059.61%

续表

项　　目	2020年	2021年	2022年	2023年
经营活动现金流入小计	100.00%	115.95%	121.41%	148.23%
购买商品、接受劳务支付的现金	100.00%	107.13%	115.59%	152.54%
客户贷款及垫款净增加额	100.00%	16.26%	24.30%	−68.89%
存放中央银行和同业款项净增加额	100.00%	−22.31%	−520.18%	−62.64%
拆出资金净增加额	100.00%	−200.00%	0.00%	1 250.00%
支付利息、手续费及佣金的现金	100.00%	152.42%	73.88%	133.25%
支付给职工以及为职工支付的现金	100.00%	123.27%	143.99%	169.64%
支付的各项税费	100.00%	107.18%	149.06%	160.21%
支付其他与经营活动有关的现金	100.00%	93.44%	120.63%	187.04%
经营活动现金流出小计	100.00%	109.30%	163.51%	164.39%
经营活动产生的现金流量净额	100.00%	123.92%	71.03%	128.88%
二、投资活动产生的现金流量				
收回投资收到的现金	100.00%	1.93%		2397.52%
取得投资收益收到的现金				
处置固定资产、无形资产和其他长期资产收回的现金净额	100.00%	496.76%	71.62%	5030.87%
处置子公司及其他营业单位收到的现金净额				
收到其他与投资活动有关的现金	100.00%	149.56%	74.48%	69.00%
投资活动现金流入小计	100.00%	6.02%	3.48%	2397.00%
购建固定资产、无形资产和其他长期资产支付的现金	100.00%	163.12%	253.93%	125.36%
投资支付的现金	100.00%	10750.00%	1050.00%	74089.26%
支付其他与投资活动有关的现金	100.00%	131.44%	179.56%	40.04%
投资活动现金流出小计	100.00%	262.39%	260.80%	820.03%
投资活动产生的现金流量净额	100.00%	308.13%	306.71%	538.68%
三、筹资活动产生的现金流量				
吸收投资收到的现金				
取得借款收到的现金				
收到其他与筹资活动有关的现金				
筹资活动现金流入小计				
偿还债务支付的现金				
分配股利、利润或偿付利息支付的现金	100.00%	109.90%	238.14%	243.89%
支付其他与筹资活动有关的现金	100.00%	82.84%	96.84%	81.52%

续表

项　　目	2020年	2021年	2022年	2023年
筹资活动现金流出小计	100.00%	241.38%	148.83%	367.91%
筹资活动产生的现金流量净额	100.00%	110.10%	238.00%	244.07%
四、汇率变动对现金的影响	100.00%	-532.40%	239.36%	451.41%
五、现金及现金等价物净增加额	100.00%	123.95%	-102.04%	-7.84%
加：期初现金及现金等价物余额	100.00%	121.27%	147.63%	125.93%
六、期末现金及现金等价物余额	100.00%	121.74%	103.84%	102.47%

表4-9　**贵州茅台现金流量表环比趋势分析表**

项　　目	2020年	2021年	2022年	2023年
一、经营活动产生的现金流量				
销售商品、提供劳务收到的现金	12.68%	11.49%	17.91%	16.35%
客户存款和同业存放款项净增加额	-829.07%	135.53%	-218.70%	-90.91%
收取利息、手续费及佣金的现金	-16.13%	2.27%	3.24%	-7.05%
收到的税费返还				-95.48%
收到其他与经营活动有关的现金	-82.06%	642.27%	67.90%	-14.98%
经营活动现金流入小计	14.14%	15.95%	4.71%	22.09%
购买商品、接受劳务支付的现金	30.94%	7.13%	7.90%	31.97%
客户贷款及垫款净增加额	22 813.51%	-83.74%	49.47%	-383.50%
存放中央银行和同业款项净增加额	-44.34%	-122.31%	2 231.96%	-87.96%
拆出资金净增加额	0.00%	-300.00%	-100.00%	
支付利息、手续费及佣金的现金	-38.87%	52.42%	-51.53%	80.36%
支付给职工以及为职工支付的现金	6.41%	23.27%	16.81%	17.81%
支付的各项税费	4.47%	7.18%	39.08%	7.48%
支付其他与经营活动有关的现金	-23.00%	-6.56%	29.09%	55.06%
经营活动现金流出小计	14.03%	9.30%	49.60%	0.54%
经营活动产生的现金流量净额	14.29%	23.92%	-42.68%	81.46%
二、投资活动产生的现金流量				
收回投资收到的现金		-98.07%		
取得投资收益收到的现金			583.72%	2 293.11%
处置固定资产、无形资产和其他长期资产收回的现金净额	1 202.27%	396.76%	-85.58%	6 924.76%

续表

项　　目	2020年	2021年	2022年	2023年
处置子公司及其他营业单位收到的现金净额				
收到其他与投资活动有关的现金	-8.82%	49.56%	-50.20%	-7.36%
投资活动现金流入小计	4 276.56%	-93.98%	-42.19%	68 788.00%
购建固定资产、无形资产和其他长期资产支付的现金	-33.63%	63.12%	55.67%	-50.63%
投资支付的现金		10 650.00%	-90.23%	6 956.12%
支付其他与投资活动有关的现金	-27.48%	31.44%	36.61%	-77.70%
投资活动现金流出小计	-32.96%	162.39%	-0.61%	214.43%
投资活动产生的现金流量净额	-42.98%	208.13%	-0.46%	75.63%
三、筹资活动产生的现金流量				
吸收投资收到的现金	-100.00%			
取得借款收到的现金				
收到其他与筹资活动有关的现金				
筹资活动现金流入小计	-100.00%			
偿还债务支付的现金				
分配股利、利润或偿付利息支付的现金	19.75%	9.90%	116.69%	2.41%
支付其他与筹资活动有关的现金		-17.16%	16.90%	-15.82%
筹资活动现金流出小计	-99.82%	141.38%	-38.34%	147.21%
筹资活动产生的现金流量净额	-225.11%	10.10%	116.17%	2.55%
四、汇率变动对现金的影响		10.10%	116.17%	2.55%
五、现金及现金等价物净增加额	13.08%	23.95%	-182.33%	-92.31%
加：期初现金及现金等价物余额	23.17%	21.27%	21.74%	-14.70%
六、期末现金及现金等价物余额	21.27%	21.74%	-14.70%	-1.32%

通过表4-8、表4-9可得到如下信息：

（1）2023年经营活动产生的现金流量净额与基期年度2020年相比增长28.88%，这主要得益于销售商品、提供劳务收到的现金增幅较大，2023年销售商品、提供劳务收到的现金与2020年相比增长了52.96%，充分说明了贵州茅台强势的销售劲头，货币资金回笼情况良好。

（2）2023年投资活动产生的现金流量净额与基期年度2020年相比增长了438.68%，主要是贵州茅台2023年对外投资支付了现金。

（3）2023年筹资活动产生的现金流量净额与基期年度2020年相比增长了144.07%，近年来贵州茅台有较充裕的货币资金，故近四年没有向银行等金融机构融资，筹资活动产生的现金流出量中，主要是用于分配股利。2021年，贵州茅台支付现金股利201.17亿元（20 117 402 829.22元），说明贵州茅台的派现比例是较高的。

第五节　现金流量表综合分析

一、现金流量综合分析

阅读现金流量表，关键是看企业来自经营活动的现金净流量，最理想的情况是经营活动现金净流量为正数。经营活动现金净流量为正数说明企业销售商品、提供劳务收到的现金足以抵补经营活动的日常开销，并有剩余的现金流量用于偿还债务或进行投资。

分析现金流量表除了看经营活动产生的现金流量，还要看投资活动和筹资活动产生的现金流量，并结合企业不同的发展阶段进行综合分析。

一般来说，企业处于不同的发展时期，其经营活动现金净流量、投资活动现金净流量、筹资活动现金净流量三者的正负所反映的情况是多层面的。

在企业创建期，需要投入大量的现金购置厂房、机器设备、原材料等，产品处于市场开发期，尚未打开销路，这一时期为研发或生产产品需要大量的投资和筹资，所以经营活动和投资活动的现金净流量一般均为负数，筹资活动的现金净流量则为正数。

在企业成长发展期，产品生产和销售快速增长，经营现金净流量为正数，为扩大市场份额，企业会不断追加投资，投资现金净流量依然为负数，在经营活动现金流量不足以满足投资所需现金时，还会进行筹资活动，因此筹资活动现金净流量可能是正负相间的。

企业在成熟繁荣期，产品销量稳定，拥有一定的市场份额，货币资金回笼能力强，经营活动现金净流量和投资活动现金净流量为正数，由于用经营活动产生的现金来偿还债务，筹资活动现金净流量通常为负数。

企业进入衰退期后，市场萎缩，销量下降，经营活动现金流量为负数，企业大规模收回投资并偿还债务，投资活动现金流量为正数，筹资活动现金流量为负数。

下面根据表4-10对贵州茅台进行现金流量的相关分析，贵州茅台现金流量净额见表4-11。

表4-11显示，贵州茅台2020—2023年连续4年的经营活动现金流量净额为正数，投资活动现金流量净额为负数，筹资活动现金流量净额为负数，说明贵州茅台经营活动产生的净现金流量较多，产品适销对路，产品销售能力强，货币资金回笼能力较强，不仅能用经营现金继续投资，还可用于偿还债务。

二、现金流量表相关比率分析

（一）现金流量综合分析

表4-10　**现金流量综合分析**

经营活动现金流量	投资活动现金流量	筹资活动现金流量	现金流量综合分析
正	正	正	经营活动产生的现金流量处于良好的运转状态，对外投资收益好，筹资已用于较好的投资机会
正	正	负	企业已步入成熟繁荣期，经营活动和投资活动处于良性循环阶段，并有能力偿还债务或向投资者支付股利
正	负	正	企业经营状况良好，大量追加投资用于扩大再生产，进入高速发展扩张期，并通过筹集外部资金作补充

续表

经营活动现金流量	投资活动现金流量	筹资活动现金流量	现金流量综合分析
正	负	负	经营活动产生的净现金流量较多，说明企业的产品适销对路，产品销售能力强，货币资金回笼能力较强，不仅能用经营现金继续投资还可用于偿还债务
负	正	正	企业目前正常经营活动已出现问题，企业经营效果不佳，靠借款来维持经营，并收回投资以弥补现金不足，企业的产品结构需要调整以渡过难关
负	正	负	企业经营效果不佳，大量收回投资或依靠处置固定资产、无形资产和其他长期资产收回的现金来弥补经营活动的现金短缺及偿还债务的资金需求
负	负	正	企业生产的产品尚未打开销路，资金回笼能力较差，需要靠筹集资金来满足企业产业结构调整或扩张的需求，以弥补经营活动现金的不足。若投资效果良好，能使企业渡过难关
负	负	负	企业现有的经营活动不能为企业带来现金流量，只能依靠前期积累来维持日常经营活动、偿还债务。 需要通过筹集外部资金进行新的投资项目、寻找新的利润增长点

表4-11　**贵州茅台现金流量净额**　单位：元

项　目	2020年	2021年	2022年	2023年
经营活动产生的现金流量净额	51 669 068 693.03	64 028 676 147.37	36 698 595 830.03	66 593 247 721.09
投资活动产生的现金流量净额	−1 805 227 155.72	−5 562 445 704.34	−5 536 826 334.90	−9 724 414 015.16
筹资活动产生的现金流量净额	−24 127 536 908.26	−26 564 141 388.96	−57 424 528 979.83	−58 889 101 991.94
现金及现金等价物净增加额	25 736 685 268.41	31 900 062 511.47	−26 261 848 396.69	−2 018 550 030.36

表4-11显示，贵州茅台2020—2023年连续4年经营活动现金净流量为正数，且呈逐年上升的趋势，说明贵州茅台经营活动创造的现金流量足以弥补经营活动的各项开销，尚有多余的资金进行投资。

（二）盈余现金保障倍数

净利润的变现能力是指企业实现的利润转换为现金的能力。通常一个经营收益水平较高的企业，其利润也是相当可观的，而利润的取得又会增加企业的资金，使企业有持续和稳定的现金流入，从而从根本上保障了债权人的权益。

盈余现金保障倍数是企业一定时期经营现金净流量同净利润的比值。其计算公式如下：

盈余现金保障倍数=经营现金净流量÷净利润×100%

盈余现金保障倍数指标说明了企业当期净利润中现金收益的保障程度，真实地反映了企业盈余的质量。盈余现金保障倍数指标将利润表中以权责发生制为基础核算的净利润与现金流量表中以收付实现制为基础核算的经营活动现金净流量有机地结合起来。该指标主要提供了如下信息：

1.盈余现金保障倍数是从现金流入和流出的动态角度，对企业收益的质量进行评价。

2.盈余现金保障倍数在收付实现制基础上，充分反映企业当期净收益中有多少是有现金保障的，挤掉了收益中的水分，体现了企业当期收益的质量状况，同时减少了权责发生制会计对收益的操纵。

3.一般而言，当企业当期净利润大于0时，该指标应当大于1。该指标越大，表明企业经营活动产生的净利润对现金的贡献越大。但是，由于指标分母变动较大，致使该指标的数值变动也较大，因此对该指标应根据企业实际效益状况有针对性地进行分析。

我们通常运用盈余现金保障倍数这一指标来评价企业净收益质量，这一比率越高，说明净利润中已经收到现金的程度越高。这是因为利润表中的净利润是以权责发生制为基础核算的，而现金流量表中的现金流量是以收付实现制为基础核算的。企业的净利润是收入减去费用的差额，由于收入、费用的确认与计量是以权责发生制为基础核算的，收入与费用是按其归属期确认的，而不管是否实际收到或付出了现金。

以权责发生制为基础计算的净利润包含了没有收到现金的赊销收入，以此计算的净利润常常使一个企业的盈利水平与其真实的财务状况不符。这就是为什么有的企业账面利润很大，看似业绩可观，而现金却入不敷出；而有的企业虽然巨额亏损，却现金充足，周转自如。所以，仅以净利润来评价企业的经营业绩和获利能力不够准确，结合现金流量表，特别是经营活动现金净流量的信息进行分析，则较为客观、全面。

企业只有把净利润这一指标建立在与之相称的现金流量基础上，才能避免由于现金短缺而陷入经营困难的境地。

现金流量表中经营活动现金流量净额与利润表的净利润存在差异的原因如下：

1.影响利润的事项不一定同时发生现金流入、流出。

有些收入增加利润，但未发生现金流入。例如，一家公司本期的营业收入有8亿多元，而本期新增应收账款却只有7亿多元，这种增加收入及利润但未发生现金流入的事项，是造成两者存在差异的原因之一。

有的上市公司对应收账款管理存在薄弱环节，未及时做好应收货款及劳务款项的催收与结算工作，也有的上市公司依靠关联方交易支撑其经营业绩，而关联方资金又迟迟不到位。这些情况造成的后果，都会在现金流量表中有所体现，甚至使公司经营活动几乎没有多少现金流入，但经营总要支付费用、购买物资、缴纳税金，发生大量的现金流出，从而使经营活动现金流量净额出现负数，使公司的资金周转出现困难。应收账款迟迟不能收回，在一定程度上也暴露了所确认收入的风险问题。

有些成本费用，减少了利润但并未产生现金流出。例如，固定资产折旧、无形资产摊销，只是按权责发生制原则、配比原则的要求将这些资产的取得成本，在使用它们的受益期间合理分摊，并不需要付出现金。

2.出于对现金流量分类的需要。

净利润总体反映公司经营、投资及筹资三大活动的财务成果，而在现金流量表中则需要分别反映经营、投资及筹资各项活动的现金流量。

例如，支付经营活动借款利息，既减少利润又发生现金流出，但在现金流量表中将其作为筹资活动现金流出列示，不作为经营活动现金流出反映。又如，转让短期债券投资取得净收益，既增加利润又发生现金流入，但在现金流量表中将其作为投资活动现金流入列示，不作为经营活动现金流入反映。

上述两点是使经营活动现金流量净额与净利润存在差异的原因，其实也是现金流量表附注中要求披露的内容。利润表列示了公司一定时期实现的净利润，但未揭示其与现金流量的关系；资产负债表提供了公司货币资金期末与期初的增减变化，但未揭示其变化的原因。现金流量表如同桥梁一样沟通了上述两表的会计信息，使上市公司的对外会计报表体系进一步完善，向投资者与债权人提供更全面、更有用的信息。

贵州茅台盈余现金保障倍数计算表见表4-12。

表4-12 **贵州茅台盈余现金保障倍数计算表** 金额单位：元

项　目	2020年	2021年	2022年	2023年
经营现金净流量	51 669 068 693.03	64 028 676 147.37	36 698 595 830.03	66 593 247 721.09
净利润	49 523 329 882.40	55 720 529 956.46	65 376 039 957.88	77 521 476 277.80
盈余现金保障倍数	104.33%	114.91%	56.13%	85.90%

通过表4-12可以得出，贵州茅台的利润质量很高，其净利润有充裕的现金作保障。

一般来说，盈余现金保障倍数大于50%，表明企业的利润有50%的现金流量作保障，其利润质量较高。在此基础上，盈余现金保障倍数越高，其利润质量就越高。

贵州茅台的盈余现金保障倍数2020—2023年连续4年在50%以上，2023年盈余现金保障倍数为85.90%，充分说明了贵州茅台净利润的质量很高。

（三）现金销售比率

现金销售比率是企业一定时期销售商品、提供劳务收到的现金同营业收入的比率，反映了企业的收入质量。其计算公式如下：

现金销售比率=销售商品、提供劳务收到的现金÷营业收入×100%

该指标主要提供了如下信息：

（1）一般来说，该比率越高，收入质量越高，当比率小于1.13时，说明本期的收入有一部分没有收到现金。

（2）当该比率大于1.13时，说明本期的收入不仅全部收到了现金，还收到了上一会计期间的应收款项或预收了下一会计期间的款项。

（3）如果该比率过低，说明企业挂账收入较高，而实际收到的现金较少，企业存在较严重的虚盈实亏，预示着企业经营管理出现了问题，应引起高度关注。

贵州茅台现金销售比率计算表见表4-13。

表4-13　**贵州茅台现金销售比率计算表**　金额单位：元

项　目	2020年	2021年	2022年	2023年
销售商品、提供劳务收到的现金	107 024 384 560.17	119 320 536 796.65	140 691 678 592.00	163 699 909 417.62
营业收入	94 915 380 916.72	106 190 154 843.76	124 099 843 771.99	147 693 604 994.14
现金销售比率	112.76%	112.36%	113.37%	110.84%

通过表4-13可以看出：贵州茅台的现金销售比率2020—2023年连续4年超过100%，说明其货币资金回笼能力非常好，基本上都是现金销售。

（四）现金流动负债比率

现金流动负债比率是企业一定时期的经营现金净流量同流动负债的比率。其计算公式如下：

现金流动负债比率=经营现金净流量÷流动负债×100%

现金流动负债比率从现金流动角度来反映企业当期偿付短期负债的能力。该指标可以看做流动比率的补充，流动比率是流动资产与流动负债之比，由于流动资产体现的是能在一年内或一个营业周期内变现的资产，包括了许多流动性不强的项目，如呆滞的存货、有可能收不回的应收账款等，它们虽然具有资产的性质，但事实上却不能再转变为现金，不再具有偿付债务的能力。而且，不同企业的流动资产结构差异较大，资产质量各不相同，因此仅用流动比率等指标来分析企业的偿债能力，往往失之偏颇。因此，可运用现金流动负债比率作为流动比率等指标的补充。该指标主要提供了如下信息：

（1）现金流动负债比率是从现金流入和现金流出的动态角度对企业实际偿债能力进行分析。

（2）由于有利润的年份不一定有足够的现金来偿还债务，因此利用以收付实现制为基础的现金流动负债比率指标，能充分体现企业经营活动产生的现金净流入可以在多大程度上保证当期流动负债的偿还，直接地反映企业偿还流动负债的实际能力。

用该指标评价企业偿债能力更为谨慎。

（3）该指标越高，表明企业经营活动产生的现金净流入越多，能够保障企业按时偿还到期债务，说明偿债能力越强。但该指标也不是越高越好，太高则表示企业流动资金利用不充分、收益能力不强。

（4）一般认为该指标大于50%，就表明企业有较强的偿债能力。

贵州茅台现金流动负债比率计算表见表4-14。

表4-14　**贵州茅台现金流动负债比率计算表**　金额单位：元

项　目	2020年	2021年	2022年	2023年
经营现金净流量	51 669 068 693.03	64 028 676 147.37	36 698 595 830.03	66 593 247 721.09
流动负债合计	45 795 048 009.60	57 914 222 254.82	49 065 668 798.38	48 697 611 501.20
现金流动负债比率	112.83%	110.56%	74.79%	136.75%

通过表4-14可以看出贵州茅台的现金流动负债比率在2020—2023年均高于50%，说明贵州茅台具有较强的短期偿债能力。

（五）现金债务总额比率

现金债务总额比率是评价企业中长期偿债能力的重要指标，也是预测公司持续经营能力的重要指标。其计算公式如下：

现金债务总额比率=经营现金净流量÷债务总额×100%

一般认为，经营活动产生的现金流量是企业长期资金最主要的来源，而投资活动和筹资活动所获得的现金流量虽然在必要时也可用于偿还债务，但不能将其视为经常性的现金流量。因此，用现金债务总额比率这一指标，可以衡量企业通过经营活动所获得的现金偿还债务的能力。该指标越高，表明企业的偿债能力越强；反之，企业的偿债能力越弱。

对债权人来讲，偿债能力的强弱是他们作出贷款决策的基本依据和决定性条件。用现金流量表中的经营现金净流量和债务总额相比，可以较好地反映企业的偿债能力。

贵州茅台现金债务总额比率计算表见表4-15。

表4-15　**贵州茅台现金债务总额比率计算表**　金额单位：元

项　目	2020年	2021年	2022年	2023年
经营现金净流量	51 669 068 693.03	64 028 676 147.37	36 698 595 830.03	66 593 247 721.09
债务总额	45 675 127 426.18	58 210 688 454.56	49 400 116 741.17	49 043 190 797.43
现金债务总额比率	113.12%	109.99%	74.29%	135.78%

通过表4-15可以看出贵州茅台2020—2023年连续4年经营活动现金净流量均为正数，现金债务总额比率较高，2023年现金债务总额比率高达135.78%，说明贵州茅台具有较强的债务偿还能力，不存在债务风险。

第五章

盈利能力分析

盈利能力是指企业获取利润的能力。盈利是企业的重要经营目标，是企业生存和发展的物质基础，它不仅关系到企业所有者的投资收益，也是企业偿还债务的一个重要保障。因此，企业的债权人、所有者及管理者都十分关心企业的盈利能力。

盈利能力分析是企业财务分析的重要组成部分，也是评价企业经营管理水平的重要依据。企业的各项经营活动，如营业活动、对外投资活动、营业外收支活动等都会引起企业利润的变化。通过对盈利能力的深入分析，可以发现经营管理中存在的问题，进而采取措施加以解决，提高企业收益水平。

第一节　与投资有关的盈利能力分析

一、总资产报酬率

（一）基本概念

总资产报酬率是指企业一定时期内获得的息税前利润总额与平均资产总额的比率。总资产报酬率表示企业包括净资产和负债在内的全部资产的总体获利能力，是评价企业资产运营效益的重要指标。其计算公式如下：

总资产报酬率=息税前利润总额÷平均资产总额×100%

（二）内容解释

（1）息税前利润总额是指企业当年实现的利润总额与利息支出的合计数，息税前利润总额=利润总额+实际利息支出。利润总额是指企业实现的全部利润，包括企业当年营业利润、投资收益、补贴收入、营业外收支净额等项内容，如为亏损，以“-”号表示。利息支出是指企业在生产经营过程中实际支出的借款利息、债券利息等。相关数据取自“利润表”和“基本情况表”。由于目前的对外会计报表没有公开披露实际利息支出，因此会计信息外部使用者在计算总资产报酬率时，常常用财务费用代替实际利息支出。

（2）平均资产总额是指企业资产总额年初数与年末数的平均值，平均资产总额=（资产总额年初数+资产总额年末数）÷2。数据取自企业的资产负债表。

（三）指标说明

（1）总资产报酬率表示企业全部资产获取收益的水平，全面反映了企业的获利能力和投入产出状况。通过对该指标的深入分析，可以增强各方面对企业资产经营状况的关注，促使企业提高单位资产的收益水平。

（2）一般情况下，企业可据此指标与市场资本利率进行比较，如果该指标大于市场利率，则表明企业可以充分利用财务杠杆进行负债经营，获取尽可能多的收益。

（3）该指标越高，表明企业投入产出的水平越高，企业的全部资产的总体运营效益越好。

贵州茅台总资产报酬率计算表见表5-1。

表5-1　**贵州茅台总资产报酬率计算表**　金额单位：元

项　目	2020年	2021年	2022年	2023年
利润总额	66 196 941 991.11	74 528 031 894.76	87 701 489 748.18	103 662 553 689.81
平均资产总额	198 219 091 284.98	234 282 002 843.68	254 834 510 627.96	263 600 243 094.14
总资产报酬率	33.40%	31.81%	34.42%	39.33%

表5-1显示，2020—2023年，贵州茅台总资产报酬率均在30%以上，其中，2023年总资产报酬率高达39.33%，说明贵州茅台酒市场认可度高，销路良好，获利能力较强。

二、净资产收益率

（一）基本概念

净资产收益率是指企业一定时期内的净利润同平均净资产的比率。净资产收益率充分体现了投资者投入企业的自有资本获取净收益的能力，突出反映了投资与报酬的关系，是评价企业资本经营效益的核心指标。其计算公式如下：

净资产收益率=净利润÷平均净资产×100%

（二）内容解释

（1）净利润是指企业未作任何分配前的税后利润，受各种政策等其他人为因素影响较少，能够比较客观、综合地反映企业的经济效益，体现投资者投入资本的获利能力。数据取自利润表。

（2）平均净资产是企业年初所有者权益同年末所有者权益的平均数，平均净资产=（所有者权益年初数+所有者权益年末数）÷2。净资产包括实收资本、资本公积、盈余公积和未分配利润。数据取自资产负债表。

（三）指标说明

（1）净资产收益率是评价企业自有资本及其积累获取报酬水平的最具综合性与代表性的指标，充分反映了企业资本运营的综合效益。该指标通用性强、适应范围广、不受行业局限，是国际上企业综合评价中使用率非常高的一个指标。

（2）通过对该指标的综合对比分析，可以看出企业获利能力在同行业中所处的地位，以及与同类企业的差异水平。

（3）一般认为，企业净资产收益率越高，企业自有资本获取收益的能力越强，运营效益越好，对企业投资人、债权人的利益保障程度越高。

影响该指标的因素，除了企业的盈利水平以外，还有企业所有者权益的大小。对所有者来说，该比率越大，投资者投入资本的盈利能力越强。在我国，该指标既是上市公司对外必须披露的信息内容之一，也是决定上市公司能否配股进行再融资的重要依据。

贵州茅台净资产收益率计算表见表5-2。

表5-2　**贵州茅台净资产收益率计算表**　金额单位：元

项　目	2020年	2021年	2022年	2023年
净利润	49 523 329 882.40	55 720 529 956.46	65 376 039 957.88	77 521 476 277.80
平均净资产	154 798 531 664.97	182 339 094 903.31	200 947 793 984.60	214 297 275 279.34
净资产收益率	31.99%	30.56%	32.53%	36.17%

表5-2显示，自2021年起，贵州茅台净资产收益率呈逐年上升趋势，说明贵州茅台自有资本获利能力较强，企业的自有资本的获利能力上升。

第二节　与销售有关的盈利能力分析

一、销售毛利率

（一）基本概念

销售毛利率是指企业一定时期销售毛利占营业收入的百分比。它表明企业每单位营业收入能带来多少毛利，反映了企业营业收入扣除成本后的获利能力，是评价企业经营效益的主要指标。其计算公式如下：

销售毛利率=（营业收入-营业成本）÷营业收入×100%

（二）内容解释

销售毛利是指企业营业收入扣除营业成本后的利润，通常称为毛利。该指标表示每一元销售收入扣除销售成本后，有多少钱可以用于各项期间费用和形成盈利，是企业全部利润中最为重要的部分，是影响企业整体经营成果的主要因素。销售毛利率是公司销售净利率的基础，没有足够高的毛利率便不能盈利。数据取自公司的利润表。

（三）指标说明

（1）销售毛利率是从企业主营业务的盈利能力和获利水平方面对资本金收益率指标的进一步补充，体现了企业主营业务利润对利润总额的贡献，以及对企业全部收益的影响程度。

（2）该指标体现了企业经营活动最基本的获利能力，它可以在一定程度上反映企业生产环节效率的高低，没有足够高的毛利率就无法形成企业的最终利润，该指标被广泛用于匡算企业获利能力的强弱。较高的毛利率预示着企业获取较多利润的把握性比较大；反之，如果毛利率偏低，则企业最终获取的利润就少，甚至可能在扣除税费后无利可得。为此，结合企业的主营业务收入和主营业务成本进行分析，能够充分反映企业成本控制、费用管理、产品营销、经营策略等方面的不足与成绩。

（3）该指标越高，越说明企业产品或商品定价科学、产品附加值高、营销策略得当、市场竞争力强、发展潜力大、获利水平高。

贵州茅台销售毛利率计算表见表5-3。

表5-3　**贵州茅台销售毛利率计算表**　金额单位：元

项　目	2020年	2021年	2022年	2023年
营业收入	94 915 380 916.72	106 190 154 843.76	124 099 843 771.99	147 693 604 994.14
减：营业成本	8 154 001 476.28	8 983 377 809.96	10 093 468 616.63	11 867 273 851.78
毛利	86 761 379 440.44	97 206 777 033.80	114 006 375 155.36	135 826 331 142.36
销售毛利率	91.41%	91.54%	91.87%	91.96%

表5-3显示，贵州茅台的销售毛利率2020—2023年一直处于较高水平，均在90%以上。贵州茅台销售毛利率的提高，与近年来茅台酒接连提价密切相关。

二、营业利润率

（一）基本概念

营业利润率是指企业一定时期营业利润占营业收入的百分比。它表明企业每单位营业收入能带来多少营业利润，反映了企业营业收入扣除成本、税金及附加、期间费用、资产减值损失、投资收益后的获利能力，可用来衡量包括管理和销售活动在内的整个经营活动所形成的获利能力有多大。其计算公式如下：

营业利润率=营业利润÷营业收入×100%

（二）内容解释

营业利润是指企业营业收入扣除营业成本、税金及附加、期间费用、资产减值损失、投资收益后的金额。

营业利润是企业全部利润中最为重要的部分，是影响企业整体经营成果的主要因素。数据取自企业的利润表。

（三）指标说明

（1）营业利润率是从企业经营活动业务的盈利能力和获利水平方面对资本金收益率指标的进一步补充，体现了企业经营活动业务利润对利润总额的贡献，以及对企业全部收益的影响程度。

（2）该指标体现了企业经营活动最基本的获利能力，没有足够高的营业利润率就无法形成企业的最终利润，为此，结合企业的营业收入和营业成本进行分析，能够充分反映企业成本控制、费用管理、产品营销、经营策略等方面的不足与成绩。

（3）该指标越高，越说明企业产品或商品定价科学、产品附加值高、营销策略得当、主营业务市场竞争力强、发展潜力大、获利水平高。

贵州茅台营业利润率计算表见表5-4。

表5-4 **贵州茅台营业利润率计算表** 金额单位：元

项 目	2020年	2021年	2022年	2023年
营业利润	66 635 079 882.38	74 750 880 777.52	87 879 521 782.39	103 708 655 208.38
营业收入	94 915 380 916.72	106 190 154 843.76	124 099 843 771.99	147 693 604 994.14
营业利润率	70.20%	70.39%	70.81%	70.22%

表5-4显示，2020—2023年贵州茅台的营业利润率均在70%以上，彰显了贵州茅台较强的获利能力。

三、销售净利率

（一）基本概念

销售净利率是指企业一定时期净利润占营业收入的百分比。

它表明企业每单位营业收入能带来多少净利润，反映了企业销售收入扣除全部成本和费用后的获利能力，被广泛地用来衡量企业经营管理水平，是评价企业经营效益的主要指标。其计算公式如下：

销售净利率=净利润÷营业收入×100%

（二）内容解释

净利润是指企业未作任何分配前的税后利润，受各种政策等其他人为因素影响较少，能够比较客观、综合地反映企业的经济效益，准确体现投资者投入资本的获利能力。数据取自利润表。

（三）指标说明

从销售净利率的指标关系来看，净利润与销售净利率成正比，而营业收入与销售净利率成反比。

公司在增加营业收入的同时，必须相应获得更多的净利润，才能使销售净利率保持不变或有所提高。通过分析销售净利率的升降变动，可以促使公司在扩大销售业务的同时，注意改进经营管理，提高盈利水平。销售净利率越高，说明企业通过扩大销售获取收益的能力越强。

贵州茅台销售净利率计算表见表5-5。

表5-5 **贵州茅台销售净利率计算表** 金额单位：元

项 目	2020年	2021年	2022年	2023年
净利润	49 523 329 882.40	55 720 529 956.46	65 376 039 957.88	77 521 476 277.80
营业收入	94 915 380 916.72	106 190 154 843.76	124 099 843 771.99	147 693 604 994.14
销售净利率	52.18%	52.47%	52.68%	52.49%

表5-5显示，2020—2023年贵州茅台销售净利率一直处于较高水平，充分彰显了贵州茅台国酒的优势，产销两旺，获利能力强。

第三节 与股本有关的盈利能力分析

一、每股收益

每股收益是指普通股股东每持有一股所能享有的企业净利润或需承担的企业净亏损。每股收益通常被用来反映企业的经营成果，衡量普通股的获利水平及投资风险，是投资者、债权人等信息使用者据以评价企业盈利能力、预测企业成长潜力，进而作出相关经济决策的一项重要的财务指标。每股收益包括基本每股收益和稀释每股收益两类。

（一）基本每股收益的计算

基本每股收益只考虑当期实际发行在外的普通股股份，按照归属于普通股股东的当期净利润除以当期实际发行在外普通股的加权平均数计算确定。其计算公式如下：

基本每股收益=归属于普通股股东的当期净利润÷当期实际发行在外普通股的加权平均数

1.分子的确定

计算基本每股收益时，分子为归属于普通股股东的当期净利润，即企业当期实现的可供普通股股东分配的净利润或应由普通股股东分担的净亏损金额。发生亏损的企业，每股收益以负数列示。以合并财务报表为基础计算的每股收益，分子应当是归属于母公司普通股股东的当期合并净利润，即扣减少数股东损益后的余额。与合并财务报表一同提供的母公司财务报表中企业自行选择列报每股收益的、以母公司个别财务报表为基础计算的每股收益，分子应当是归属于母公司全部普通股股东的当期净利润。

2.分母的确定

计算基本每股收益时，分母为当期发行在外普通股的算术加权平均数，即期初发行在外普通股股数根据当期新发行或回购的普通股股数与相应时间权数的乘积进行调整后的股数。其中，作为权数的已发行时间、报告期时间和已回购时间通常按天数计算，在不影响计算结果合理性的前提下，也可以采用简化的计算方法，如按月数计算。公司库存股不属于发行在外的普通股，且无权参与利润分配，应当在计算分母时扣除。

【例5-1】某公司按月数计算每股收益的时间权数。2023年期初发行在外的普通股为20 000万股；2月28日新发行普通股10 800万股；12月1日回购普通股4 800万股，以供将来奖励职工之用。该公司当年度实现净利润6 500万元。2023年度基本每股收益计算如下：

发行在外普通股加权平均数=20 000×12÷12+10 800×10÷12−4 800×1÷12=28 600（万股）

或者：20 000×2÷12+30 800×9÷12+26 000×1÷12=28 600（万股）

基本每股收益=6 500÷28 600=0.23（元）

（二）稀释每股收益的计算

稀释每股收益是以基本每股收益为基础，假设企业所有发行在外的稀释性潜在普通股均已转换为普通股，从而分别调整归属于普通股股东的当期净利润以及发行在外普通股的加权平均数计算而得的每股收益。

企业在计算稀释每股收益时应当考虑稀释性潜在普通股以及对分子和分母调整因素的影响。

1.稀释性潜在普通股

潜在普通股是指赋予其持有者在报告期或以后期间享有取得普通股权利的一种金融工具或其他合同。目前，我国企业发行的潜在普通股主要有可转换公司债券、认股权证、股份期权等。潜在普通股通常对每股收益具有稀释的可能性。比如可转换公司债券是一种潜在普通股，具有稀释每股收益的可能性，不是在实际转换时，而是在其存在期间具有稀释的可能性。等到实际转换时，就变成对基本每股收益的影响，而不是对稀释每股收益的影响。

稀释性潜在普通股，是指假设当期转换为普通股会减少每股收益的潜在普通股。

2.分子的调整

计算稀释每股收益时，应当根据下列事项对归属于普通股股东的当期净利润进行调整：

（1）当期已确认为费用的稀释性潜在普通股的利息。潜在普通股一旦假定转换成普通股，与之相关的利息费用将不再发生，原本已从企业利润中扣除的费用应当加回来，从而增加归属于普通股股东的当期净利润。因此，在计算稀释每股收益时，这一因素一般作为一项调增因素对归属于普通股股东的当期净利润进行调整，最常见的例子为可转换公司债券的利息。

（2）稀释性潜在普通股转换时产生的收益或费用。潜在普通股假定转换成发行在外的普通股，除了考虑直接导致当期净利润发生变化的调整因素外，还应当考虑一些随之而来的间接影响因素。例如，实行利润分享和奖金计划的企业，假定潜在普通股转换成发行在外的普通股，相关利息费用的减少将导致企业利润的增加，进而导致职工利润分享计划相关费用的增加，对此，也应当作为一项调减因素对归属于普通股股东的当期净利润进行调整。上述调整应当考虑相关的所得税影响，即按照税后影响金额进行调整。对于包含负债和权益成分的金融工具，仅需调整属于金融负债部分的相关利息、利得或损失。

【例5-2】某上市公司于2023年1月1日按面值发行25 000万元的3年期可转换公司债券，票面固定利率为2%，利息自发行之日起每年支付一次，即每年12月31日为付息日。该批可转换公司债券自发行结束18个月以后可转换为公司股票。债券利息不符合资本化条件，直接计入当期损益。所得税税率为25%。假设不考虑可转换公司债券在负债和权益成分的分拆，且债券票面利率等于实际利率。按照公司利润分享计划，该公司高级管理人员按照当年税前利润的1%领取奖金报酬。该公司2023年度税前利润为18 000万元，税后净利润为13 500万元。

为计算稀释每股收益，分子归属于普通股股东的当期净利润应调整的项目主要包括以下两个方面：一是假定可转换公司债券期初转换为普通股而减少的利息费用；二是由此增加利润所导致的支付高管人员奖金的增加。

税后净利润（万元）	13 500
加：减少的利息费用（25 000×2%）	500
减：相关所得税影响（500×25%）	（125）
减：增加的高管人员奖金（500×1%）	（5）
加：相关所得税影响（5×25%）	1.25

稀释每股收益计算中归属于普通股股东的当期净利润　13 871.25

3.分母的调整

计算稀释每股收益时，当期发行在外普通股的加权平均数应当为计算基本每股收益时普通股的加权平均数与假定稀释性潜在普通股转换为已发行普通股而增加的普通股股数的加权平均数之和。

假定稀释性潜在普通股转换为已发行普通股而增加的普通股股数，应当根据潜在普通股的条件确定。当存在不止一种转换基础时，应当假定会采取从潜在普通股持有者的角度来看最有利的转换率或执行价格。

假定稀释性潜在普通股转换为已发行普通股而增加的普通股股数，应当按照其发行在外时间进行加权平均。以前期间发行的稀释性潜在普通股，应当假设在当期期初转换为普通股；当期发行的稀释性潜在普通股，应当假设在发行日转换为普通股；当期被注销或终止的稀释性潜在普通股，应当按照当期发行在外的时间加权平均计入稀释每股收益；当期被转换或行权的稀释性潜在普通股，应当从当期期初至转换日（或行权日）计入稀释每股收益，从转换日（或行权日）起所转换的普通股则计入基本每股收益。

贵州茅台每股收益率计算表见表5-6。

表5-6　**贵州茅台每股收益计算表**　单位：元

项　目	2020年	2021年	2022年	2023年
净利润	49 523 329 882.40	55 720 529 956.46	65 376 039 957.88	77 521 476 277.80
总股本	1 256 197 800.00	1 256 197 800.00	1 256 197 800.00	1 256 197 800.00
每股收益	39.42	44.36	52.04	61.71

从表5-6可以看出，2023年较2020年每股收益增幅较大，说明股东的投资效益好，股东获取较高股利的可能性较大。

二、市盈率

市盈率是普通股每股市价与每股收益的比值，反映了投资者对每元净利润所愿意支付的价格，可以用来估计股票的投资报酬和风险。其计算公式如下：

市盈率=普通股每股市场价格÷普通股每股收益

市盈率越高，越表明投资者对公司未来充满信心，愿意为每一元盈余多付买价。近年来美国道琼斯指标平均市盈率为21倍，标准普尔500平均市盈率为24倍，深交所平均市盈率（PE）为43.82倍，上交所平均市盈率为41.28倍。不同行业股票的市盈率是不同的，而且经常发生变化。当人们预期将发生通货膨胀或提高利率时，股票市盈率会普遍下降；当人们预期公司的利润将增长时，市盈率通常会上升。此外，债务比重大的公司，股票市盈率通常较低。

贵州茅台市盈率计算表见表5-7。

表5-7　**贵州茅台市盈率计算表**　金额单位：元

项　目	2020年	2021年	2022年	2023年
每股市价	1 835.35	1 906.64	1 627.22	1 671.24
每股收益	39.42	44.36	52.04	61.71
市盈率	46.56	42.98	31.27	27.08

从表5-7可以看出，2020—2023年贵州茅台市盈率在高位呈下降态势，一方面说明贵州茅台发展前景良好，其股票受到了投资者的追捧，另一方面也说明投资者回归理性。

第六章

营运能力分析

营运能力是指企业对各项资产的管理效率。资产管理效率可以从资产的周转率和资产结构状况反映来。资产周转率反映了企业管理者对资产的运用能力，资产结构则反映了管理者对受托资产合理配置的能力。二者相互影响，综合反映了资产的营运效率。企业营运能力分析就是要通过对反映企业资产营运效率与效益的指标进行计算与分析，评价企业的营运能力，为企业提高经济效益指明方向。企业生产经营资金周转的速度越快，表明企业资金利用的效果越好、效率越高，企业管理人员的经营能力越强。营运能力分析包括流动资产周转情况分析、固定资产周转情况分析和总资产周转情况分析。通过营运能力分析可以评价企业资产营运的效率，发现企业在资产营运中存在的问题，同时，营运能力分析还是盈利能力分析和偿债能力分析的基础与补充。

第一节　流动资产营运能力分析

一、应收账款周转率分析

1.基本概念

应收账款周转率是企业一定时期内营业收入净额同平均应收账款余额的比率。

应收账款周转率（次）=营业收入净额÷平均应收账款

应收账款周转天数=360÷应收账款周转率

2.内容解释

营业收入净额是指企业当期销售产品、销售商品、提供劳务等主要经营活动所取得的收入减去折扣与折让后的数额。数据取自企业年度会计报表的利润表。

应收账款是指企业因赊销产品、材料、物资和提供劳务而应向购买方收取的各种款项。数据取自资产负债表。

应收账款平均余额=（应收账款年初数+应收账款年末数）÷2

3.指标说明

（1）应收账款周转率反映了企业应收账款的流动速度，即企业本年度内应收账款转为现金的平均次数。

（2）应收账款在流动资产中占较大份额，及时收回应收账款，能够减少营运资金在应收账款上的呆滞占用，从而提高企业的资金利用效率。

（3）采用本指标的目的在于促进企业通过合理制定赊销策略、严格销货合同管理、及时结算等途径加强应收账款的前后期管理，加快应收账款回收速度，活化企业营运资金。

（4）季节性经营、大量采用分期收款或现金方式结算等都可能使本指标结果失实，因此应结合企业前后期水平、行业平均水平进行综合评价。

4.分析要点

（1）计算应收账款周转率必须解决的一个问题就是赊销和现销的比例问题。销售净额包括赊销和现销两个部分。为了实际反映应收账款的流动性，计算时应该只包括赊销的部分，如果也包括现金销售，流动性将被高估。企业内部分析应确定赊销数额，外部分析必须知道这个问题，以免对流动性得出错误的结论。

（2）应收账款周转率反映了企业应收账款变现速度的快慢及管理效率的高低。周转率高表明：①收账迅速，账龄较短；②资产流动性强，短期偿债能力强；③可以减少收账费用和坏账损失，从而相对增加企业流动资产的投资收益。

（3）将应收账款周转期与企业信用期限进行比较，还可以评价购买单位的信用程度，以及企业原定的信用条件是否适当。应收账款周转期每增加一天，就需要相应的资金来负担额外的应收账款。因此，应收账款周转期的延长与企业借款规模扩大往往并存。而应收账款周转期延长的原因很多，可能是企业失去信用控制，也可能是扩大信用决策的结果。

表6-1列示了贵州茅台应收账款周转率的计算。

表6-1 **贵州茅台应收账款周转率计算表** 金额单位：元

项　目	2020年	2021年	2022年	2023年
营业收入	94 915 380 916.72	106 190 154 843.76	124 099 843 771.99	147 693 604 994.14
应收账款			10 468 572.00	40 655 277.21
应收账款周转率			11 854.51	3 632.83
应收账款周转天数			0.03	0.10

表6-1中，2023年，贵州茅台营业收入1 476 .94亿元，应收账款仅为4 065.53万元，应收账款周转天数不到1天，2020—2021年应收账款为零。充分说明了贵州茅台酒的畅销程度，说明贵州茅台酒的销售都是现销，可看出近年来贵州茅台产品供不应求。

二、存货周转率分析

1.基本概念

存货周转率是企业一定时期营业成本与平均存货的比率。

存货周转率（次）=营业成本÷平均存货

存货周转天数=360÷存货周转率

2.内容解释

营业成本是指企业当期销售产品、销售商品、提供劳务等经营业务的实际成本。数据取自企业年度会计报表（下同）的利润表。

平均存货=（存货年初数+存货年末数）÷2

存货年初数、年末数均取自资产负债表。

3.指标说明

（1）存货周转率是评价企业从取得存货、投入生产到销售收回（包括现金销售和赊销）等各环节管理状况的综合性指标，用于反映存货的周转速度，即存货的流动性及存货资金占用量的合理与否。

（2）工商企业，尤其是商业企业的存货在流动资产中所占比重较大，因此必须重视存货周转率的分析研究。采用本指标的目的在于针对存货管理中存在的问题，促使企业在保证生产经营连续性的同时，提高资金的使用效率，增强企业的短期偿债能力。

（3）存货周转率在反映存货周转速度、存货占用水平的同时，也在一定程度上反映了企业销售实现的快慢。所以，一般情况下，该指标高，表示企业资产由于销售顺畅而具有较好的流动性，存货转换为现金或应收账款的速度快，存货占用水平低。

（4）运用该指标时，还应综合考虑进货批量、生产销售的季节性，以及存货结构等因素。

4.分析要点

（1）存货周转速度的快慢，不仅反映企业采购、储存、生产、销售各环节管理工作状况的好坏，而且会对企业的偿债能力产生决定性的影响。一般来讲，存货周转率越高越好。存货周转率越高，表明其变现的速度越快，周转额越大，资金占用水平越低。因此，通过存货周转分析，有利于找出存货管理存在的问题，尽可能降低资金占用水平。存货既不能储存过少，否则可能造成生产中断或销售紧张，又不能储存过多，否则可能形成呆滞、积压。一定要保证存货结构合理、质量可靠。另外，存货是流动资产的重要组成部分，其质量和流动性对企业流动比率具有举足轻重的影响，进而影响企业的短期偿债能力。因此，一定要加强存货管理，以提高其变现能力。

（2）在其他条件不变的情况下，存货周转越快，一定时期的企业盈利能力必然越高，反之亦然。所以，该比率也可以用来衡量企业的盈利能力。

（3）不同行业的存货周转率不一样，不能用一个统一标准衡量不同行业存货周转率的合理性。我国不同行业存货周转天数（单位为天）的参考值为：131天（汽车）、356天（制药）、100天（建材）、101天（化工）、151天（家电）、95天（电子）、62天（日用品）、30天（商业）。

（4）为了进一步判明存货的内部结构，还可以就原材料、半成品、产成品、库存商品计算周转率，以此来分析各种存货的周转速度及其变动对总的存货周转速度的影响。

（5）企业的存货周转率恶化可能出于下列原因：低效率的生产导致存货生产量下降；低效率的存货控制导致存货的过度购买；存货项目滞销或过时导致存货总量增加；销售需求减少；企业存在不适当的营销策略，如对信用策略控制过严而导致销路不畅。

表6-2列示了贵州茅台存货周转率的计算。

表6-2　**贵州茅台存货周转率计算表**　金额单位：元

项　目	2020年	2021年	2022年	2023年
营业成本	8 154 001 476.28	8 983 377 809.96	10 093 468 616.63	11 867 273 851.78
平均存货	27 077 004 242.20	31 131 726 381.45	36 109 369 660.54	42 629 779 648.89
存货周转率	0.30	0.29	0.28	0.28
存货周转天数（天）	1 195.45	1 247.57	1 287.90	1 293.20

表6-2中，2020—2023年贵州茅台的存货周转率呈逐年下降趋势，酱香型白酒酿制时间通常在3～5年口感较好，故贵州茅台的周转天数在3~5年是比较合理的区间。

三、流动资产周转率分析

1.基本概念

流动资产周转率是指企业一定时期营业收入净额同平均流动资产总额的比值。流动资产周转率是评价企业资产利用效果的一个主要指标。

流动资产周转率=营业收入净额÷平均流动资产总额

流动资产周转天数=360÷流动资产周转率

2.内容解释

营业收入净额是指企业当期销售商品、提供劳务等主要经营活动所取得的收入减去折扣与折让后的数额。数据取自利润表。

平均流动资产总额=（流动资产年初数+流动资产年末数）÷2

3.指标说明

（1）流动资产周转率反映了企业流动资产的周转速度，是从企业全部资产中流动性最强的流动资产的角度对企业资产的利用效率进行分析，以进一步揭示影响企业资产质量的主要因素。

（2）该指标将营业收入净额与企业资产中最具活力的流动资产相比较，既能反映企业一定时期流动资产的周转速度，又能进一步体现每单位流动资产实现价值补偿的多与少，以及补偿速度的快与慢。

（3）要实现该指标的良性变动，应以营业收入增幅高于流动资产增幅作保证。在企业内部，通过对该指标的分析对比，一方面可以促进企业加强内部管理，充分有效地运用其流动资产，如降低成本、调动暂时闲置的货币资金用于短期投资创造收益；另一方面可以促进企业采取措施扩大销售，提高流动资产的综合使用效率。

（4）一般情况下，该指标越高，表明企业流动资产周转速度越快，利用效果越好。在较快的周转速度下，流动资产会相对节约，其意义相当于流动资产投入的扩大，在某种程度上提高了企业的盈利能力；而周转速度慢，则需补充流动资金参加周转，形成资金浪费，降低了企业的盈利能力。

4.分析要点

（1）在一定时期内，流动资产周转次数越多，表明以相同的流动资产完成的周转额越多，流动资产利用效果越好，会相对节约资金占用，相当于扩大了企业资产收入，增强了企业的盈利能力。流动资产周转率用周转天数表示时，周转一次所需要的天数越少，表明流动资产在经历生产和销售各阶段时所占用的时间越短。生产经营任何一个环节上的工作改善，都会反映到周转天数的缩短上来。

（2）标准流动资产周转率要视行业特征、企业特征、企业发展阶段而定。在物价变动时期，尤其是在通货膨胀时该比率会被高估，因此，实务中必须考虑这些因素的影响。

表6-3列示了贵州茅台流动资产周转率的计算。

表6-3 **贵州茅台流动资产周转率计算表** 金额单位：元

项　目	2020年	2021年	2022年	2023年
营业收入	94 915 380 916.72	106 190 154 843.76	124 099 843 771.99	147 693 604 994.14
平均流动资产	172 338 313 483.01	203 208 923 901.63	218 688 564 259.62	220 891 976 747.10
流动资产周转率	0.55	0.52	0.57	0.67

表6-3中，2020—2023年贵州茅台的流动资产周转率呈上升态势，表明贵州茅台近年来流动资产利用效果较好。

第二节　非流动资产营运能力分析

1.基本概念

固定资产周转率是一定时期所实现的营业收入净额与平均固定资产的比值。

固定资产周转率=营业收入净额÷平均固定资产

固定资产周转天数=360÷固定资产周转率

2.内容解释

营业收入净额是指企业当期销售商品、提供劳务等主要经营活动所取得的收入减去折扣与折让后的数额。数据取自利润表。

平均固定资产=（固定资产年初数+固定资产年末数）÷2

3.指标说明

固定资产周转率指标的数值越高，表明一定时期内固定资产提供的收入越多，说明固定资产利用效果越好。这是因为收入指标比总产值和销售收入更能准确地反映经济效益，所以固定资产周转率能更好地反映固定资产的利用效果。

4.分析要点

（1）固定资产周转率高，表明企业固定资产利用充分，同时也能表明企业固定资产投资得当，固定资产结构合理，能够充分发挥效率；反之，如果固定资产周转率不高，则表明固定资产使用率不高，提供的生产成果不多，企业的营运能力不强。

（2）运用固定资产周转率时，需要考虑固定资产受计提折旧的影响，其净值在不断减少，以及受更新重置的影响，其净值突然增加的情况。同时，由于折旧方法的不同，可能影响其可比性，因此在分析时，一定要剔除掉这些不可比因素。

（3）即使主营业务收入不变，由于固定资产净值逐年减少，周转次数也会呈现自然上升趋势，但这并不是企业经营努力的结果。

表6-4列示了贵州茅台固定资产周转率的计算。

表6-4　**贵州茅台固定资产周转率计算表**　金额单位：元

项　目	2020年	2021年	2022年	2023年
营业收入	94 915 380 916.72	106 190 154 843.76	124 099 843 771.99	147 693 604 994.14
平均固定资产	15 684 632 786.74	16 848 628 015.07	18 607 397 865.36	19 825 951 601.92
固定资产周转率	6.05	6.30	6.67	7.45

表6-4中，2020—2023年贵州茅台的固定资产周转率呈逐年上升趋势，说明其固定资产得到充分合理的利用，固定资产的使用效率提升。

第三节　总资产营运能力分析

一、资产的配置分析

所谓资产的配置，是指在资产结构体系中，固定资产和流动资产之间的比例，通常称之为固流结构。其计算公式为：

固流结构=固定资产总额÷流动资产总额

在企业经营规模一定的条件下，如果固定资产存量过大，则正常的生产能力难以充分发挥出来，会造成固定资产的部分闲置或生产能力利用不足；如果流动资产存量过大，又会造成流动资产闲置，影响企业的盈利能力。

无论以上哪种情况出现，最终都会影响企业资产的利用效率。

对企业而言，通常有以下三种固流结构策略：

（1）保守型固流结构策略。

采取这种策略，流动资产比例较高。由于流动资产增加提高了企业资产的流动性，因此降低了企业的风险，同时也降低了企业的盈利水平。

（2）适中型固流结构策略。

采取这种策略，通常使得固定资产存量与流动资产存量的比例保持在平均水平。在该种情况下，企业的盈利水平一般、风险程度一般。

（3）风险型固流结构策略。

采取这种策略，流动资产比例较低，资产的流动性较低，虽然因为固定资产占用量增加而相应提高了企业的盈利水平，但同时也给企业带来了较大的风险。

通常可以根据以下标准判断企业固定资产与流动资产的结构比例是否合理：

（1）盈利水平与风险。

企业将大部分资金投资于流动资产，虽然能够降低企业的经营风险，但是会造成资金大量闲置或固定资产不足，降低企业生产能力和企业的资金利用效率，从而影响企业的经济效益；反之，固定资产比重较高，虽然有利于提高资产利润率，但同时会导致经营风险的增加。

企业选择何种资产结构，主要取决于企业对风险的态度。如果企业敢于冒险，就可能采取冒险的固流结构策略；如果企业倾向于保守，则应选择保守的固流结构策略而不会为追求较高的资产利润率而冒险。

（2）行业特点。

不同的行业，因经济活动内容不同，技术装备水平也有差异，其固流结构也会有较大差异。一般说来，创造附加值低的企业，如商业企业，需要保持较高的资产流动性；而创造附加值高的企业，如制造业企业，需要保持较高的固定资产比重。同一行业内部，因其生产特点、生产模式的差异较小，其固流结构就比较接近。行业的平均固流结构比例应是本企业固流结构的主要参照标准。

（3）企业经营规模。

企业经营规模对固流结构有重要影响。一般而言，规模较大的企业，固定资产比例相对高些，因其筹资能力强，流动资产比例相对低些。

企业在分析和评价目前固流结构合理性的基础上，必须对固流结构进一步优化。固流结构优化必须以企业采取的固流结构策略所确定的标准为根据。

固流结构优化的步骤一般是：首先，分析企业的盈利水平和风险程度，判断和评价企业目前的固流结构；其次，根据盈利水平与风险、行业特点、企业规模等评价标准，按照企业选择的固流结构策略确定符合本企业实际情况的固流结构比例目标标准；最后，对现有的固流结构比例进行优化调整。调整时，既可以调整流动资产存量，也可以调整固定资产存量，还可以同时调整固定资产存量和流动资产存量以达到确定的目标标准。

二、总资产周转率

1.基本概念

总资产周转率是指企业一定时期营业收入净额同平均资产总额的比值。总资产周转率是综合评价企业全部资产经营质量和利用效率的重要指标。

总资产周转率（次）=营业收入净额÷平均资产总额

总资产周转天数=360÷总资产周转率

2.内容解释

营业收入净额是指企业当期销售商品、提供劳务等主要经营活动所取得的收入减去折扣与折让后的数额。数据取自利润表。

平均资产总额=（资产总额年初数+资产总额年末数）÷2

3.指标说明

（1）总资产周转率是考察企业资产运营效率的一项重要指标，体现了企业经营期间全部资产从投入到产出周而复始的流转速度，反映了企业全部资产的管理质量和利用效率。由于该指标是一个包容性较强的综合指标，因此从因素分析的角度来看，它要受到流动资产周转率、应收账款周转率和存货周转率等指标的影响。

（2）该指标通过将当年已实现的营业价值与全部资产进行比较，反映企业一定时期的实际产出质量以及对每单位资产实现的价值补偿。

（3）通过该指标的对比分析，不但能够反映企业本年度以及以前年度总资产的运营效率，而且能发现企业与同类企业在资产利用上存在的差距，促进企业挖掘潜力、积极创收、提高产品市场占有率和资产利用效率。

（4）一般情况下，该指标数值越高，周转速度就越快，资产利用效率就越高。

表6-5列示了贵州茅台总资产周转率的计算。

表6-5　**贵州茅台总资产周转率计算表**　金额单位：元

项　目	2020年	2021年	2022年	2023年
营业收入	94 915 380 916.72	106 190 154 843.76	124 099 843 771.99	147 693 604 994.14
平均资产总额	198 219 091 284.98	234 282 002 843.68	254 834 510 627.96	263 600 243 094.14
总资产周转率	0.48	0.45	0.49	0.56

从表6-5可以看出，贵州茅台从2022年起，总资产周转率呈上升趋势，说明总资产的利用效率较理想。

第七章

偿债能力分析

偿债能力是指企业偿还各种到期债务的能力。偿债能力分析是企业财务分析的一个重要方面，通过偿债能力分析可以揭示企业的财务风险。偿债能力是现代企业综合财务能力的重要组成部分，是企业经济效益持续增长的稳健性保证。

重视并有效提高偿债能力，不仅是维护债权人正当权益的法律要求，也是企业保持良好市场形象和资信地位、避免风险损失、实现企业价值最大化目标的客观需求；不仅是企业走向市场并在瞬息万变的市场竞争中求得生存与发展的先决条件，也是增强企业的风险意识、树立现代市场观念的重要表现。

偿债能力的高低，是任何与企业有关联的人都关心的重要问题之一。对债权人而言，企业偿债能力的高低关系到其债权是否能及时收回，利息是否能按期取得；对投资者而言，如果企业的偿债能力欠佳，就会使企业的资金主要用于偿还债务，而影响正常的生产经营活动，使企业盈利水平受到影响，最终影响投资者的利益；对企业而言，一旦偿债能力大幅度下降，甚至达到资不抵债的地步，就有可能导致企业破产。因此，债权人、股东及企业管理者都十分重视企业的偿债能力分析。偿债能力分析包括短期偿债能力分析和长期偿债能力分析两个方面。

第一节　短期偿债能力分析

短期偿债能力，就是企业以流动资产偿还流动负债的能力。它反映企业偿付日常到期债务的能力。企业能否及时偿付到期的流动负债，是反映企业财务状况好坏的重要标志。财务人员必须重视短期债务的偿还能力，维护企业的良好信誉。

短期偿债能力是企业的债权人、投资人、材料供应单位等所关心的重要问题。对债权人来说，企业要具有充分的偿还能力，才能保证其债权的安全，按期取得利息，到期收回本金。对投资者来说，如果企业的短期偿债能力发生问题，就会牵制企业经营管理人员的大量精力去筹措资金，应付还债。企业将难以专注于经营管理，还会增加企业筹资的难度，或加大临时性紧急筹资的成本，影响企业的盈利能力。企业短期偿债能力发生问题对供应单位来说，则可能影响应收账款的取得。因此，企业短期偿债能力是企业本身及有关方面都很关心的重要问题。

短期偿债能力反映了企业流动资产对流动负债及时足额偿还的保证程度，是衡量企业当前财务能力，特别是流动资产变现能力的重要标志。短期偿债能力对一个企业来说是非常重要的。因为，一个企业一旦缺乏偿债能力，不仅无法获得有利的进货折扣机会，还会因无力支付其短期债务，而被迫出售长期投资产品或拍卖固定资产，甚至导致破产的厄运。所以，企业的债权人、投资者、供应商、客户及一般社会大众，都非常重视企业的短期偿债能力。

反映企业短期偿债能力的财务指标主要有流动比率、速动比率和现金流动负债比率。

一、流动比率

1.基本概念

流动比率是企业一定时期的流动资产同流动负债的比率。流动比率是衡量企业的短期偿债能力、评价企业流动资产变现能力强弱的指标。其计算公式为：

流动比率=流动资产÷流动负债

2.内容解释

（1）流动资产是指企业将在一年或一个营业周期内变现或消耗的资产。数据取自资产负债表。

（2）流动负债是指企业所有偿还期在一年或一个经营周期以内的债务。数据取自资产负债表。

3.指标说明

（1）流动比率是衡量企业资金流动性大小的指标，它充分考虑了流动资产规模与流动负债规模之间的关系，判断企业在短期债务到期前转化现金用于偿还流动负债的能力。

（2）从债权人角度来看，该指标越高，说明债权越有保障，企业的短期偿债能力越强。因为该指标越高，表明企业流动资产流转得越快，偿还流动负债的能力越强。但是，对企业经营者来说，流动比率并不是越高越好。因为过高的流动比率使流动资产在全部资产中的比重上升，而流动资产，特别是变现能力最强的资产，如现金、银行存款、有价证券等，是盈利能力最低的资产，这部分资产比重的上升意味着企业获利能力的下降。国际上公认的标准流动比率为2。

（3）一般而言，如果行业生产周期较长，其材料、产成品等存货量必然加大，应收账款的周转速度较慢，则企业的流动比率就会相应提高；如果行业生产周期较短，其材料、产成品等存货量必然减少，应收账款的周转速度加快，则企业的流动比率可以相对降低。在实际操作中，应将该指标与行业的平均水平进行比较。

4.分析要点

（1）一般情况下，流动比率越高，说明企业短期偿债能力越强，债权人的权益越有保证。

流动比率高，不仅反映企业拥有的营运资金多，可用以抵偿债务，而且表明企业可以变现的资产数额大，债权人遭受损失的风险小。按照西方企业的长期经验，一般认为流动比率为2比较适宜。它表明企业财务状况稳定可靠，除了满足日常生产经营的流动资金需要外，还有足够的财力偿付到期短期债务。如果比率过低，则表示企业可能捉襟见肘，难以如期偿还债务。但是，流动比率也不能过高，过高则表明企业流动资产占用较多，会影响资金的使用效率和企业的获利能力。流动比率过高还可能是应收账款占用过多，在产品、产成品呆滞、积压的结果。因此，在分析流动比率时还需注意流动资产的结构、流动资产的周转情况、流动负债的数量与结构等情况。

（2）从债权人的角度来看，自然希望流动比率越高越好。

但从企业经营的角度来看，过高的流动比率通常意味着企业低收益性资产的持有量过多，必然造成企业机会成本的增加和获利能力的降低。因此，企业应尽可能将流动比率维持在合理的水平。

（3）过高的流动比率还说明有相当数量的流动资产由长期资金来源形成，会造成资金成本过高，从而影响企业的盈利水平。

虽然流动比率越高，企业偿还短期债务的流动资产保证程度越强，但这并不等于说企业已有足够的现金或存款用来偿债，且资产转换成现金的时间有可能与负债到期日不匹配。流动比率高也可能是存货积压、应收账款增多且收款期延长，以及待摊费用增加所致，而真正可用来偿债的现金和存款却严重短缺。所以，企业应在分析流动比率的基础上，进一步对现金流量加以考察。

（4）流动比率是否合理，不同的企业以及同一企业在不同时期的评价标准都是不同的，因此不应用统一的标准来评价各企业流动比率合理与否。

一般而言，营业周期越短的企业，其应收账款周转率越高，且无须持有存货，因此其流动比率越低。例如，电力行业、娱乐行业、旅游行业等，由于存货、应收账款不多，因此流动比率较低。

（5）在流动比率构成要素中，应收账款和存货这两项具有重要意义。对应收账款的分析如果不考虑销售条件、信用政策等因素就会发生偏差。而各行业存货的流动性和变现性有较大差别，流动比率不能反映由于流动资产中存货不等所造成的偿债能力差别。因此，需用应收账款周转期、存货周转期指标补充说明。

（6）流动比率的下限一般为1，此时的流动资产等于流动负债，只有所有流动资产都能及时、足额地变现，不受任何损失地实现其周转价值，债务清偿才有物质保障，否则，企业就会遇到不能及时偿债的风险。而当该比率小于1时，企业肯定有部分债务不能及时清偿，从而导致企业财务状况陷入危机。

表7-1列示了贵州茅台流动比率的计算。

表7-1 **贵州茅台流动比率计算表** 金额单位：元

项　目	2020年	2021年	2022年	2023年
流动资产	185 652 154 956.94	220 765 692 846.31	216 611 435 672.92	225 172 517 821.28
流动负债	45 795 048 009.60	57 914 222 254.82	49 065 668 798.38	48 697 611 501.20
流动比率	4.05	3.81	4.41	4.62

从表7-1可以看出，贵州茅台的流动比率2020—2023年连续4年均高于国际公认标准2，说明其短期偿债能力很强、债务风险很低。近年来，贵州茅台资金充裕，无融资需求，年报显示无短期借款及长期借款。

二、速动比率

1.基本概念

速动比率是企业一定时期的速动资产同流动负债的比率。速动比率用来衡量企业的短期偿债能力，评价企业流动资产变现能力的强弱。其计算公式为：

速动比率=速动资产÷流动负债

2.内容解释

（1）速动资产是指扣除存货后流动资产的数额。数据取自资产负债表。

速动资产=流动资产-存货

（2）流动负债是指企业所有偿还期在一年或一个经营周期以内的债务。数据取自资产负债表。

3.指标说明

（1）速动比率是对流动比率的补充，是在分子剔除了流动资产中变现力最差的存货后，计算企业实际的短期债务偿还能力，这样结果较为准确。

（2）该指标越高，表明企业偿还流动负债的能力越强。

该指标一般保持在1的水平比较好，表明企业既有好的债务偿还能力，又有合理的流动资产结构。国际上公认的标准速动比率为1，我国企业目前较好的速动比率在0.9左右。

（3）由于行业间的关系，速动比率合理水平值的差异较大，在实际运用中，应结合行业特点分析判断。

4.分析要点

（1）尽管速动比率较之流动比率更能反映流动负债偿还的安全性和稳定性，但并不能认为速动比率较低的企业的流动负债到期绝对不能偿还。

实际上，如果企业存货流转顺畅、变现能力较强，即使速动比率较低，只要流动比率高，企业仍然有望偿还到期的债务本息。

（2）如果速动比率大于1（或100%），虽然从债权人的角度来看很好，但过高的速动比率同流动比率一样将使企业不能把足够的流动资金投入存货、固定资产等经营领域，从而可能使企业丧失良好的获利机会。

（3）如果速动比率小于1（或100%），企业必然面临很大的流动压力，其风险自然很高。但这也不是绝对的，因为速动比率是假定企业一旦面临财务危机或办理清算时，在存货及待摊费用难以或无法立即变现的情况下，企业以速动资产支付流动负债的能力，所以这一比率在反映企业应对财务危机方面较为有用。实际上，在企业理财中，应根据市场状况和债务人的信用情况等因素，在基本保持速动比率为1（或100%）的前提下，作出一定的灵活调整。

表7-2列示了贵州茅台速动比率的计算。

表7-2　　贵州茅台速动比率计算表　　金额单位：元

项　目	2020年	2021年	2022年	2023年
流动资产	185 652 154 956.94	220 765 692 846.31	216 611 435 672.92	225 172 517 821.28
减：存货	28 869 087 678.06	33 394 365 084.83	38 824 374 236.24	46 435 185 061.53
速动资产	156 783 067 278.88	187 371 327 761.48	177 787 061 436.68	178 737 332 759.75
流动负债	45 795 048 009.60	57 914 222 254.82	49 065 668 798.38	48 697 611 501.20
速动比率	3.42	3.24	3.62	3.67

从表7-2可以看出，贵州茅台的速动比率2020—2023年连续4年远远超过国际公认标准1，说明其短期偿债能力很强，债务风险很低。

三、现金流动负债比率

1.基本概念

现金流动负债比率是企业年经营现金净流量同年末流动负债的比率。现金流动负债比率从现金流动角度来反映企业当期偿付短期负债的能力。其计算公式为：

现金流动负债比率=年经营现金净流量÷年末流动负债×100%

2.内容解释

（1）年经营现金净流量同上。

（2）流动负债是指企业所有偿还期在一年或一个经营周期以内的债务。数据取自资产负债表。

3.指标说明

（1）现金流动负债比率是从现金流入和流出的动态角度对企业实际偿债能力进行再次修正。

（2）由于有利润的年份不一定有足够的现金来偿还债务，因此利用以收付实现制为基础的现金流动负债比率指标，能充分体现企业经营活动所产生的现金净流入可以在多大程度上保证当期流动负债的偿还，直观地反映企业偿还流动负债的实际能力。用该指标评价企业偿债能力更为谨慎。

（3）该指标较高，表明企业经营活动产生的现金净流入越多，能够保障企业按时偿还到期债务。但也不是越高越好，指标太高则表示企业流动资金利用不充分、收益能力不强。

4.分析要点

使用现金流动负债比率需要注意的是：经营活动产生的现金净流量是过去一个会计年度的经营成果，而流动负债则是未来一个会计年度需要偿还的债务，二者的会计期间不同。因此，现金流动负债比率指标是建立在以过去一年的现金流量来估计未来一年现金流量假设基础之上的。使用这一比率时，需要考虑未来一个会计年度影响经营活动的现金流量变动的因素。现金流动负债比率尚无国际公认标准，根据经验数据，一般认为现金流动负债比率大于50%，即表示企业有较强的短期偿债能力。

表7-3列示了贵州茅台现金流动负债比率的计算。

表7-3 贵州茅台现金流动负债比率计算表 金额单位：元

项　目	2020年	2021年	2022年	2023年
年经营现金净流量	51 669 068 693.03	64 028 676 147.37	36 698 595 830.03	66 593 247 721.09
流动负债	45 795 048 009.60	57 914 222 254.82	49 065 668 798.38	48 697 611 501.20
现金流动负债比率	112.83%	110.56%	74.79%	136.75%

从表7-3可以看出，贵州茅台的现金流动负债比率2020—2023年连续4年超过经验标准50%，说明其短期偿债能力很强、债务风险很低。

第二节　长期偿债能力分析

长期偿债能力，是指企业偿还长期负债的能力。企业的长期负债，包括长期借款、应付长期债券等。评价企业长期偿债能力，从偿债的义务来看，应分析按期支付利息和到期偿还本金两个方面；从偿债的资金来源来看，则应分析企业经营所得的利润。在正常生产经营的情况下，企业不可能依靠变卖资产还债，而只能依靠实现利润来偿还长期债务。因此，企业的长期偿债能力是和企业的获利能力密切相关的。在这里，我们仅从债权人的角度考察借出款项的安全程度，以及从企业考察负债经营的合理程度出发，来分析企业对长期负债还本与付息的能力。

一、资产负债率

1.基本概念

资产负债率是指企业一定时期负债总额同资产总额的比率。资产负债率表示企业总资产中有多少是通过负债筹集的，该指标是评价企业负债水平和偿债能力的综合指标。其计算公式为：

资产负债率=负债总额÷资产总额×100%

2.内容解释

（1）负债总额是指企业流动负债、长期负债和递延税款贷项的总和。少数股东权益不在负债总额中体现。数值取自资产负债表。

（2）资产总额是指企业拥有各项资产价值的总和。数值取自资产负债表。

3.指标说明

（1）资产负债率是衡量企业负债水平及风险程度的重要判断标准。该指标不论对企业投资人还是对企业债权人都十分重要，适度的资产负债率既能表明企业投资人、债权人的投资风险较小，又能表明企业经营安全、稳健、有效，具有较强的筹资能力。

（2）资产负债率是国际公认的衡量企业债务偿还能力和财务风险的重要指标，比较保守的经验判断一般为不高于50%，国际上一般认为60%比较好。如果单纯从偿债能力的角度分析，该指标越低越好。一般来说，资产负债率超过70%，财务上就具有较大的风险；资产负债率低于30%，则明显举债不足。

（3）在企业管理实践中，难以简单用资产负债率的高低来判断负债状况的优劣，因为过高的资产负债率表明企业财务风险太大，过低的资产负债率则表明企业对财务杠杆利用不够。所以，在实际分析时，应结合国家总体经济状况、行业发展趋势、企业所处竞争环境等具体的条件进行客观判定。

4.分析要点

（1）从债权人的立场来看，他们最关心的是贷给企业的款项的安全程度，即能否按期收回本金和利息。如果股东提供的资本与企业资本总额相比只占很小的比例，则企业的风险将主要由债权人负担，这对债权人来讲是不利的。因此，他们希望该比率越低越好，企业的偿债保证程度高，贷款不会有太大的危险。

（2）从股东的角度来看，由于企业通过举债筹措的资金与股东提供的资金在经营中发挥同样的作用，因此股东所关心的是全部资本利润率是否超过借入款项的利率，即借入资本的代价。从股东的立场来看，当全部资本利润率高于借款利息率时，该比率越大越好，这样可以获取超额剩余收益。

（3）从经营者的立场来看，如果举债很多，超出债权人心理承受程度，则认为不保险，企业就借不到钱。如果企业不举债，或该比率很小，则说明企业畏缩不前，对经营前景信心不足，利用债权人资本进行经营活动的能力很差。因此，经营者在制定借入资本决策时，必须估计预期的利润和增加的风险，在两者之间权衡利弊。

（4）企业资产负债率高说明：企业独立性下降、债务压力增加、总资产和经营规模扩大。但其意义在于：第一，缓解企业资金的紧张；第二，扩大企业的经营规模；第三，发挥财务杠杆作用，使投资人获取剩余收益；第四，增强企业在资金使用上的责任感；第五，由于利息支出在税前列支，因此可降低资金成本；第六，由于利率是固定的，在通货膨胀时期，举债经营可以把由于通货膨胀而引起的货币购买力损失更多地转嫁于债权人。

表7-4列示了贵州茅台资产负债率的计算。

表7-4　**贵州茅台资产负债率计算表**　金额单位：元

项　目	2020年	2021年	2022年	2023年
负债总额	45 675 127 426.18	58 210 688 454.56	49 400 116 741.17	49 043 190 797.43
资产总额	213 395 810 527.46	255 168 195 159.90	254 364 804 995.25	272 699 660 092.25
资产负债率	21.40%	22.81%	19.42%	17.98%

从表7-4可以看出，贵州茅台2020—2023年连续4年的资产负债率均低于30%，其资本结构较保守。一般来说，资产负债率比较保守的经验判断一般为不高于50%，国际上一般认为60%比较好。单纯从偿债能力来讲，其长期偿债能力很强，但也反映了贵州茅台财务杠杆运用不够。在没有找到合适的投资项目、新的利润增长点之前，贵州茅台估计暂时还会采用保守型资本结构。

二、已获利息倍数

1.基本概念

已获利息倍数是企业一定时期息税前与实际利息支出的比值。已获利息倍数充分反映了企业收益对偿付债务利息的保障程度和企业的债务偿还能力。其计算公式为：

已获利息倍数=息税前利润÷实际利息支出

2.内容解释

息税前利润是指企业当年实现的利润总额与实际利息支出的合计数。

息税前利润=利润总额+实际利息支出

利润总额是指企业实现的全部利润，包括企业当年营业利润、投资收益、补贴收入、营业外收支净额等项内容，如为亏损，以“-”号表示。

实际利息支出是指企业在生产经营过程中实际支出的借款利息、债券利息等。数据取自利润表和基本情况表。由于目前上市公司的对外会计报表没有公开披露实际利息支出，因此，会计信息外部使用者在计算已获利息倍数时，常常用利润总额代替息税前利润，用财务费用代替实际利息支出。

3.指标说明

（1）已获利息倍数指标反映了当期企业收益是所需支付的债务利息的多少倍，是从偿债资金来源的角度考察企业债务利息的偿还能力。如果已获利息倍数适当，则表明企业偿付债务利息的风险较小。国外一般选择计算企业5年的已获利息倍数，以充分说明企业稳定偿付利息的能力。

（2）因企业所处的行业不同，已获利息倍数有不同的标准，国际上公认的已获利息倍数标准为3。一般情况下，该指标如大于1，则表明企业负债经营能够赚取比资金成本更高的利润，但这仅表明企业能维持经营，还远远不够；该指标如小于1，则表明企业无力赚取大于资金成本的利润，企业债务风险很大。

（3）该指标越大，表明企业的债务偿还越有保证；反之，则表明企业没有足够的资金偿还债务利息，企业偿债能力低下。

4.分析要点

（1）它不仅反映了企业获利能力的大小，而且反映了获利能力对偿还到期债务的保证程度，它既是企业举债经营的前提依据，也是衡量企业长期偿债能力大小的重要标志。由此可以得出这样的启示：若要维持正常的偿债能力，从长期来看，已获利息倍数至少应当大于1，且值越大，企业长期偿债能力一般也就越强；如果已获利息倍数过小，则企业将面临亏损、偿债的安全性与稳定性下降的风险。究竟企业已获利息倍数是多少才算偿付能力强，这要根据往年经验并结合行业特点来判断。

（2）企业偿还借款的本金和利息，不是用利润本身支付，而是用流动资产支付，故使用这一比率进行分析，还不能确定企业是否有足够多的流动资金偿还本金和利息费用。

（3）还要注意非付现费用问题。从长期来看，企业必须拥有支付其所有费用的资金，但从短期来看，企业的固定资产折旧费、待摊费用、递延资产摊销、无形资产摊销等非付现费用，并不需要资金支付，而它们却已从企业的当期利润中扣除了，因而有些企业即使在已获利息倍数低于1的情况下，也能够偿还其债务利息。

（4）利润表中的财务费用包括利息支出和利息收入，部分上市公司仅披露财务费用，利息支出、利息收入没有单列，而是包含在财务费用中，财务信息外部分析者只能用财务费用代替实际利息支出进行分析。

表7-5列示了贵州茅台已获利息倍数的计算。

表7-5　**贵州茅台已获利息倍数计算表**　金额单位：元

项　目	2020年	2021年	2022年	2023年
利润总额	66 308 070 528.42	74 701 929 092.74	87 807 073 954.42	103 776 053 819.74
利息支出	111128537.3	173 897 197.98	105 584 206.24	113 500 129.93
已获利息倍数	596.68	429.58	831.63	914.33

注：表7-5中息税前利润用利润总额代替，实际利息支出用财务费用代替。

从表7-5所列示的已获利息倍数可以看出，贵州茅台的已获利息倍数远远高于公认标准，这充分说明贵州茅台没有财务风险。

结合资产负债表可知，在贵州茅台的负债构成中有一个较为特殊的现象：由于贵州茅台酒供不应求，购买方为保证能获得公司的产品提前预付了大量的货款。2022年贵州茅台预收的货款再创新高，合同负债高达154.72亿元，这充分说明了茅台酒的畅销程度。表7-6提供了贵州茅台扣除合同负债后的主要偿债能力指标。

表7-6 **贵州茅台扣除合同负债后的主要偿债能力指标**

财务指标	2020年	2021年	2022年	2023年
扣除合同负债后的资产负债率	15.16%	17.83%	13.40%	12.80%
扣除合同负债后的流动比率	5.72	4.88	6.45	6.51
扣除合同负债后的速动比率	4.83	4.15	5.29	5.17

从表7-6可以看出，扣除合同负债后贵州茅台的资产负债率2020—2023年连续4年都不到20%，远远低于50%的国际公认标准，其资本结构极为保守。扣除合同负债后的流动比率和速动比率则分别远远高于2和1的国际公认标准，在说明其偿债能力超强的同时，反映了贵州茅台资产闲置的现象比较严重。这里的闲置资产对贵州茅台来说，主要是货币资金及拆出资金。

第八章

发展能力分析

企业的发展能力，也称企业的成长性，是企业通过自身的生产经营活动，不断扩大积累而形成的发展潜能。企业能否健康发展取决于多种因素，包括外部经营环境、企业内在素质、资源条件等。从很多企业因成长过快而破产的事实中可知：增长率达到最大化不一定代表企业价值最大化，增长并不是一件非要达到最大化的事情。对很多企业来说，保持适度的增长率，在财务上积蓄能量是非常必要的。总之，从财务角度来看，企业的发展必须具有可持续性的特征，即在不耗尽财务资源的情况下，企业财务具有增长的最大可能。

考核企业的发展能力，可以抑制企业的短期行为，有利于完善现代企业制度。企业的短期行为集中表现为追求眼前的利润，忽视企业资产的保值和增值。一些企业为了实现短期利润，不惜采取非正常损耗设备、少计费用和成本等手段。增加了对企业发展能力的考核后，不仅要考核企业目前实现的利润，还要考核企业资产的保值与增值情况，这就可以在一定程度上抑制企业的短期行为，真正增强企业的经济实力，完善现代企业制度。

企业财务分析是一个动态与静态相结合的分析过程。首先，企业价值在很大程度上取决于未来的盈利能力，取决于营业收入、收益及股利的未来增长，而不是企业过去或者目前所取得的收益情况。其次，无论是增强企业的盈利能力、偿债能力，还是提高资产营运效率，都是出于企业未来获利的需要，都是为了提高企业的发展能力。也就是说，发展能力是企业盈利能力、营运能力和偿债能力的综合体现。所以，要全面衡量一个企业的价值，就不应该仅仅从静态的角度分析其经营能力，而更应该从动态的角度出发分析和预测企业的经营发展性水平，即发展能力。

第一节　以价值衡量企业发展能力的分析思路

一、以价值衡量企业发展能力的分析思路

（一）衡量企业发展能力的核心指标是企业价值增长率

通常用净收益增长率来近似地描述企业价值的增长，并将其作为企业发展能力分析的重要指标。净收益增长率是指当年留存收益增长额与年初净资产的比率。

（二）净收益增长率的因素分析

净收益增长率=留存收益增加额÷年初净资产

=当年净利润×（1-股利支付比率）÷年初净资产

=年初净资产收益率×（1-股利支付比率）

=年初净资产收益率×留存比率

这一公式是企业在不发行新的权益资本并维持一个目标资本结构和固定股利政策条件下，企业未来净收益增长率与年初净资产收益率和股利支付率的函数关系表达式。企业未来净收益增长率不可能大于期初净资产收益率。

从公式中可以看出，企业净资产收益率和留存比率是影响企业净收益增长的两个主要因素。净资产收益率越高，净收益增长率也越高。企业留存比率越高，净收益增长率也就越高。

由于净资产收益率的重要作用，在实际运用中经常把净收益增长率扩展成包括多个变量的表达式，其扩展式为：

净收益增长率（g）=年初净资产收益率×留存比率
=年初总资产净利率×（总资产÷净资产）×留存比率
=年初总资产周转率×销售净利率×年初权益乘数×留存比率

综上所述，企业在各方面保持不变的情况下，只能每年以g的速度增长（该增长率是可持续增长率）。当企业增长速度超过g时，上述四个比率必须改变，也就是企业要超速发展，就必须提高企业的经营效率（总资产周转率），或者增强企业的获利能力（销售净利率），或者改变企业的财务政策（股利政策和财务杠杆），即企业可以通过调整经营效率、获利能力及财务政策来改变或适应自己的增长水平。

例如，企业的留存比率为0.75，销售净利率为10%，年初总资产周转率为1，权益乘数为2，此时的净收益增长率为1×10%×2×0.75=15%。

如果企业希望将增长率提升到20%，可以改变股利政策，调整留存比率为1；或者调整财务杠杆（权益乘数）为2.67；或者提高总资产利用效率，使得总资产周转率达到1.33；或者提高销售净利率到13.33%。当然，也可以针对上述几个方面同时进行调整和改变。不过上述调整和改变在现实中并不是很容易做到的。

在实践中，实际的净收益增长率与测算的净收益增长率常常不一致，这是因为上述四项比率的实际值与测算值不同。当实际增长率大于测算增长率时，企业将面临资金短缺的问题；当实际增长率小于测算增长率时，企业存在闲置资金的问题。

（三）评价

以净收益增长率为核心来分析企业的发展能力，其优点在于各分析因素与净收益之间存在直接联系，有较强的理论依据；缺点在于以净收益增长率来反映企业的发展能力存在一定的局限性，企业的发展必然会体现到净收益的增长上来，但它们并不一定是同步增长的关系，企业净收益的增长可能会滞后于企业的发展。因此，我们分析的净收益无法反映企业真正的发展能力，而只能是近似代替。

二、影响企业价值增长的因素分析

任何企业要以发展求生存，销售增长都是无法回避的问题。企业价值增长的财务意义在于资金增长。在销售增长时企业往往需要补充资金，这主要是因为销售增加通常会引起存货和应收账款等资产的增加。销售增长得越多，需要的资金就越多。

（一）企业价值增长的实现方式

从资金来源上看，企业价值增长的实现方式有三种：

1.完全依靠内部资金增长

有些小企业无法取得借款，有些大企业不愿意借款，它们主要是靠内部积累实现增长的。完全依靠内部来源支持的增长率称为“内含增长率”。但内部的财务资源通常是有限的，往往会限制企业的发展，无法充分利用扩大企业财富的机会。

2.主要依靠外部资金增长

从外部筹资，包括增加债务和股东投资，也可以提高增长率。主要依靠外部资金实现增长是不能持久的。增加负债会使企业的财务风险增加、筹资能力下降，最终会使借款能力完全丧失；增加股东投入资本，不仅会分散控制权，而且会稀释每股盈余，除非追加投资有更高的回报率，否则不能增加股东财富。

3.平衡增长

平衡增长，就是保持目前的财务结构和与此有关的财务风险，按照股东权益的增长比例增加借款，以此支持销售增长。这种增长一般不会消耗企业的财务资源，是一种可持续的增长。

（二）影响企业价值增长的因素

1.营业收入

营业收入是企业积累和发展的基础，是企业收入来源之本。

一个企业的市场份额越大、销售收入情况越好，企业生存和发展的空间也就越大，表明企业积累的基础越牢，可持续发展能力越强，发展的潜力越大。

企业的营业收入增长越快，说明企业生存和发展的能力提高越快。

不断增长的营业收入，说明企业的产品有市场、有销路，通过销售产品能为企业提供充足的资金来源，使企业的价值不断增长。

2.资产规模

资产规模是指企业现有的资产总额。随着企业的发展，企业的资产规模会有所增加。资产规模的大小意味着企业的实力，通常情况下企业资产规模越大，抗风险的能力越强。企业资产规模的增长受负债和所有者权益两个因素的影响。在其他条件不变的情况下，无论是增加负债规模还是增加所有者权益都会使资产总额增加。

3.净资产规模

资本的扩张体现在所有者权益的增长上，而所有者权益的增长主要包括两个方面：一方面，外来资金的投入导致资本的扩张，在报表上体现为实收资本或股本的增加；另一方面，留存收益的增加导致资本的扩张，在报表上体现为盈余公积和未分配利润。后一种扩张是建立在企业盈利水平的基础上的。

4.资产使用效率

一个企业资产使用效率越高，其利用有限资源获得收益的能力也就越强；反之，资产使用效率低的企业，即使资产或资本规模以较快速度增长，也不会带来企业价值的快速增长。

资产使用效率可以从资产的周转率和资产结构状况反映出来。资产周转率反映了企业管理者对资产的运用能力，资产结构则反映了管理者对受托资产合理配置的能力。二者相互影响，综合地反映了资产使用效率。

资产周转速度直接影响企业的盈利能力，如果企业资产周转较慢，就会占用大量资金，增加资金成本，减少企业的利润。

5.净收益

净收益也称净利润，代表一个企业的最终经营成果，是衡量一个企业经营效益的主要指标。

净利润多，企业的经营效益就好；净利润少，企业的经营效益就差。

企业要增加净收益，一是要扩大销售收入，二是要降低成本费用。

6.股利分配

股利分配是指企业向股东分派股利，是企业利润分配的一部分，包括股利支付程序中各日期的确定、股利支付比率的确定、支付现金股利所需资金的筹集方式的确定等。

股利分配政策是企业对盈利进行分配或留存用于再投资的决策，在公司经营中起着至关重要的作用，关系到公司未来的长远发展、股东对投资回报的要求和资本结构的合理性。合理的股利分配政策一方面可以为企业规模扩张提供资金来源，另一方面可以为企业树立良好形象，吸引潜在的投资者和债权人，实现公司价值即股东财富最大化。因此，上市公司非常重视股利分配政策的制定，通常会在综合考虑各种相关因素后，对各种不同的股利分配政策进行比较，最终选择一种符合本公司特点与需要的股利分配政策予以实施。

第二节 企业发展能力分析指标

一、资产增长率

（一）基本概念

资产增长率是指本年资产增长额同年初资产总额的比率，该指标从企业资产总量扩张方面来衡量企业的发展能力，表明企业规模增长的水平对企业发展后劲的影响。其计算公式如下：

资产增长率=本年资产增长额÷资产总额年初数×100%

（二）内容解释

本年资产增长额是指企业资产总额年末数与资产总额年初数的差额，其数值取自资产负债表，计算公式如下：

本年资产增长额=资产总额年末数-资产总额年初数

（三）指标说明

（1）资产增长率是企业当年资产总额的增长率，反映了企业资产在当年的变动水平。

（2）资产增长率体现了企业资产的增长情况，是企业经营规模的标志，展示了企业的发展实力。

（3）该指标越高，表明企业一定经营周期内的资产经营规模的扩张速度越快。

（四）要点分析

（1）从投资者角度来看，通常希望资产增长率越高越好，因为资产规模扩大通常是成长中的企业所为。但是，要评价企业的资产规模增长是否适当，必须与营业收入增长、利润增长等情况结合起来分析。只有在企业的营业收入增长、利润增长超过资产规模增长的情况下，这种资产规模增长才属于效益型增长，才是适当的、正常的；相反，如果企业的营业收入增长、利润增长远远低于资产规模增长，并且持续存在，则投资者对此应该提高警惕。因此，企业资产增长率高并不意味着企业的资产规模增长就一定适当。

（2）企业资产一般来源于负债和所有者权益，因此企业资产规模变动受负债和所有者权益规模两个因素的影响。在其他条件不变的情况下，无论是增加负债规模还是增加所有者权益规模，都会提高总资产增长率。负债规模增加，说明企业对外举债了；所有者权益规模增加可能存在多种原因，如企业吸收了新的投资，或者企业实现了盈利。

如果一个企业资产的增长完全依赖于负债的增长，而所有者权益在年度里没有发生变动或者变动不大，则说明企业不具备良好的发展潜力。企业资产的增加应该主要取决于企业盈利的增加，而不是负债的增加。因为一个企业只有增加股东权益，才有能力继续对外举债，才能进一步扩大资产规模，进而顺利地实现增长，从而使企业偿还债务也具有保障。

因此，需要正确分析企业资产增长的来源。分析方法有以下两种：

① 计算股东权益的增加占资产增加额的比重，并进行比较。如果股东权益增加额所占比重较大，则说明资产的增加主要来源于股东权益的增加，反映企业资产的增长状况良好；反之，则相反。

② 利用股东权益增长率分析。股东权益增长率越高，表明企业本年度股东权益增加得越多，反

映企业资产增长状况良好；反之，则相反。

表8-1是贵州茅台资产增长率计算表。

表8-1 **贵州茅台资产增长率计算表** 金额单位：元

项 目	2020年	2021年	2022年	2023年
年初资产总额	183 042 372 042.50	213 395 810 527.46	255 168 195 159.90	254 500 826 096.02
年末资产总额	213 395 810 527.46	255 168 195 159.90	254 500 826 096.02	272 699 660 092.25
本年资产增长额	30 353 438 484.96	41 772 384 632.44	−667 369 063.88	18 198 833 996.23
资产增长率	16.58%	19.58%	−0.26%	7.15%

从表8-1可以看出，贵州茅台2020—2023年资产增长率基本呈逐年上升的趋势，贵州茅台资产的增长主要来自股东权益的增长，股东权益的增长来自留存收益的增长，表明贵州茅台有良好的发展势头。

二、资本积累率

（一）基本概念

资本积累率也称所有者权益（股东权益）增长率，是指企业本年所有者权益增长额与年初所有者权益的比率。资本积累率反映了企业当年资本的积累能力，是评价企业发展潜力的重要指标。其计算公式为：

资本积累率=本年所有者权益增长额÷年初所有者权益×100%

（二）内容解释

本年所有者权益增长额是指企业所有者权益年末数与所有者权益年初数的差额，数值取自企业的资产负债表。其计算公式如下：

本年所有者权益增长额=所有者权益年末数-所有者权益年初数

（三）指标说明

（1）资本积累率是企业当年所有者权益总的增长率，反映了企业所有者权益在当年的变动水平。

（2）资本积累率体现了企业资本的积累情况，是企业发展势头良好的标志，也是企业扩大再生产的源泉，展示了企业的发展潜力。

（3）资本积累率反映了投资者投入企业资本的保全性和增长性，该指标越高，表明企业的资本积累越多，企业资本保全性越强，应对风险、持续发展的能力越强。

（4）该指标如为负值，则表明企业资本受到侵蚀，所有者利益受到损害，应予充分重视。

（四）分析要点

下面以股东权益增长率为例加以说明。

股东权益主要来源于企业经营活动产生的净利润留存和筹资活动产生的股东净投资。股东权益增长率还可以表示为（推算过程省略）：

股东权益增长率=净资产收益率+股东净投资率

从这一公式中可以看出，股东权益增长率受净资产收益率和股东净投资率两个因素影响。其中，净资产收益率反映了企业运用股东投入的资本创造收益的能力，而股东净投资率反映了企业利用股东新投资的程度。这两个比率的高低都反映了对股东权益增长的贡献程度，但前者更能体现资本积累的本质。

表8-2是贵州茅台股东权益增长率计算表。

从表8-2可以看出，2020—2023年贵州茅台的股东权益增长率呈上升态势。

表8-2 **贵州茅台股东权益率计算表** 金额单位：元

项 目	2020年	2021年	2022年	2023年
年初股东权益	141 876 380 228.65	167 720 683 101.28	196 957 506 705.34	204 938 081 263.86
年末股东权益	167 720 683 101.28	196 957 506 705.34	204 938 081 263.86	223 656 469 294.82
本年股东权益增长额	25 844 302 872.63	29 236 823 604.06	7 980 574 558.52	18 718 388 030.96
股东权益增长率	18.22%	17.43%	4.05%	9.13%

表8-3是贵州茅台股东权益各项目增长率计算表。

表8-3 **贵州茅台股东权益各项目增长率计算表** 金额单位：元

项 目	2020年	2021年	2022年	2023年
股本	1 256 197 800.00	1 256 197 800.00	1 256 197 800.00	1 256 197 800.00
股本增长率	0.00%	0.00%	0.00%	0.00%
资本公积	1 374 964 415.72	1 374 964 415.72	1 374 964 415.72	1 374 964 415.72
资本公积增长率	0.00%	0.00%	0.00%	0.00%
盈余公积	20 174 922 608.93	25 142 832 818.16	32 522 779 178.88	38 998 763 095.13
盈余公积增长率	21.57%	24.62%	29.35%	19.91%
未分配利润	137 594 403 807.99	160 716 861 920.19	161 301 978 184.73	172 983 178 300.09
未分配利润增长率	18.73%	16.80%	0.36%	7.24%
股东权益总额	167 720 683 101.28	196 957 506 705.34	204 938 081 263.86	223 656 469 294.82
资本积累率	18.22%	17.43%	4.05%	9.13%

从表8-3可知，2012—2023年，贵州茅台股东权益的增长主要是靠内源融资，即企业靠自身的盈利实现了自有资本的增加，说明贵州茅台发展潜力较大且发展后劲较足。

三、销售增长率

（一）基本概念

销售增长率也称营业收入增长率，是指企业本年营业收入增长额同上年营业收入总额的比率。销售增长率表示企业营业收入与上年相比的增减变动情况，是评价企业成长状况和发展能力的重要指标。其计算公式为：

销售增长率=本年营业收入增长额÷上年营业收入总额×100%

（二）内容解释

本年营业收入增长额=本年营业收入总额-上年营业收入总额。如本年营业收入总额低于上年，本年营业收入增长额用“-”号表示。上年营业收入总额是指企业上年全年的营业收入总额。其数据取自企业的利润表。

（三）指标说明

（1）销售增长率是衡量企业经营状况和市场占有能力、预测企业经营业务拓展趋势的重要标志。不断增加的营业收入，是企业生存的基础和发展的条件。

（2）该指标若大于0，说明企业本年的营业收入有所增长，指标值越高，表明增长速度越快，企业市场前景越好；若该指标小于0，则说明产品或服务不适销对路、质次价高，或者在售后服务等方面存在问题，市场份额萎缩。

（四）分析要点

（1）该指标反映的是企业某期的整体营业收入增长情况。营业收入增长率越高，说明企业产品收入在本期增长得越快，市场开拓和客户发展情况越好；反之，则市场开拓和客户发展情况较差。

（2）如果营业收入的增加主要依赖于资产的相应增加，即营业收入增长率低于总资产增长率，说明这种营业收入增长不具有效益性，同时反映了未来企业在营业收入方面的成长性并不好，可持续发展能力不强。正常情况下，企业的营业收入增长率应高于总资产增长率，只有这样才说明企业在营业收入方面具有较好的发展性。可见，要判断企业在营业收入方面是否具有良好的发展性，必须分析营业收入增长是否具有效益性。

（3）在对该指标进行实际分析时，应结合企业长期的历年营业收入水平、企业市场占有情况、行业未来发展情况及其他影响企业发展的潜在因素进行前瞻性预测，或结合企业前3年的营业收入增长率来作出趋势性分析判断。同时，在分析过程中要确定比较标准，因为单独的一个发展能力指标并不能说明所有的问题，只有对企业之间或本企业各年度之间的指标进行比较才有意义。

（4）可以根据某产品的营业收入增长率指标分析企业的成长性。产品的生命周期一般可划分为四个阶段，即投放期、成长期、成熟期和衰退期。投放期，营业收入增长率较小；成长期，营业收入增长率较大；成熟期，营业收入增长率较上期变动不大；衰退期，营业收入增长率表现为负数。根据这个原理，大致可以分析企业产品所处的生命周期阶段，据以判断企业的发展前景。对一个具有良好发展前景的企业来说，较为理想的产品结构是“成熟一代，生产一代，储备一代，开发一代”。对一个所有产品都处于成熟期或者衰退期的企业来说，其发展前景值得怀疑。

表8-4是贵州茅台营业收入增长率计算表。

表8-4 **贵州茅台营业收入增长率计算表** 金额单位：元

项　目	2020年	2021年	2022年	2023年
上年营业收入	85 429 573 467.25	94 915 380 916.72	106 190 154 843.76	124 099 843 771.99
本年营业收入	94 915 380 916.72	106 190 154 843.76	124 099 843 771.99	147 693 604 994.14
营业收入增长额	9 485 807 449.47	11 274 773 927.04	17 909 688 928.23	23 593 761 222.15
营业收入增长率（%）	11.10%	11.88%	16.87%	19.01%

从表8-4可知，贵州茅台2020—2023年营业收入呈逐年上升趋势，充分说明贵州茅台酒的销路良好。

四、收益增长率指标

（一）基本概念

企业的价值主要取决于其盈利能力及发展能力，因而企业的收益增长是反映企业发展能力的重要方面。

收益在会计上表现为营业利润、利润总额、净利润等多种指标，因此，相应的收益增长率也具有不同的表现形式。

实际中，通常使用的是营业利润增长率、利润总额增长率和净利润增长率指标。

（1）营业利润增长率=本期营业利润增长额÷上期营业利润×100%，反映企业营业利润的变动水平，是企业发展能力的基本表现。

（2）利润总额增长率÷息税前利润增长率=本期息税前利润增长额÷上期息税前利润×100%。息税前利润是总资产创造的收益，可以较好地反映企业的发展性。

（3）净利润增长率=本期净利润增长额÷上期净利润×100%，净利润是企业经营业绩的结果，因此，净利润增长率是企业发展能力的基本表现。

（二）内容解释

（1）本年营业利润增长额=本年营业利润总额-上年营业利润总额。如本年营业利润总额低于上年，本年营业利润增长额用“-”表示。上年营业利润总额是指企业上年全年的营业利润总额。其数据取自利润表。

（2）本年利润总额增长额=本年利润总额-上年利润总额。如本年利润总额低于上年，本年利润增长额用“-”表示。上年利润总额是指企业上年全年的利润总额。其数据取自利润表。

（3）本年净利润增长额=本年净利润-上年净利润。如本年净利润总额低于上年，本年净利润增长额用“-”表示。上年净利润是指企业上年全年的净利润。其数据取自利润表。

（三）指标说明

（1）企业的价值主要取决于其盈利能力及发展能力，因而企业的收益增长是反映企业发展能力的重要方面。收益在会计上表现为营业利润、利润总额、净利润等多种指标，因此，相应的收益增长率也具有不同的表现形式。实际中，通常使用的是净利润增长率、营业利润增长率、息税前利润增长率指标。

（2）在分析营业利润增长率（或息税前利润增长率）时，应结合企业的营业收入增长情况一起分析。如果企业的营业利润增长率（或息税前利润增长率）高于企业的营业收入增长率，则说明企业的产品正处于成长期，业务不断拓展，企业的盈利能力不断提高；反之，如果低于营业收入增长率，则反映企业营业成本及期间费用等的上升超过了营业收入的增长，说明企业业务盈利能力不强，发展潜力值得怀疑。

在分析企业净利润增长率时，应结合营业收入增长率或营业利润增长率共同分析。如果企业的净利润增长率高于营业收入增长率或营业利润增长率，则表明企业产品盈利能力在不断提高，企业正处于高速成长阶段，具有较强的发展能力；相反，如果企业净利润增长率低于营业收入增长率特别是营业利润增长率，则表明企业成本费用的上升超过了营业收入的增长，发展能力较差。

值得注意的是，应将企业 连续多年的净利润增长率、营业利润增长率和息税前利润增长率指标进行对比分析，这样可以排除个别时期一些偶然性和特殊性因素的影响，从而全面真实地揭示企业是否具有持续稳定的增长能力。

表8-5是贵州茅台收益增长率计算表。

表8-5　**贵州茅台收益增长率计算表**　金额单位：元

项　目	2020年	2021年	2022年	2023年
营业利润	66 635 079 882.38	74 750 880 777.52	87 879 521 782.39	103 708 655 208.38
营业利润增长率	12.86%	12.18%	17.56%	18.01%
利润总额	66 196 941 991.11	74 528 031 894.76	87 701 489 748.18	103 662 553 689.81
利润总额增长率	12.61%	12.59%	17.68%	18.20%
净利润	49 523 329 882.40	55 720 529 956.46	65 376 039 957.88	77 521 476 277.80
净利润增长率	12.63%	12.51%	17.33%	18.58%

从表8-5可知，贵州茅台2020—2023年维持了一定的获利能力。

上述资产增长率、资本积累率、营业收入增长率、收益增长率指标，分别从资产规模、所有者权益、营业收入规模和收益等不同方面考察了企业的发展能力。

企业资产是取得营业收入的保障，要实现营业收入的增长，在资产效率一定的条件下就要扩大资产规模。扩大资产规模，一方面可以通过负债融资实现；另一方面可以依赖股东权益的增长，即净利润和净投资的增长。

股东权益的增长，一方面来源于净利润，净利润又主要来自营业利润，营业利润又主要取决于营业收入，并且营业收入的增长在资产使用效率既定的前提下，又依赖于资产投入的增加；另一方面来源于股东的净投资，而净投资取决于本期股东投资资本的增加和本期对股东股利的发放。

营业收入增长是企业收益增长的主要来源，也是企业价值增长的源泉。一个企业只有不断开拓市场、保持稳定的市场份额，才能不断扩大收益、增加股东权益，同时为企业进一步扩大市场、开发新产品和进行技术改造提供资金来源，最终促进企业的进一步发展。

收益的增长主要表现为净利润的增长，而对于一个持续发展的企业，净利润的增长应该主要来源于营业利润，而营业利润的增长在营业收入净利润率保持不变的情况下，主要取决于营业收入的增加。

可见，这四类增长率之间是相互联系、相互作用的。只有企业的总资产增长率、营业收入增长率、收益增长率和股东权益增长率保持同步增长，且不低于行业平均水平，才可以判断这个企业具有良好的发展能力。

五、技术投入比率

（一）基本概念

技术投入比率是指企业当年技术转让费支出与研发投入同当年营业收入的比率。

技术投入比率从企业的技术创新方面反映了企业的发展能力和可持续发展能力。其计算公式为：

技术投入比率=当年技术转让费支出与研发投入÷当年营业收入×100%

（二）内容解释

当年技术转让费支出与研发投入是指企业当年研究开发新技术、新工艺等具有创新性质项目的实际支出，以及购买新技术的实际支出列入当年管理费用的部分。

营业收入是指企业当期销售产品、销售商品、提供劳务等经营活动所取得的收入。其数据取自企业的利润表。

（三）指标说明

(1) 技术创新是企业在市场竞争中保持竞争优势、不断发展壮大的前提。技术投入比率集中体现了企业对技术创新的重视程度和投入情况，是评价企业持续发展能力的重要指标。

(2) 该指标越高，表明企业对新技术的投入越多，企业对市场的适应能力越强，未来竞争优势越明显，生存发展的空间越大，发展前景越好。

（四）分析要点

(1)《企业会计准则第6号——无形资产》规定，对于企业自行进行的研究开发项目，要求区分研究阶段与开发阶段两个部分并分别进行核算。其中，研究是指为获取新的技术和知识等进行的有计划的调查，具体例子包括：意欲获取知识而进行的活动；研究成果或其他知识的应用研究、评价和最终选择；材料、设备、产品、工序、系统或服务替代品的研究；新的或经改进的材料、设备、产品、工序、系统或服务的可能替代品的配制、设计、评价和最终选择。开发是指在进行商业性生产或使用前，将研究成果或其他知识应用于某项计划或设计，以生产出新的或具有实质性改进的材料、装置、产品等。开发活动的例子包括：生产前或使用前的原型和模型的设计、建造和测试（含新技术的工具、夹具、模具和冲模的设计）；不具有商业性生产经济规模的试生产设施的设计、建造和运营；新的或改造的材料、设备、产品、工序、系统或服务所选定的替代品的设计、建造和测试等。

(2)《企业会计准则第6号——无形资产》规定，企业研究阶段的支出全部费用化，计入当期损益（管理费用）；开发阶段的支出符合条件的才能资本化，不符合资本化条件的计入当期损益（管理费用）。只有同时满足《企业会计准则第6号——无形资产》第九条规定的各项条件的，才能确认为无形资产，否则计入当期损益。如果确实无法区分研究阶段的支出和开发阶段的支出，应将其所发生的研发支出全部费用化，计入当期损益。

（3）目前的会计报表披露体系，没有要求企业披露当年技术转让费支出与研发投入，这就使得会计报表信息外部使用者不能准确地计算该指标，只能通过资产负债表上披露的无形资产来估计企业为已经开发成功的无形资产所支付的研发费用。由于资产负债表上的无形资产既包括企业自行开发予以资本化的无形资产，也包括企业直接从外部购进的无形资产，因此该指标不能全面反映企业在当年的营业收入中拿出多少资金用于当年的新产品、新技术的开发。

（4）无形资产，是指企业拥有或者控制的没有实物形态的可辨认非货币性资产。科学技术进步是当今世界发展的主流，我国企业要贯彻“走出去”战略、加强自主创新，强化无形资产管理显得尤为重要。因此，计算技术投入比率、用无形资产代替技术转让费支出与研发投入，可以从一定程度上看出企业对新产品、新技术开发的重视程度。

（5）通常认为技术投入比率在10%左右比较理想，表明企业能在当年的营业收入中拿出10%的资金研究开发新产品、新技术，国际上的一些知名企业的技术投入比率高达30%。

表8-6是贵州茅台技术投入比率计算表。

表8-6　**贵州茅台技术投入比率计算表**　金额单位：元

项目	2020年	2021年	2022年	2023年
研发费用	50 398 036.33	61 923 213.59	135 185 680.40	157 371 873.01
营业收入	94 915 380 916.72	106 190 154 843.76	124 099 843 771.99	147 693 604 994.14
研发投入总额占营业收入比例（%）	0.05%	0.06%	0.11%	0.11%

从表8-6中可以看出，贵州茅台2020—2023年连续4年的技术投入比率呈些微上升趋势，说明贵州茅台开始关注新产品新技术开发利用。为了使企业立于不败之地，增强未来的竞争能力，贵州茅台应进一步加大新产品新技术的开发力度。

第九章

杜邦分析体系

第一节　杜邦分析体系的原理

杜邦分析（DuPont Analysis）法就是利用各个主要财务比率指标之间的内在联系，来综合分析企业财务状况的方法。这种方法是在20世纪20年代由美国杜邦公司最先采用的，故称杜邦分析法。

杜邦分析法是以股东权益报酬率为龙头，以资产净利率为核心，将偿债能力、资产营运能力、盈利能力有机结合起来，层层分解，逐步深入，构成了一个完整的分析系统，全面、系统、直观地反映了企业的财务状况。

杜邦分析图中，包含了以下几种主要的指标关系：

股东权益报酬率=净利润/股东权益=净利润/资产总额×资产总额/股东权益=资产净利率×权益乘数

资产净利率=净利润/营业收入×营业收入/资产总额=销售净利率×总资产周转率

权益乘数=资产总额/股东权益=1/股东权益比率=1/（1-资产负债率）

股东权益报酬率=销售净利率×总资产周转率×权益乘数

利用杜邦分析法可以看出，股东权益报酬率与企业的销售规模、成本水平、资产营运、资本结构有着密切的联系，这些因素构成一个相互依存的系统。只有把这个系统内各个因素的关系安排好、协调好，才能使股东权益报酬率达到最大，才能实现股东财富最大化的理财目标。从杜邦分析图中可以了解到以下财务信息：

1.股东权益报酬率

股东权益报酬率是一个综合性极强、最有代表性的财务比率，是杜邦分析系统的核心。

财务管理的目标是实现股东财富的最大化，股东权益报酬率反映股东投入资金的获利能力，反映企业筹资、投资、资产运营等活动的效率，提高股东权益报酬率是所有者财富最大化的基本保证。所以，所有者、经营者都十分关心这一财务指标，股东权益报酬率的高低，取决于资产净利率和权益乘数。

资产净利率主要反映运用资产进行生产经营活动的效率，而权益乘数则主要反映企业的财务杠杆情况，即企业的资本结构。

2.资产净利率

资产净利率是反映企业盈利能力的一个重要财务比率，它揭示了企业生产经营活动的效率，综合性也极强。企业的销售收入、成本费用、资本结构、资产周转速度以及资金占用量等各种因素，都直接影响资产净利率的高低。资产净利率是销售净利率和资产周转率的乘积，因此分析资产净利率要进一步从销售成果和资产运营两个方面来分析。

3.销售净利率

销售净利率反映企业净利润与销售收入的关系。

一般来说，销售收入增加，企业的净利润也会随之增加。从这个意义上来看，提高销售净利率是提高企业盈利能力的关键所在。

扩大销售收入具有重要的意义，它首先有利于提高销售利润率，同时是提高总资产周转率的必要前提。要想提高销售利润率，一是要扩大销售收入，二是要降低成本费用，这样才能使净利润的增长高于销售收入的增长，从而使销售净利率得到提高。由此可见，提高销售净利率必须在以下两个方面下功夫：

（1）开拓市场，增加销售收入。

在市场经济中，企业必须深入调查研究市场情况，了解市场的供需关系，在战略上，从长远的利益出发，努力开发新产品；在策略上，保证产品的质量，加强营销，努力提高市场占有率。

（2）加强成本费用控制，降低耗费，增加利润。

利用杜邦分析系统，可以分析企业的成本费用结构是否合理，以便发现企业在成本费用管理方面存在的问题，为加强成本费用管理提供依据。

企业要想在激烈的市场竞争中立于不败之地，不仅要在营销与产品质量方面下功夫，还要尽可能降低产品的成本，这样才能增强产品在市场上的竞争力。

同时，要严格控制企业的管理费用、财务费用等各种期间费用，降低耗费，增加利润。尤其要注意企业的利息费用与利润总额之间的关系，如果企业所承担的利息费用太多，就应当进一步分析企业的资本是否合理，负债比率是否过高，以防止资本结构不合理影响企业股东的收益。

4.总资产周转率

总资产周转率反映企业销售收入与资产总额的关系。应着重从以下两个方面分析资产的运营效率：

（1）分析企业资产的结构是否合理，即流动资产和非流动资产的比例安排是否恰当。

企业资产的营运能力和流动性，既关系到企业的获利能力，又关系到企业的偿债能力，还会影响企业的盈利能力。

一般来说，如果企业流动资产中货币资金的比重过大，就应当分析企业现金的持有量是否合理，有无闲置现金的现象，因为现金持有量过多会影响企业的获利能力；如果企业有过多的存货和应收账款，则会占用企业大量的资金，既会影响获利能力，又会影响偿债能力。为此，就要进一步分析各项资产的占用数额和周转速度。

（2）结合销售收入，分析企业的资产周转情况。

资产周转速度直接影响企业的盈利能力，如果企业资产周转较慢，就会占用大量资金，增加资金成本，减少企业的利润。

资产周转情况分析，不仅要分析企业总资产周转率，还要进一步分析固定资产周转率和流动资产周转率，以及存货周转率与应收账款周转率，并将其周转情况与资金占用情况结合起来进行分析。

5.权益乘数

权益乘数反映股东权益同企业总资产的关系。

在总资产需要量既定的前提下，企业适当开展负债经营，相对减少股东权益所占的份额，就可使此项财务比率提高。因此，企业既要合理使用全部资产，又要妥善安排资本结构，这样才能有效地提高权益利润率。

第二节　杜邦分析体系的实例分析

贵州茅台权益乘数计算表和杜邦分析计算表见表9-1和表9-2。

表9-1　**贵州茅台权益乘数计算表**　金额单位：元

项　目	2020年	2021年	2022年	2023年
资产总额	213 395 810 527.46	255 168 195 159.90	254 364 804 995.25	272 699 660 092.25
股东权益	167 720 683 101.28	196 957 506 705.34	204 938 081 263.86	223 656 469 294.82
权益乘数	1.27	1.30	1.24	1.22

表9-2　**贵州茅台杜邦分析计算表**

项　目	2020年	2021年	2022年	2023年
销售净利率	52.18%	52.47%	52.68%	52.49%
总资产周转率	0.48	0.45	0.49	0.56
权益乘数	1.27	1.30	1.24	1.22
股东权益报酬率	31.87%	30.59%	32.06%	35.84%

这里运用因素分析法对影响股东权益报酬率的原因做进一步的分析：

2022年股东权益报酬率=52.68%×0.49×1.24=32.06%

2023年股东权益报酬率=52.49%×0.56×1.22=35.84%

2023年股东权益报酬率与2022年相比，上升了3.78%（35.84%-32.06%）。

其中，销售净利率对股东权益报酬率的影响：

（52.49%-52.68%）×0.49×1.24=-0.19%×0.49×1.24=-0.115%

2023年与2022年相比，销售净利率下降了0.19%（52.49%-52.68%），使股东权益报酬率下降了0.115%。

其中，总资产周转率对股东权益报酬率的影响：

52.49%×（0.56-0.49）×1.24=52.49%×0.07×1.24=4.56%

2023年与2022年相比，总资产周转率上升了0.07（0.56-0.49），使股东权益报酬率增长了4.56%。

其中，权益乘数对股东权益报酬率的影响：

52.49%×0.56×（1.22-1.24）=52.49%×0.56×（-0.02）=-0.59%

2023年与2022年相比，权益乘数下降了0.02（1.22-1.24），使股东权益报酬率下降了0.59%。

汇总影响：-0.115%+4.56%-0.59%=3.86%

通过以上计算分析可知，2023年贵州茅台股东权益报酬率与2022年相比上升了3.78%，这主要是总资产周转率提高引起的，销售净利率、权益乘数些微下降会使股东权益报酬率下降。

第十章

贵州茅台酒股份有限公司2023年度财务分析报告

一、贵州茅台股份有限公司概况

（一）公司简介

贵州茅台酒股份有限公司（以下简称“贵州茅台”）是由中国贵州茅台酒厂有限责任公司、贵州茅台酒厂技术开发公司、贵州省轻纺集体工业联社、深圳清华大学研究院、中国食品发酵工业研究所、北京市糖业烟酒公司、江苏省糖烟酒总公司、上海捷强烟草糖酒（集团）有限公司共同发起，并由贵州省人民政府发布黔府函字〔1999〕291号文件批准设立的股份有限公司，注册资本为一亿八千五百万元。

2001年8月，贵州茅台股票在上海证券交易所挂牌上市。它是全国唯一的一家集国家一级企业、国家特大型企业、国家优秀企业（金马奖）、全国质量效益型先进企业于一身的白酒生产企业。

公司主营贵州茅台酒系列产品的生产和销售，同时进行饮料、食品、包装材料的生产和销售，防伪技术开发，信息产业相关产品的研制开发。

公司的主导产品贵州茅台酒是中国民族工商业率先走向世界的代表，1915年荣获美国巴拿马万国博览会金奖，与法国科涅克白兰地、英国苏格兰威士忌并称世界三大（蒸馏）名酒，是我国大曲酱香型白酒的鼻祖和典型代表，1个多世纪以来，已先后18次荣获各种国际金奖，并蝉联历次国内名酒评比之冠，是公认的中国国酒。

2020年8月，全球权威品牌价值评估机构Brand Finance在英国伦敦发布“2020全球烈酒品牌价值50强”排行榜，茅台以393.32亿美元的品牌价值蝉联榜首，远超第二位五粮液208亿美元的品牌价值。“世界第一蒸馏酒品牌”地位不断巩固。2021年5月，贵州茅台位列“2021福布斯全球企业2000强”第264位。

目前，贵州茅台酒股份有限公司茅台酒年生产量已突破三万吨，43°、38°、33°茅台酒拓展了茅台酒家族低度酒的发展空间，茅台王子酒、茅台迎宾酒满足了中低档消费者的需求，15年、30年、50年、80年陈年茅台酒填补了我国高端年份酒市场的空白，在国内独创年代梯级式的产品开发模式，形成了低度、高中低档、极品三大系列100多个规格品种，从而占据了白酒市场制高点。

截至2019年底，贵州茅台占地面积约666万平方米，建筑面积约350万平方米，员工27 000余人，年生产量7.5万吨。

2023年贵州茅台资产总额达2 276.10亿元，营业总收入为1 505.60亿元，同比增长18.04%。

（二）贵州茅台的竞争优势

1.行业龙头优势突出

贵州茅台是白酒行业的龙头公司，聚集了行业领先的技术、营销、管理团队和精通制酒、制曲、勾兑、品评的工匠队伍，规模和品牌影响力都居于行业前列。茅台酒是与法国科涅克白兰地、英国苏格兰威士忌齐名的世界三大蒸馏名酒之一，在国内外知名度非常高。

2.拥有自主定价权，毛利率高

贵州茅台选取本地优质糯高粱、小麦、水作为原料，利用得天独厚的自然环境和无法复制的微生物菌群，采用独特的酱香型传统工艺酿制，经长期窖藏、精心调制而成，具有色清透明、醇香馥郁、入口柔绵、清冽干爽、回香持久等独特口感，各个环节均无法迁移和复制，造就了茅台酒的稀缺性，受到众多消费者的追捧。

公司拥有超强的自主定价权，毛利率高达90%以上，远超同行企业，在近几年的白酒行业深度调整中，贵州茅台创新发展并成功转型，抗风险能力增强，发展基础愈加稳固。

3.销售渠道成熟

贵州茅台酒销售网点遍布世界各地，截至目前，贵州茅台集团的销售区域已经达到31个，驻海外公司达到9个，在全国成立了9个销售大区。此外，自2013年以来，贵州茅台在原有传统的“茅台生产商—各地经销商—零售商—消费者”分销渠道基础上增加了“贵州茅台—网上销售—消费者”和“贵州茅台—直营店—消费者”的分销渠道，通过建立网上销售渠道以及在全国建设100家直营店的方式不断拓宽销售渠道，构建了一个基础巩固、反应迅速、覆盖面广、自成体系的高端白酒营销网络。

二、白酒酿造行业现状分析

2012年底，中国共产党十八届中央政治局会议审议通过《十八届中央政治局关于改进工作作风、密切联系群众的八项规定》（简称“中央八项规定”），明确严控公务招待费等“三公”消费支出。政策实施后，全国公务接待费大幅下降，政务消费占白酒市场比例骤降，高端白酒所受冲击最为显著，白酒行业“黄金十年”终结。

2013—2015年为行业深度调整期，规模以上白酒企业年产量明显下降，中小品牌加速出清。自2016年起，消费升级与品牌集中化趋势显现，叠加2020年名优白酒企业采取的文化赋能、产品结构升级、渠道精细化运营等举措，行业呈现“量减价增”的强分化复苏态势，行业集中度进一步提升。

根据国家统计局发布的行业数据，2023年全国规模以上白酒企业完成酿酒总产量449.2万千升，同比下降2.8%；实现销售收入7 563亿元，同比增长9.7%；实现利润总额2 328亿元，同比增长9.7%。自2020年下半年起，白酒行业开始复苏，终端用户白酒消费需求有所上升，带来白酒行业整体的收入和利润增长。

2021年以来，白酒整体呈现量价齐升的局面，中高端白酒回暖较为显著。未来，大众市场消费观念的改变和消费档次的提升是白酒行业发展的主要推动力量。白酒企业需要充分把握大众消费升级的黄金机遇，通过品质提升、市场细分和产品创新等手段，更好地满足大众市场的消费需求，推动产品结构的转型与升级。

（一）白酒行业外部环境（PEST）分析

对具体产业而言，宏观环境属于不可控的外生变量，但又深深影响产业本身的发展，因而是进行产业战略研究和战略制定必须考虑的因素。产业的宏观环境因素包括政治（Political）、经济（Economic）、社会（Social）和技术（Technological）四大外部环境因素。

1.宏观经济处于“四期叠加”阶段

2023年中央经济工作会议提出“稳中求进、以进促稳、先立后破”的宏观调控基调，这是中国特色宏观经济治理的重大创新，强调把“十四五”后半期作为经济恢复期，要珍惜和维护好发展环境，系统总结中国特色宏观经济治理的经验。因此，要主动适应新常态，更要通过战略转型引领新常态。一方面，白酒行业产能过剩构成巨大的库存和成本压力，未来投资对白酒产业的驱动作用将显著下降，增长前景更多地来自供给侧结构性改革和消费升级带来的机会。另一方面，虽然中国经济已进入高质量发展阶段，但总量基数大，根据国家统计局2024年12月发布的公告，2023年我国国内生产总值为1 294 272亿元，同比增长2.7%。此外还有因巨大的人口基数而产生的巨额消费市场。随着未来居民收入水平的提升和橄榄型社会结构的形成，不仅社会消费总量会稳定增长，而且会带动中高档消费品的更快增长，因此白酒行业的增长具有稳定的市场需求支撑。

2.主要政策及法律法规趋于完善

（1）酿酒产业（五年）发展规划。

产业发展规划是实现产业长期持续发展和指导产业转型升级的纲领性决策安排，对于产业战略转型具有指导价值。

《中国酒业“十四五”发展指导意见》提出了“十四五”期间的发展方向、发展目标，提出到2025年，中国白酒产业2025年计划产量800万千升，比“十三五”期末（2020年）增长8.0%；销售收入达9 500亿元，增长62.8%；实现利润2 700亿元，增长70.3%。按照该目标，白酒产业需要稳定产量、提高增长质量，因此白酒大省和龙头企业具有较好的政策和市场机会。

（2）产业政策及相关法律法规。

《产业结构调整指导目录（2023年本）》第二类的“限制类”产业中去掉了白酒产业，这意味着白酒产业已不再是国家限制类产业，这将对整个白酒行业重大利好，有利于吸引优质资源、外部资本进入酒类行业，建立良性竞争机制，同时，对酒类行业的生产技术、质量安全、标准化体系、诚信体系、溯源体系等各方面都提出了更高的标准要求，推动酒业落后产能淘汰机制，促进酒业的产业升级和结构调整。

（3）税收法规。

根据财政部、国家税务总局发布的《中华人民共和国消费税法（征求意见稿）》，白酒延续此前在生产（进口）环节征税，税率为20%加0.5元/500克（或者500毫升）的政策。白酒行业渠道构成相对复杂，尤其是在批发、零售环节比较分散，同时涉及地方税赋归属以及白酒产地和销地不平衡问题，在销售环节征收消费税难度较大。而在生产环节征收消费税，操作起来就相对简单方便，因为规模以上白酒企业已经被纳入国家统计范畴。若消费税征收后移，对于议价能力强的一二线名酒企影响不大，可以将成本转移给消费终端。而议价能力弱的区域中小酒企只能自己承担因消费税后移产生的额外税负，对企业自身的发展影响较大。所以，此次消费税率维持不变，对整个白酒行业趋稳向好的发展态势，可以起到一定的促进作用。

（4）白酒生产与质量安全管理法规日益完善。

一是《食品生产许可审查通则》（2020年版）规定，要对白酒生产企业实行生产许可证制度，加强生产管理。

二是我国全面实施纯粮固态发酵白酒标志，规范白酒行业生产、经营、监管等领域。

三是关于产品质量，2013年国家食品药品监督管理总局（现国家市场监督管理总局）发布了《关于进一步加强白酒质量安全监督管理工作的通知》，强调要从七个方面严格落实白酒生产质量安全企业责任，加大监管力度，从源头保障白酒质量安全。

四是在产品质量溯源体系建设方面，2015年10月，国家食品药品监督管理总局（现国家市场监督管理总局）印发了《关于白酒生产企业建立质量安全追溯体系的指导意见》，通过指导白酒生产企业建立质量安全追溯体系，实现白酒质量安全顺向可追踪、逆向可溯源、风险可管控，发生质量安全问题时产品可召回、原因可查清、责任可追究，切实落实质量安全主体责任，保障白酒质量安全。

3.技术环境出现新的发展趋势

白酒作为我国传统特色产业，具有悠久的历史、厚重的底蕴和独特的传统工艺流程，但其工艺流程一直以来重度依赖人工，生产机械化、自动化程度很低，因此很可能出现人力资源缺口和人工成本压力，而且容易导致酒品品质不稳定。

当前，智能制造和生物技术等领域的研究和应用步伐在加快，这将给白酒产业发展带来新的发展动力。一方面，现代生物技术的发展将有可能打破过去固态发酵窖池的特性对白酒的制约；另一方面，推动行业从粗放式生产向机械化、智能化、自动化、信息化等生产方式转变，提升行业经济效益，将成为白酒行业的发展方向。

4.社会文化环境发生较大变革

（1）制度文化环境。

当前，虽然我国社会主义市场经济体制已经建立起来，但是制度文化中的深层次问题，即政企不分、地方保护主义等仍然存在，管理者的经验主义、习惯思维方式、文化背景的局限等多重因素导致投资效率低下。

对国有白酒企业而言，改革面临着较大的阻力。今后随着混合所有制改革推进，企业市场活力和经营绩效会进一步提升。因此，白酒行业既面临较大改革压力，也有较好的制度改革红利。

（2）白酒消费文化。

中国的酒文化源远流长，是中国传统文化的一部分。其表现形式主要体现在：注重营养健康的饮食科学，追求色、香、味的饮食艺术等。因此，酒文化是连接中国白酒与消费者的纽带与桥梁。

随着技术进步、社会发展和经济全球化的推进，逐渐成为中国消费主体的“8090后”一代的消费观念、消费模式发生了巨大变化，对葡萄酒、烈性洋酒的消费增长迅速，侵占了一部分白酒消费市场。因此，传统的白酒产业面临着如何培养新一代忠实消费者的巨大挑战。

（二）白酒行业内部变化分析

白酒产业的内部变化主要表现为产业发展基础变化、行业生命周期变化、产业发展的动力机制转换、技术模式变化等方面，这些变化要求在产业战略上反映出来。

1.产业发展基础增强

产业发展基础是指产业进一步发展的资源禀赋、技术条件、规模结构与配套设施等支撑条件。

随着我国社会主义市场经济体制的发展和完善，我国白酒产业发展基础有了很大提高，主要表现在：

一是产业资源条件得到改善，不仅产业链上游的粮食环境发生了变化，对粮食安全的影响基本消除，而且建立了一批中国白酒非物质文化遗产（茅台酒、泸州老窖酒、汾酒等十余家白酒企业的酿制技艺，入选国家级非物质文化遗产代表性项目名录中“传统手工技艺” 类别。），关于中国白酒文化社会价值、白酒资源和生态保护的意识显著增强。

二是产业发展平台逐步完善，形成了比较完善的科技创新、产业运行辅助平台，对白酒产业的科技创新、产品交易和市场拓展起到了良好的促进作用。

三是具有较大的产业规模和较高的产业集聚度，形成了“中国白酒金三角”“鄂西北白酒金三角”等白酒集中产地，不仅有利于实现白酒的集聚效应，也为白酒产业实现从数量扩张到质量增长的路径转型提供了基础。

四是我国白酒产业正在经历行业深度调整的冲击，具有强烈的转型压力和动机，这有助于培育白酒产业转型的动态能力，从而推进白酒产业实施战略转型和提高产业竞争优势。

2.白酒行业增速放缓，竞争方式改变

目前白酒行业已进入成熟期，未来行业发展速度下降，并将导致产业竞争环境出现多种重要变化。

（1）行业增长放慢，呈现供过于求状态，市场竞争激烈。

经过“黄金十年”的高速发展，白酒市场容量趋于饱和。相对于需求而言，行业容易出现过度的生产能力投入，从而导致一段时期内产能过剩，这加剧了价格战的趋势。此时，由于价格具有下降的趋势，仅仅保持原有的市场份额可能导致企业业绩下滑，因此抢夺其他企业的市场份额成为其保持或提高经营业绩的主要途径，这会进一步激化竞争，导致产能过剩进一步加剧，从而促使行业中的企业通过某些战略调整来改变竞争方式。

（2）白酒行业将面临多元化竞争格局。

一是区域内部竞争激烈，其竞争范围凸显区域性竞争特点，川酒、黔酒、苏酒、皖酒、鄂酒等竞争激烈。

二是面临外资品牌的强力竞争，我国早已成为世界十大酒类进口国之一，同时白酒出口不力。

三是面临替代品的威胁，如葡萄酒、黄酒、啤酒、“洋酒”对于消费群体的争夺。

（3）竞争内容更加强调成本和服务，品牌竞争成为最有效的竞争方式。

白酒产品是已定型的、标准化的产品，其客户在知识和经验方面日益丰富。在行业慢速增长环境中，竞争趋势变得更加成本导向和服务导向化，原来依靠扩产增量的竞争方式不再有效。客户注意力从决定是否购买产品转向在不同品牌之间进行选择，这要求企业对战略进行重新评价。

3.产业发展的动力机制发生转换

白酒产业“黄金十年”的高增长主要是通过政商消费需求拉动和投资扩张驱动实现的。其作用机制可表示为：政商消费刚性增长→高端白酒需求增长→高端白酒涨价→行业中领导企业扩张产能、更多白酒企业进入高端市场→刺激中端白酒提价扩产→更多白酒企业进入中端市场→刺激低端白酒提价扩产。如此，通过“需求—价格—产能扩张”的作用机制，行业实现繁荣与增长。然而，随着外部环境发生变化，白酒产业发展的动力机制也在发生转变。从需求看，随着国家廉政建设的推进，政务消费没有回归的可能。

今后，消费需求将以个人需求、商务需求、国外需求为主，并且个人需求稳中有降，国外需求遥遥无期。从供给看，粗放模式面临资源、环境压力，并且重复投资、低效投资严重，产能过剩突出，行业内部竞争激烈。因此企图通过数量扩张来实现产业增长已成为历史，转换发展动力则是推进白酒产业持续发展的有效途径。

4.产业技术模式处于变革中

白酒是我国独有的传统产品，历史悠久，源远流长，酿造技术独特。

中华人民共和国成立以后，我国政府开始重视白酒酿造的科学研究，同时产业人士和理论研究人员也相继开展了有关白酒酿造和工艺方面的重大科研课题，涉及制曲和酿酒工艺、酿酒微生物、酒窖池、酒质、香味成分与香型标准、白酒生产机械化、白酒检测等方面，使传统的酿酒工艺逐步建立在科学基础上。

白酒行业的技术发展路线具有以下新的特点：

（1）在研究的组织上采用合作创新模式。典型例子是“中国白酒169计划”。该项目由中国酒业协会（原中国酿酒工业协会）牵头，组织科研院所和企业合作开发，对于今后我国白酒行业的技术发展具有重要的参考意义。

（2）建立白酒国家标准，如浓香型、酱香型、清香型、柔和型固态白酒国家标准等，同时还确立了白酒检验、包装环节领域的相关规则。

（3）在研发领域选择上，加强了白酒酿造的基础理论、微生物利用、传统工艺、勾调技术、蒸馏技术和循环经济等白酒技术领域的重点研究，以及关于白酒原材料、半成品和成品的检测、白酒机械化和智能化的生产技术研究。

三、贵州茅台发展前景预测

（一）茅台集团的挑战与机遇

“十三五”期间，贵州茅台酒技改项目全面完成投产，新增茅台酒基酒设计产能4 032吨；3万吨酱香系列酒技改项目有序推进，新增系列酒基酒设计产能4 015吨；完成固定资产投资21.72亿元。

贵州茅台在“十四五”时期的公司发展战略目标和规划是：立足新发展阶段、贯彻新发展理念、融入新发展格局，坚持稳中求进工作总基调，以高质量发展统揽全局，以聚主业、调结构、强配套、构生态为发展思路，筑牢“质量、安全、环保”三条生命线，推进品质茅台、绿色茅台、活力茅台、文化茅台和阳光茅台建设，巩固茅台酒世界蒸馏酒第一品牌地位，推动茅台高质量发展、大踏步前进。

1.贵州茅台面临的挑战

（1）产量有限，面临产能危机。

多项异地实验表明，茅台酒只能利用仁怀本地及周边的优质高粱和小麦在茅台镇特有的生态环境中经过特有工艺酿制，不能采用大范围代工生产方式来增加规模产量，若要保证茅台酒优良的品质和独特口感则产量就难以大幅增加，无可复制的生产环境成为贵州茅台酒产量的制约因素。

（2）销售对象较为固定，口感不适合国际消费群体。

白酒是中国特有的一种蒸馏酒，种类比较多，贵州茅台将茅台酒的消费群体定位在全国1.09亿的中产阶层，外销对象也多为华人，因华人对白酒自古以来就有一种亲切感和归属感。但外国人尤其是西方欧美国家的人习惯于饮用低浓度的红酒，目前尚未适应中国白酒的口感，茅台酒短期内很难在国际消费群体中形成依赖性。

（3）打假积极，治假不力。

对于假冒伪劣产品，贵州茅台虽然恨之入骨，但却无削骨之痛，因为市场流通的假货并没有真正影响正品的销售，直到现在依然如此，茅台对品牌的资产性质认识还不够全面。

（4）多元化经营削弱品牌价值，埋藏经营隐患。

近年来，茅台集团不仅涉足啤酒、葡萄酒、保健酒等酒类相关产业，还涉足了能源、矿业、金融、食品、酒店及其他领域，进行了多元化投资。

然而，白酒与葡萄酒、啤酒等不管在技术工艺、运作模式，还是文化内涵、营销策略等方面都有着较大的差别。茅台集团以白酒的营销理念和操作手段运作其他酒类，既没有资源优势也非自身所长，虽然相关产品在短时间内能从茅台品牌效应中受益，但长期的品牌延伸会对茅台酒品牌形象带来不好的影响，也会不断削弱茅台酒的品牌价值。

2.贵州茅台的发展机遇

贵州茅台拥有“著名的品牌、卓越的品质、悠久的历史、独有的环境、独特的工艺”所构成的自主知识产权的核心竞争力，凭借多年市场竞争中所树立的良好品牌形象和消费基础，在当前和今后一个时期，公司发展仍处于可以大有作为的重要战略机遇期，机遇和挑战并存，贵州茅台有着以下有利条件和发展机遇：

（1）贵州茅台市场有望进一步扩大。

2016年8月29日，国家发展改革委正式印发并公布《贵州内陆开放型经济试验区建设实施方案》（下文简称《方案》），《方案》中明确指出将通过实施3项任务、21条措施提升贵州对外开放水平。对于作为本土企业的贵州茅台，这意味着可以借助内陆开放型经济试验区的大势，积极走出去，实现产品和市场的国际化。

（2）抓住国企改革机会，提高品牌认知度。

2016年政府工作报告中再次将国企改革作为当年的工作重点，提出大力推进国有企业改革，并放宽多领域市场准入。因此，贵州茅台需把握住这一机遇，优化产业结构，整合资源，加强企业品牌管理，打造民族百年经典品牌。

（3）优质名牌白酒企业将受到进一步保护，国内白酒市场将更加规范。

中国白酒行业未来具有很好的发展态势，近年来，我国的质检部门加强了打击假冒伪劣产品的力度，其中就有涉及知识产权领域的打击假冒行为，这为贵州茅台的发展起到了很好的保护作用。

（二）茅台集团发展前景

1.贵州茅台发展势头良好，行业龙头老大地位稳定

2023年度，贵州茅台经营业绩再创新高。年度内公司实现营业总收入1 505.60亿元，同比增长18.04%；归属于上市公司股东的净利润747.34亿元，同比增长19.16%，主要经济指标保持两位数增长，高质量完成年度战略目标。贵州茅台酒全球唯一千亿级酒类大单品地位持续巩固，茅台1935造就行业奇迹，上市仅两年成为营收百亿级大单品，茅台王子酒单品营收超40亿元，汉酱、贵州大曲、

赖茅单品营收分别超10亿元，形成了千、百、十亿级大单品格局，产品矩阵全面构建。

贵州茅台品牌影响持续增大。2023年公司市值稳定在2万亿元以上，稳居A股上市公司第一。茅台以501亿美元的品牌价值位列“Brand Finance 2024年全球品牌价值500强”第24位，以884.27亿美元的品牌价值位列“2023年BrandZ最具价值中国品牌100强榜”第3位，稳居“世界酒类品牌”榜首。以10 500亿元的品牌价值和唯一万亿级品牌的绝对优势，第六次登顶胡润榜“最具价值中国品牌”。

2. 国际经济环境依然复杂严峻

全球经济低速增长态势明显，“全球化”逆转思潮和贸易保护主义倾向抬头，主要经济体政策走向不明，不稳定、不确定因素明显增加。

从国内看，宏观经济下行压力依然较大，社会经济发展处于爬坡过坎的关键阶段，经济增长内生动力仍需增强，部分行业产能过剩严重，一些企业生产经营困难，经济金融风险隐患不容忽视，新兴产业对经济增长贡献还有一个转换过程。

但是，我国发展仍处于大有可为的重要战略机遇期，长期向好的基本面没有变，特别是中央在深化供给侧结构性改革、振兴实体经济、国企国资改革、鼓励品牌“走出去”等方面的实施力度不断加大，是白酒行业持续发展的重大利好。

3. 白酒行业调整依然持续

近年来，白酒行业呈现出“一稳、两增、三升”（“一稳”是指产量稳定；“两增”是指规模以上企业数量和行业资产总额增加；“三升”是指销售收入和利润不断上升、投资增速回升）的发展态势，但也要客观看到，白酒行业供大于求、产大于销的根本状况没有改变，市场竞争激烈、限制政策影响、税负依然较重等没有改变，大势依然严峻，走向更趋复杂。

长期来看，白酒行业仍有“四不变、二多”。“四不变”即白酒作为中国人情感交流的载体没有变；作为中华民族文化符号之一没有变；作为中国人的偏爱消费品没有变；中国人消费白酒的传统风俗习惯和文化习惯没有变。“二多”，一是指随着小康建设步伐的加快，消费者购买力增强，大家崇尚健康，喝白酒、喝好酒的人越来越多；二是指喜欢酱香酒的消费人群越来越多。在名优白酒企业的积极引领带动下，白酒行业逐渐呈现产量稳定、收入增长、利润上升、结构趋优、活力增强的复苏态势。

四、报表分析

（一）利润表分析

利润表是反映企业一定期间生产经营成果的财务报表。通过利润表可以了解企业的经营成果和获利能力，以及企业的成本控制水平。

贵州茅台利润表结构百分比分析见表10-1。

表10-1　**贵州茅台利润表结构百分比分析**

项　目	2020年	2021年	2022年	2023年
营业收入	100.00%	100.00%	100.00%	100.00%
营业成本	8.32%	8.21%	7.91%	7.88%
营业利润	68.00%	68.29%	68.90%	68.88%
利润总额	67.55%	68.08%	68.76%	68.85%
净利润	50.54%	50.90%	51.25%	51.49%

从表10-1可以看到，贵州茅台的利润主要是营业利润，结构百分比计算显示，营业利润连续4

年占比68%以上，表明贵州茅台的利润质量较高，其利润来源主要是营业利润，说明贵州茅台可持续发展能力很强。

以2020年为基期年度的贵州茅台利润表趋势分析见表10-2。

表10-2 以2020年为基期年度的贵州茅台利润表趋势分析

项 目	2020年	2021年	2022年	2023年
营业收入	100.00%	111.88%	130.75%	155.61%
营业成本	100.00%	110.17%	123.79%	145.54%
营业利润	100.00%	112.18%	131.88%	155.64%
利润总额	100.00%	112.59%	132.49%	156.60%
净利润	100.00%	112.51%	132.01%	156.54%

从表10-2可以看到，贵州茅台的营业收入与利润均呈连年上升趋势，2023年营业收入与2020年相比增长了55.61%，2023年净利润与2020年相比增长了56.54%。

净利润的增长幅度超过了营业收入的增长幅度，说明近几年来贵州茅台的成本费用控制较好，为企业提供了较多的利润空间。

（二）资产负债表分析

资产负债表是反映企业在某一特定日期财务状况的会计报表。通过资产负债表可以了解企业资产规模，以及企业的资产结构、资本结构是否合理。

贵州茅台流动资产占资产总额百分比分析见表10-3。

表10-3 贵州茅台流动资产占资产总额百分比分析 金额单位：元

项 目	2020年	2021年	2022年	2023年
流动资产合计	185 652 154 956.94	220 765 692 846.31	216 611 435 672.92	225 172 517 821.28
资产合计	213 395 810 527.46	255 168 195 159.90	254 364 804 995.25	272 699 660 092.25
流动资产占资产总额的比重	87.00%	86.52%	85.16%	82.57%

表10-3列示了贵州茅台连续4年末流动资产占资产总额的比重，贵州茅台流动资产在资产总额中所占的比重较高，其资产结构属于保守型。尤其是2021年，其流动资产占资产总额的比重高达86.52%。

保守型资产结构是指企业在一定销售水平上，尽可能提高无风险或低风险资产的比重，降低高风险资产的比重，从而使企业总资产构成维持较低的风险水平。保守型资产结构的优势是能使企业拥有足够的具有较强流动性和变现能力的资产以支付其到期的债务，拥有足够的存货保证生产和销售的顺利进行，因此企业所面临的风险较小，其不利之处在于，由于流动资产占用了大量的资金，增大了资金占用的机会成本，不利于加速资金的周转，从而导致资产利润率相对较低。

贵州茅台资本结构百分比分析见表10-4。

表10-4 贵州茅台资本结构百分比分析 金额单位：元

项 目	2020年	2021年	2022年	2023年
负债合计	45 675 127 426.18	58 210 688 454.56	49 400 116 741.17	49 043 190 797.43
资产合计	213 395 810 527.46	255 168 195 159.90	254 500 826 096.02	272 699 660 092.25
资产负债率	21.40%	22.81%	19.41%	17.98%

从表10-4可以看出，贵州茅台主要以自有资本为主，自有资本占比在70%以上，资本结构比较保守。国际公认标准认为，资产负债率为50%较合理，即企业的资本一半由债权人提供，一半由股东提供，既利用了财务杠杆，又不会造成过大的财务压力。

贵州茅台连续4年的资产负债率均远低于50%，一方面说明了贵州茅台自有资本实力强，抗风险的能力强，但另一方面也说明其资本结构较保守，未能充分利用财务杠杆来获取利润。

保守型融资结构，是指在资本结构中主要采取权益资本融资，且在负债融资结构中又以长期负债融资为主。在这种融资结构下，企业对流动负债的依赖性较低，从而减轻了短期偿债压力，财务风险较低；但同时，由于权益资本融资和长期负债融资的成本较高，又会增大企业的资金成本。

（三）现金流量表分析

现金流量表，是反映企业一定会计期间现金及现金等价物流入和流出的报表。通过现金流量表可以了解企业的支付能力和偿债能力，了解企业的现金流量并预测企业未来的现金流量。通过相关指标的计算还可以进一步了解现金流量的充裕程度。

分析现金流量表，关键是看企业经营活动产生的现金流量净额，最理想的现金流量是经营活动产生的现金流量净额为正数。

经营活动现金净流量为正数说明企业销售商品、提供劳务收到的现金足以抵补经营活动的日常开销，并有剩余的现金流量用于偿还债务或进行投资。

贵州茅台现金流量净额见表10-5。

表10-5　**贵州茅台现金流量净额**　单位：元

项　目	2020年	2021年	2022年	2023年
经营活动产生的现金流量净额	51 669 068 693.03	64 028 676 147.37	36 698 595 830.03	66 593 247 721.09
投资活动产生的现金流量净额	−1 805 227 155.72	−5 562 445 704.34	−5 536 826 334.90	−9 724 414 015.16
筹资活动产生的现金流量净额	−24 127 536 908.26	−26 564 141 388.96	−57 424 528 979.83	−58 889 101 991.94
现金及现金等价物净增加额	146 740 524 868.05	178 640 587 379.52	152 378 738 982.83	150 360 188 952.47

从表10-5可以看出，贵州茅台连续4年的经营活动产生的现金流量净额为正数，投资活动产生的现金流量净额为负数、筹资活动产生的现金流量净额为负数，说明贵州茅台经营活动产生的现金流量净额较多，可以用其进行投资和支付股利，也说明贵州茅台产品销售能力强，货币回笼能力较强。

贵州茅台现金流入结构分析见表10-6。

表10-6　**贵州茅台现金流入结构分析**

项　目	2020年	2021年	2022年	2023年
经营活动现金流入小计	99.72%	99.99%	99.99%	95.61%
投资活动现金流入小计	0.28%	0.01%	0.01%	4.39%
筹资活动现金流入小计	0.00%	0.00%	0.00%	0.00%
现金流入合计	100.00%	100.00%	100.00%	100.00%

从表10-6可以看出，贵州茅台在2020—2023年的现金流入主要是经营活动产生的，经营活动产生的现金流入占总现金流入的95%以上，说明贵州茅台现金流入量以经营活动为主，造血功能非常强。进一步分析可以发现，在经营活动产生的现金流入量中，又以销售商品、提供劳务收到的现金为主，销售商品、提供劳务收到的现金连续4年占经营活动产生的现金流入量90%以上，这说明贵州茅台的产品畅销，货币资金回笼情况良好，货币资金充裕。

贵州茅台现金流出结构分析见表10-7。

表10-7 贵州茅台现金流出结构分析

项　目	2020年	2021年	2022年	2023年
经营活动现金流出小计	96.62%	92.26%	94.75%	85.26%
投资活动现金流出小计	3.32%	7.62%	5.20%	14.63%
筹资活动现金流出小计	0.06%	0.12%	0.05%	0.11%
现金流出合计	100.00%	100.00%	100.00%	100.00%

表10-7显示，贵州茅台在2020—2023年的现金流出主要是经营活动产生的，经营活动产生的现金流出占总现金流出的85%以上，投资活动现金流出量2020—2023年呈现小幅度波动，2023年投资活动现金流出量占总现金流出量的比率为14.63%，说明贵州茅台近年来加大了投资的力度。

筹资活动的现金流出量占总流出量不到1%，由于贵州茅台近年来没有向银行申请长、短期借款及发行债券，该项现金流出主要是回报股东所支付的现金股利。

五、财务指标分析

（一）盈利能力状况分析

表10-8列示了贵州茅台主要盈利能力状况指标。

表10-8 贵州茅台主要盈利能力状况指标

项　目	2020年	2021年	2022年	2023年
销售毛利率	91.41%	91.54%	91.87%	91.96%
营业利润率	68.00%	68.29%	68.90%	68.88%
销售净利率	50.54%	50.90%	51.25%	51.49%
净资产收益率	31.99%	30.56%	32.53%	36.17%
总资产报酬率	33.40%	31.81%	34.42%	39.33%

表10-8显示，贵州茅台销售毛利率处于较高水平，2023年贵州茅台的销售毛利率高达91.96%，为贵州茅台提供了较大的利润空间。2023年销售净利率与前期相比略有提升，说明贵州茅台近年来产销两旺。2023年净资产收益率和总资产报酬率较上年略有下降，说明贵州茅台资产利用效率不高。

（二）营运能力状况分析

表10-9列示了贵州茅台主要资产质量指标。

表10-9 贵州茅台主要资产质量指标

项　目	2020年	2021年	2022年	2023年
总资产周转率	6.05	6.30	6.67	7.45
应收账款周转率			11 854.51	3 632.83
应收账款周转天数（天）			0.03	0.10
存货周转率	0.30	0.29	0.28	0.28
存货周转天数（天）	1 195.45	1 247.57	1 287.90	1 293.20

从表10-9可以看出，2020—2023年贵州茅台的总资产周转率持续上升，说明总资产的利用效率高。流动资产周转率2021年略有下降，固定资产周转率与前期相比呈上升态势，说明其固定资产得

到较充分的利用。2020—2022年贵州茅台应收账款余额为零，即贵州茅台没有赊销，充分说明了其产品的畅销程度。

（三）偿债能力状况分析

表10-10列示了贵州茅台主要偿债能力状况指标。

表10-10　贵州茅台主要偿债能力状况指标

财务指标	2020年	2021年	2022年	2023年
资产负债率	21.40%	22.81%	19.41%	17.98%
流动比率	4.05	3.81	4.41	4.62
速动比率	3.42	3.24	3.62	3.67

从表10-10可以看出，2020—2023年贵州茅台资产负债率均低于30%，说明其资本结构较保守。

资产负债率比较保守的经验判断一般为不高于50%。单纯从偿债能力来讲，其长期偿债能力很强，但同时也反映贵州茅台财务杠杆运用不够。

流动比率国际公认标准为2，速动比率国际公认的标准为1。贵州茅台的流动比率与速动比率均远远超过国际公认标准，说明其短期偿债能力很强，债务风险很低。

结合资产负债表可知，在贵州茅台的负债构成中有一个较为特殊的现象，由于贵州茅台酒供不应求，购买方为保证能获得公司的产品提前预付了大量的货款，2023年贵州茅台合同负债高达141.26亿元，充分说明了茅台酒的畅销程度。

表10-11列示了贵州茅台扣除预收款项后的主要偿债能力状况指标。

表10-11　贵州茅台扣除合同负债后的主要偿债能力状况指标

财务指标	2020年	2021年	2022年	2023年
扣除合同负债后的资产负债率	15.16%	17.83%	13.40%	12.80%
扣除合同负债后的流动比率	5.72	4.88	6.45	6.51
扣除合同负债后的速动比率	4.83	4.15	5.29	5.17

从表10-11可以看出，扣除预收款项后贵州茅台的资产负债率连续4年都不到20%，远远低于50%的国际公认标准，说明其资本结构比较保守。

扣除预收款项后的流动比率和速动比率则远远高于2和1的国际公认标准，在说明短期偿债能力较强的同时，也反映了贵州茅台流动资产闲置的现象比较严重，这里的流动资产主要是指闲置的货币资金。

（四）发展能力状况分析

表10-12列示了贵州茅台主要发展能力状况指标。

表10-12　贵州茅台主要发展能力状况指标

项　目	2020年	2021年	2022年	2023年
营业收入增长率	11.10%	11.88%	16.87%	19.01%
净利润增长率	12.63%	12.51%	17.33%	18.58%
资产增长率	16.58%	19.58%	-0.26%	7.15%
资本积累率	18.22%	17.43%	4.05%	9.13%

从表10-12可以看到，贵州茅台2023年营业收入和净利润较上年同期大幅度上升，说明贵州茅台产销两旺，发展势头良好。

（五）杜邦分析

表10-13是贵州茅台杜邦分析计算表。

表10-13 **贵州茅台杜邦分析计算表**

项　目	2020年	2021年	2022年	2023年
销售净利率	52.18%	52.47%	52.68%	52.49%
总资产周转率（次）	0.48	0.45	0.49	0.56
权益乘数	1.27	1.30	1.24	1.22
股东权益报酬率	31.87%	30.59%	32.06%	35.84%

从表10-13可以看到，2023年贵州茅台股东权益报酬率较2022年有所上升，2023年贵州茅台净资产收益率下降，这主要是权益乘数下降引起的。

六、结论

2023年，贵州茅台坚持以习近平新时代中国特色社会主义思想为指导，深入学习贯彻党的二十大精神和习近平总书记视察贵州重要讲话精神，主动抢抓《关于进一步促进贵州经济社会又好又快的若干意见》（国发〔2012〕2号）文件发布的机遇，全面落实贵州省委、省政府决策部署，聚焦集团公司“双一流、三突破、五跨越”战略目标，持续走好以茅台美学为价值内涵的“五线”高质量发展道路，“棋心”拼搏，团结奋斗，圆满完成各项目标任务，推动公司高质量发展取得了重要进展，现代化建设迈出了坚实步伐。

2023年，贵州茅台实现营业总收入1 505.60亿元，同比增长18.04%；归属于上市公司股东的净利润为747.34亿元，同比增长19.16%，主要经济指标保持两位数增长，在高质量完成年度战略目标，取得经营业绩的同时，也应看到贵州茅台所面临的挑战和存在的问题。

（一）存在的问题

近年来，白酒企业间的竞争更趋激烈，与国内外同行业相比，贵州茅台的具体情况依然是“经济总量小，整体环境弱”，在能源、交通等方面条件较弱，市场竞争环境不容乐观。行业内外资本加速进入酱香型白酒市场以及高端白酒市场，使贵州茅台的产品市场在供小于求的情况下面临越来越多的挑战；白酒消费税负加重、原辅材料价格上涨、地方保护主义依然严重、行业准入门槛较低、假冒伪劣产品屡禁不止等问题，都对贵州茅台的生产经营造成了不利影响。通过上述财务报表分析可看出贵州茅台尚存在如下问题：

1.资产结构过于保守

贵州茅台作为酿酒制造业企业，其流动资产在资产总额中所占的比重较高，资产结构较为保守。这使得贵州茅台拥有足够的具有较强流动性和变现能力的资产以应付其到期的债务，并可以保证生产和销售的顺利进行。但同时，由于流动资产占用了大量的资金，增大了资金占用的机会成本，不利于加速资金的周转，因此贵州茅台的资金利润率相对较低。

2.资本结构过于保守

贵州茅台连续4年的资产负债率均低于20%，远远低于50%的国际公认标准，其资本结构比较保守，说明贵州茅台未能充分利用财务杠杆。

3.产品结构单一

茅台酒单品销售额、盈利能力持续稳居国内酒业、全球酒业第一。

2023年，贵州茅台酒的酒类销售额为1 472.19亿元，其中茅台酒的销售额为1 256.89亿元，其他系列酒的销售额为206.30亿元，茅台酒销售额占酒类销售额的85.38%，其他系列酒的销售额仅占14.62%。目前，贵州茅台的销售额及利润主要来自贵州茅台酒，产品结构相对单一。

4.大量货币资金闲置，资产利用效率低下

2023年，贵州茅台的资产总额为2 726.99亿元（准确数额为272 699 660 092.25元），其中货币资金为690.70亿元（准确数额为69 070 136 376.12元）、拆出资金为1 055.54亿元（准确数额为105 553 836 462.58元），其中货币资金及拆出资金占资产总额64.04%。这充分说明贵州茅台的现金持有量充裕，有很强的支付能力和偿债能力，但也预示其资金闲置现象较为严重。

（二）解决措施

针对上述问题，贵州茅台应采取相应措施提升公司的价值：

1.合理使用货币资金，进一步提升盈利能力

近年来贵州茅台采取的是保守的经营策略，保守的资产结构对应保守的资本结构。一方面，是生产能力不足，产品供不应求；另一方面，有大量的资金闲置。因此贵州茅台应改变保守的经营策略，将现金资产转化为非现金资产，提高公司的资产盈利能力。比如，扩大生产经营规模，生产更多的产品以满足市场的需要。在产品供不应求的市场环境下，将现金资产转换为存货资产。茅台酒越存价值越高，而现金越存价值越低。

2.加快投资步伐，研制开发新产品，满足不同层次的消费需求

在产品供不应求的前提下，贵州茅台应加快投资步伐，扩大生产能力，改变“经济总量小，整体环境弱”的劣势。从长远发展看，贵州茅台应加快步伐实施战略目标和规划，力争使茅台酒的生产能力得到进一步提升，以提高投资报酬率，实现股东财富最大化的理财目标。贵州茅台应加大其他系列酒的研制、开发、营销力度，形成多品种、多结构的产品梯次，以满足不同消费层次的消费需求。

3.整合各方资源，提高资产利用效率

近年来，贵州茅台流动资产闲置状况较为严重。贵州茅台应充分利用好各方资源，协调好各方关系，集中国家行政执法部门、打假队伍、营销团队、经销商团体、消费者等各种力量，实现各项资源的联动，相辅相成，最大限度地打击侵权行为，净化国酒茅台市场，建立良好的市场竞争秩序，切实维护消费者和公司的合法权益。

4.加强战略管理，稳固国酒地位

切实将贵州茅台的发展战略与国家经济结构调整、拉动内需促增长的宏观经济决策相结合，与西部大开发、贵州省产业升级的大背景相结合，与行业发展潮流、茅台自身发展优势相结合，通过制定和实施好竞争战略和策略，保持公司自身竞争优势，维护好国酒地位。

5.坚持以市场和顾客为中心，维护品牌形象

大力实施“八个营销”①，搞好独具茅台特色的市场营销工作。进一步加强营销制度建设，加强市场监管和调控，合理配置市场资源，维护好企业和品牌形象。通过引进卓越绩效管理模式，在人力资源、品牌管理、环境保护、科研开发和财务管理等方面不断追求卓越，维护“世界第一蒸馏酒品牌”形象。

①　工程营销、文化营销、感情营销、诚信营销、网络营销、服务营销、个性营销、事件营销。

第十一章

企业财务预警分析

企业在复杂多变的市场环境中，常常会面临各种各样的风险，如果不能成功地规避风险，危机便会在企业内部机体滋生蔓延。残酷和激烈的市场竞争，把一个又一个曾经红极一时的企业推向死亡之海。财务危机是企业经营终结的主要原因之一，如果企业不能卓有成效地防范和规避风险，必将陷入严重的财务危机境地，给企业带来惨重的损失。因此，企业进行财务危机预警分析是极为必要的。

第一节　财务危机与财务预警

一、财务危机

（一）财务危机的概念

财务危机（financial crisis）又称财务困境、财务失败。

财务危机一直是公司财务领域中一个重要的研究课题，国内外许多学者都对其进行了深入的探索，并取得了丰富的成果。但迄今为止，学术界对其仍然没有统一的定义。

比弗（Beaver，1966）关于财务危机研究的样本包括了破产、拖欠优先股股利和拖欠债务三种情况；奥特曼（Altman，1968）认为，进入法定破产程序的上市公司才算遭受财务危机；卡梅驰奥（Carmichael，1972）认为，财务危机包括资产的流动性不足、债务拖欠和资金不足；罗斯认为，对财务危机应该有四种不同的理解，即上市公司失败、法定破产、技术破产和会计破产，而财务危机是指技术破产，即上市公司的经营性现金流量不足以抵偿现有到期债务，以至于无法按期履行债务契约的情况（国内财务学者如谷祺、刘淑莲等的观点也与此类似）。

财务危机的实质是企业现有的资金不足以偿还到期债务，导致企业违约或破产风险大大增加，即将危及企业生存的一种财务状况。可以从三个层面来理解财务危机：一是企业资产总额虽然超过负债总额，但是资产的流动性差，难以变现，从而用于偿还企业债务的现金流量小，经营效率差；二是最近两个会计年度净利润为负，并且最近一个会计年度股东权益低于注册资本；三是企业的负债总额超过企业资产的公允价值，经过协商进入重组状态。

（二）财务危机的特点

企业经营管理不善，由盛转衰，直至出现财务危机是一个逐步演变的过程，反映在财务上便是财务指标的不同方向或程度的规律变化，解读和发现规律是十分重要的。财务危机具有客观积累性、突发性、多样性、灾难性等特点。

1.客观积累性

企业财务危机的形成不是在一朝一夕之间，而是慢慢积累起来的。它是在企业整个财务活动中，伴随着筹资、投资、经营、分配的各类经济活动，在一定时间内逐步积累起来的行为失误的综合表现。

2.突发性

财务危机由于受到许多主、客观因素的影响，其中有些因素是可以把握和控制的，但更多的因素是爆发性的、意外的，甚至是不可逆转的。

3.多样性

企业财务危机是多种多样的，呈现多样性的特征。

受到企业经营环境、经营过程、财务行为方式多样化的影响，众多财务活动中，无论哪一个环节出现问题都可能引发财务危机。

4.灾难性

虽然财务危机包括多种情况，但不管是资金管理技术性失败，还是企业破产，或是介于两者之间的任何一种情况发生，都会给企业带来灾难性的损失。

（三）财务危机的预兆分析

企业的财务危机通常既有外部预兆又有内部预兆。外部预兆有企业的交易记录恶化、过度依赖借款或关联交易、过度的规模扩张、财务报表及相关信息公告迟缓等；内部预兆主要表现在财务指标及报表方面，主要有现金流量不足、企业不能及时支付到期债务、销售额非正常性下降、现金大幅度下降而应收账款大幅度上升、一些比率出现异常等表现。企业财务出现危机是可以通过一些预兆提前发现的，具体表现如下：

1.资金筹集方面

企业信用状况下滑，企业信用等级不断下降，信用额度降低，筹资出现困难，企业与关联单位之间的往来结算也出现支付困难等。

2.资金投放方面

（1）非正常的存货积压。

按照以销定产的原则，管理人员应根据企业具体情况，掌握关于存货与销售比率的一般标准。当存货库存量超过正常标准，可能是企业财务出现问题的早期信号，必须通过增加销售或减少采购等方法，及早解决这个问题，以加快流动资产流动，减少资金占用。

（2）生产设备大幅度增加。

当生产设备大幅度增加时，企业的生产能力和营销能力未能很好地配合，导致资金沉淀，由此引发财务危机。

（3）规模过度扩张。

在规模过度扩张的过程中，企业未进行严密的预算与管理，很可能会发生周转资金不足的现象，因此对于大举收购企业的行为要多加注意，要透过繁荣的表象发现破产的征兆。

3.生产经营方面

（1）销售收入的非预期下降。

在一般情况下，当企业产品销售量下滑时，管理层可采用调整价格、调整产品品种或加强推销等方法来提高销售业绩。如果管理层不能采取行之有效的策略抑制销售量下滑趋势，必将带来严重的财务问题，尤其是非预期的下降。

在赊销业务中，现金流入滞后于销售收入确认的时间，在制订企业后期资金计划时，如果拿不出现金来填补缺口，或减少企业现金流出，就会使潜在问题变为现实问题。

（2）应收账款大量增加。

应收账款的大量增加不但会对企业自身的资金运转产生负面的影响，而且可能引发企业之间的互相拖欠，从而形成严重的三角债问题。企业的应收账款一旦形成呆账，将会使这部分资金滞死，使企业蒙受严重的财务损失，甚至会危及企业的生存和发展。加强应收账款管理，对保证企业经营活动的正常进行是十分必要和重要的。

4.利润形成方面

市场竞争力减弱、市场占有率下降将导致公司盈利能力下降。企业经济效益严重滑坡，经营活动现金流量将不足以抵偿到期流动性债务。

经营性现金流量是企业的主要现金流量，若企业主营业务出现下滑导致经营性现金流量减少，而完全依靠筹资活动、投资活动产生的现金流量来抵偿到期债务，且这种现金流量情况处于长期持续状态，企业如期履行偿债义务将受到严重影响，最终丧失筹资能力，当企业的现金不足以维持企业持续经营时就会导致财务危机。

5.其他方面

其他方面包括：企业的资本结构、投资结构、生产结构和支出结构不合理，企业的关联方企业趋于倒闭，企业的财务预测在长时间内不准确，无法按时编制财务报表并获得审计师意见。此外，资本注销、企业主要领导人出现反常行为（在一段时期内公司高管更替频繁，或者一些公司董事人员、其他高管人员改组或离职）、全新的竞争对手出现等现象均要引起注意。

二、财务预警

（一）财务预警的概念

“预警”最早出现在战争中，是关于突然袭击的信息预告。随着社会的发展和时代的变迁，预警已经进入到现代经济、技术、政治、医疗等领域。预警的实施对象往往具有战略意义，其重要性已逐渐为更多的人所认识。企业的财务危机由初步萌生到恶化，并非瞬间所致，通常都要经历一个渐进积累转化的过程。在这一过程中，各种危机的因素都将直接或间接地在敏感性财务指标的变化上反映来，因此通过观察一些敏感性财务指标的变化，就可以对企业的财务危机起到预警的作用。

所谓财务预警，是预警在企业层面的运用，是对财务危机的预警，是指借助对企业提供的财务报表及相关经营资料的分析，利用及时的财务数据和相应的数据化管理方式，预先告知企业所面临的危险情况，同时分析企业发生财务危机的原因，发现企业财务运行体系中隐藏的问题，以尽早提出防范措施及相应的预警对策的财务分析系统。

（二）财务预警的目的

财务预警的目的主要是为企业财务报表的使用者服务，帮助有关各方作出正确的财务决策和经营决策，具体包括以下方面：

（1）为企业预警，使企业有效防范财务危机，避免破产。

财务预警可以帮助企业及时发现可能出现的财务危机，找出财务危机的成因，并提出恰当的财务危机应对策略，使企业有效防范财务危机，防止企业倒闭。

（2）为投资者和债权人预警，使其作出正确的决策。

财务预警可以为企业投资者作出投资、再投资和终止投资的决策；帮助债权人作出是否进行债务重组以及如何进行债务重组等信贷决策，以降低投资者和债权人可能遭受的投资风险。

（3）为政府部门预警。

财务预警可以帮助政府部门进行资源的配置、再配置和优化，同时妥善安排破产企业人员，以减少社会不稳定因素。

（4）为企业客户预警，使其作出恰当的购买和销售决策。

为公司的供货商和采购商进行财务预警，帮助供货商制定正确的信用政策，帮助采购商制定正确的采购策略，以避免企业客户可能遭受的连带财务危机。

三、财务危机与财务预警的关系

财务危机和财务预警在财务管理中不断重复，相互交织，它们是一对共生的矛盾体。一个正常运行的企业，在其资金运动过程中总是伴随着一系列的危机，而危机预警系统也会随时通过财务指标信息对企业财务运营进行危机评价，从而告知企业此时的危急状态，提醒企业考虑是否需要作出危机应急反应。

企业财务预警与财务危机在某种程度上呈现前后关联的关系，起到互为补充的作用。这是因为，尽管当前企业在危机管理中取得了一定的成果，但是对企业危机的形成原因和发展过程却缺少机理性的分析和实证研究，而财务预警所确立的理念和研究方法等能弥补企业危机管理的不足，并能拓展其研究领域，使危机管理研究更为全面深入。

如图11-1所示，若企业财务预警行为成功，则企业可能会转危为安，重回正常经营的轨道；反之，若财务预警行为失败，则企业很可能马上进入危急状态，甚至破产清算。

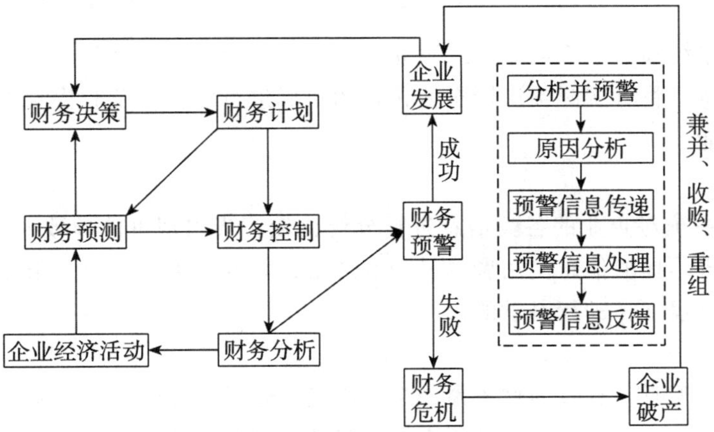

图11-1　财务危机与财务预警关系示意图

第二节　财务预警系统

一、财务预警系统的概念

财务预警系统是以企业信息化为基础，对企业在经营管理活动中的潜在风险进行实时监控的系统。它贯穿于企业经营管理活动的全过程，通过分析企业内外部理财环境，及早地发现企业财务危机信号，同时通过寻找财务危机的原因，提出防范和解决危机的有效措施。财务预警系统作为一种诊断工具，其灵敏度越高，发现问题就越早，从而可以及早避免风险。

财政部企业司（现为资产管理司）于2004年出版了《企业财务风险管理》。该书认为，财务预警系统是以上市公司信息化为基础，以上市公司的财务报表、经营计划以及其他相关的财务资料为分析对象，提供敏感性财务指标的变化情况，并随时观察上市公司发生财务危机的早期特征，对上市公司在经营管理活动中的潜在财务风险进行实时监控的管理体制。

从这一概念界定可见，预警系统一般是指上市公司为了规避财务风险、保证自身的生存与发展而建立的监测系统，主要服务于上市公司自身的管理，即上市公司利用此系统进行自我诊断。此外，预警系统也可以服务于上市公司的债权人、审计师、监管机构、中介机构和独立分析师等。尽管上市公司财务预警系统的风险监控情况不会对外披露，但是外部分析者可以借用财务预警系统的理论研究成果和分析方法对上市公司财务风险进行评估。

二、财务预警系统的功能

上市公司的财务信息对多方利益相关者都具有重要影响，建立财务预警系统、强化财务管理、避免财务失败和破产，具有重要的意义。

传统的财务分析通过盈利能力、营运能力、偿债能力和发展能力分析，考虑到企业的盈余管理和收益质量，强调前景分析，而增加财务预警分析后，则需要适应现代市场经济中财务风险无处不在和破坏性更大的特点。因此，补充财务预警分析后的企业财务分析才是完整而全面的。

一个有效的财务预警系统应该具有以下功能：

1.信息收集功能

有效的财务预警系统必须能够随时发现预警信号，具有捕捉敏感信息的功能。

2.财务监测功能

有效的财务预警系统通过收集与企业经营相关的产业政策、市场竞争状态、企业本身的各类财务和生产经营状况等信息，将其实际情况同企业预定的目标进行对比，及时检测出生产经营中存在的偏差，具有财务监测功能。

3.预告功能

有效的财务预警系统对企业的各类信息进行分析比较，当出现可能导致财务危机的关键因素时，系统能够预先发出警告，提醒信息使用者尽早做好准备，采取对策，防患于未然。有效的财务预警系统能够判断事件的危险程度，进行科学的诊断。

4.财务防控功能

当财务危机征兆出现时，有效的财务预警系统不仅能够预知并预告，还有助于及时寻找导致企业财务状况恶化的原因，帮助经营者制定有效措施，起到辅助决策的作用。有效的财务预警系统能够阻止财务状况的进一步恶化，避免严重的财务危机真正发生。

5.免疫功能

有效的财务预警系统能够横向借鉴同行业的经验教训，记录本企业财务警报的处理过程和评价结果，不断总结和积累前车之鉴，不断提高企业财务预警能力和效果，从根本上消除隐患，提高企业的抗风险能力。

三、财务预警系统管理的程序

（一）寻找财务预警的警源

警源是指警情产生的根源，财务预警的警源包括外生警源和内生警源。

外生警源是指因为外部经营环境变化而产生的警源。例如，国家产业政策的调整，有可能导致企业被迫转产或作出重大经营政策上的调整，也有可能直接或间接地导致巨额亏损，乃至破产。此时，外生警源为“政策调整”。

内生警源是指因为企业内部运行机制不协调而产生的警源。以投资失误为例，若所投入的资金是从银行借入的，因投资失误导致营运资金出现负数时，企业难以用流动资产偿还即将到期的流动负债，很可能被迫折价变卖长期资产以解燃眉之急。此时，投资失误则为企业出现财务预警的内生警源。

（二）分析财务预警的预兆

预兆是指发生异常变化时的先兆。在警源的作用下，在财务状况发生变化导致警情爆发之前，总有一些预兆或先兆。分析财务预警的预兆，是财务预警系统的关键一环。

从警源到预兆，有一个发展过程：警源孕育警情—警情发展扩大—警情爆发前的预兆出现。财务预警的目的是在警情爆发前，分析预兆、控制警源、拟定对策。

预兆又可细分为景气预兆和动向警兆。

景气预兆反映的是经济景气的程度和状况，体现的是萌芽状态的警情或正在成长壮大的警情。此时，警情与预兆之间并未构成某种因果关系。

动向预兆是与警情具有因果关系、逻辑关系或时间先后顺序关系的先行变量指标。动向预兆一般与警源相联系，与警源构成因果关系。

在财务预警系统中，反映财务风险状况的预兆一般属于景气预兆，而导致财务风险的经营风险状况则属于动向预兆。财务出现风险的景气预兆有：现金净流量为负数，资不抵债，无法偿还到期债务，过度依赖短期借款筹资等。经营出现风险导致财务出现风险的动向预兆有：主导产品不符合国家产业政策，失去主要市场，或有负债与或有损失数额巨大，关键管理人员离职且无人替代等。

（三）监测并预报警度

警度是指警情的级别程度。

财务预警的警度一般设计为五种：无警、轻警、中警、重警、巨警。警度的确定，一般是根据预兆指标的数据大小，找出与警情相对应的警限区域，预兆指标值落在某个警限区域，则确定为相应级别的警度。

例如，为了监测企业的债务情况，设置资产负债率作为预兆指标。设置的警限区域为：资产负债率小于10%为无警，资产负债率在11%~30%为轻警，资产负债率在31%~50%为中警，资产负债率在51%~70%为重警，资产负债率在71%以上为巨警。根据这一警限区域标准，当某企业的资产负债率的实际值为58%时，则为重警。

（四）建立预警模型

建立预警模型一般有两种方法：一是定性分析的方法，如风险分析法、四阶段症状法等；二是定量分析的方法，包括单变量和多变量模型分析方法等。

（五）拟定排警对策

预警的目的是要在警情发生或扩大之前，采取排警对策，即通过寻找警源、分析警兆、测定警度，进而采取行之有效的排警对策。监测财务风险和危机的目的是有效地防范财务风险和危机。当实际警情已出现或实际警度已测定时，人们的注意力不再是财务预警系统，而是财务排警对策研究。

第三节 财务预警分析方法

一、定性预警分析方法

定性预警方法是指研究人员根据自己的专业知识、经验，以及对企业的行业特征、基本情况、产品市场占有率、商誉、生命周期、治理结构等情况的总体把握，对企业的各种风险综合评价得出财务预警结论的一种方法。在引起企业财务危机的所有问题中，定性预警可以揭示其中一些非财务因素。

该方法简单易行，有利于发掘企业陷入财务危机的深层次原因，有利于对企业财务状况的细微之处进行把握。但是，定性预警方法实施成功与否及其研究质量高低，在很大程度上取决于研究者个人的专业素养和研究经验，而且在分析过程中灵活性和主观性很大，对研究者本身要求较高。下面介绍几种常见的定性预警方法。

（一）风险分析法

风险分析法又称标准化调查法，是由风险研究机构、专业分析师、咨询公司等对上市公司可能遇到的困难设计标准化的问题，通过企业对这些问题的回答形成对警情的预测，最终形成书面报告文件，供企业管理层参考。调查问题一般包括企业业绩、同行业比较、企业财务经营问题及原因、企业前景等。这一调查可能是上市公司全范围调查的一部分，也可能是专门的财务风险预警分析。该方法在操作上一般设计了一系列标准化的问题，因此又被称为标准化调查法。

标准化调查法的特点是在调查的过程中所提出的问题对所有企业都适用，较少对特定企业的特定问题进行调查分析。标准化调查法的优点是简单易懂、操作性强、对企业普遍适用；缺点是缺少针对特定企业设计的问题，没有针对表内问题的解释，缺少对表外信息的判断。

（二）"四阶段症状"分析法

财务危机绝非"一日之寒"，均有一个由量变到质变的过程。因此，分析者根据收集、整理的信息分析财务风险，除了需要搞清楚病因外，还需要对企业的财务处境予以定位。通过分析处于不同阶段的企业的症状，可以及早发现危机，采取有效措施，使企业摆脱财务困境，恢复财务正常运作。财务危机一般划分为潜伏期、发作期、恶化期和爆发期四个阶段，其特征见表11-1。

表11-1 **财务危机四个阶段的特征**

财务危机阶段	特　征
潜伏期	盲目扩张、营销不善、无效制度、缺乏风险预警机制、无视环境重大变化
发作期	负债比例持续上升、过分依赖外部贷款、风险加剧、收账不力、债务拖延偿付
恶化期	现金失控、资金周转明显缓慢、市场退化、筹资困难、无心经营、信誉大跌
爆发期	资不抵债、货币资金严重短缺、完全丧失偿债能力、债务重整、宣布破产

分析者根据财务指标挖掘相关信息，如果确认财务危机处于潜伏期或发作期，则迅速采取措施，争取化解风险；如果确认财务风险已经恶化或爆发，则应采取相应措施以减少损失。

"四阶段症状"分析法的优点是使用简单，易于实施；缺点是各个阶段的界限有时难以区分。

（三）"三个月资金周转表"分析法

"三个月资金周转表"分析法是通过对企业三个月资金周转表以及结算额占收入比例的分析，来判断企业财务状况的一种分析方法。该方法认为，公司处于一个时刻变化的经营环境中，应定期和不定期地检查销售额以及应收账款、应收票据的兑现率。这种方法以资金周转率作为判断企业运营能力的重要指标。从短期来看，若企业制作不出三个月资金周转表，则说明企业财务状况已经恶化，发生了财务危机；若能制作出三个月资金周转表，还要查明转入下个月的结转额是否占总收入的20%以上。如果回答为否，则说明企业发生了财务危机。该方法的实质是企业面对多变的财务环境，应该保持一定的现金流量和资产的流动性，以抵御财务出现困境的危机。

"三个月资金周转表"分析法的优点是简单易懂，实施方便，直观有效；缺点是判断标准不够科学，目前还存在一些争议。

（四）流程图风险分析法

流程图风险分析法是一种通过对企业动态流程图的分析，识别其生产和财务的关键点以防范风险的分析方法。

企业财务活动的基本程序是"筹资—投资—经营—分配"，并不断循环。按照这一思路，可以绘制出企业资金流和物资流的运动过程，进而分析可能出现的财务风险。

在企业财务活动过程中，必然存在一些关键点，如果在关键点出现阻塞或发生损失，可能导致企业全部经营活动终止或资金运转终止。绘制出企业流程图后，就可以找到关键点，对企业潜在风险进行判断和分析，并采取相应的防范措施。这种方法可以暴露企业潜在的风险，对识别企业财务活动的关键点特别有用。但流程图有其固有的局限性，它建立在过程分析的基础上，是一种防范手段，应与识别损失的其他方法同时使用。

流程图风险分析法的优点是脉络清晰，层次分明，简单易懂，实施方便；缺点是绘图人员必须具备较高的业务能力和水平，且对企业物资运动和财务活动情况有较深入的了解。

（五）A记分法

美国学者阿吉蒂在调查企业的管理特征及可能导致企业破产的原因之后，按照经营缺点、经营错误和破产征兆进行对比打分，根据其对破产过程产生影响的程度对它们作了加权处理，总分是100分，评判标准为：所得分值越低，企业处境越好；反之，所得分值越高，企业处境越差。

这种管理评分方式试图将定性分析判断定量化处理。根据对分析对象的调查了解分别打分，即得综合风险分值，记为A，因此被称为“A记分法”，又称管理评分法，见表11-2。

表11-2　**A记分法的风险因素及其赋值表**

序号	风险因素	记分值	总值	临界值
一、经营缺点			43	10
1	管理活动不深入	1		
2	管理技能不全面	2		
3	被动的经理班子	2		
4	财务经理不够强	2		
5	无过程预算控制	3		
6	无现金开支计划	3		
7	无成本监控体系	3		
8	董事长兼任总经理	4		
9	总经理独断专行	8		
10	应变能力太低	15		
二、经营错误			45	15
1	高杠杆负债经营	15		
2	缺乏资本的过头生意	15		
3	过大风险项目	15		
三、破产征兆			12	0
1	危机财务信号	4		
2	被迫编造假账	4		
3	经营秩序混乱	3		
4	管理停顿	1		
四、分值加总		100	100	25

从表11-2可以看出，A记分法首先对各项因素进行打分，然后将各项分数加总，最后根据总分判断企业是否处于财务危机状态。

打分时需要注意的是：对某项因素要么打0分，要么打满分，不能打其他分。例如，董事长兼任总经理要么打4分，要么打0分，不能打1、2、3分。

A记分法临界值分布如图11-2所示。

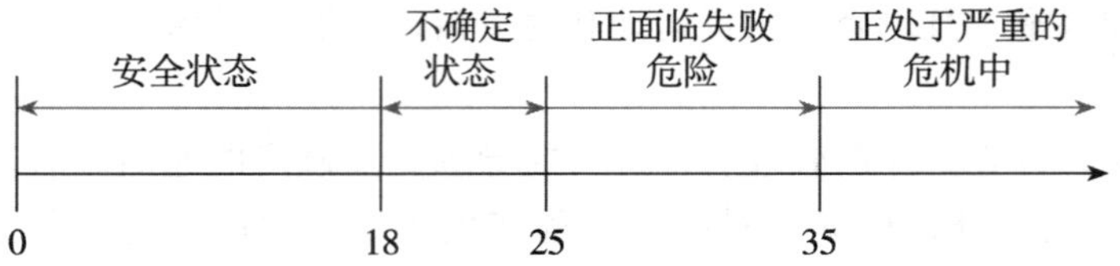

图11-2　A记分法临界值分布

A记分法的优点是简单易懂，行之有效；缺点是其效果受制于对被评分项目及管理者的了解程度。

二、定量预警分析方法

由于定性财务预警模型容易受到评价者主观因素的影响，因此越来越多的学者开始研究财务危机的定量模型。

长期以来，人们在财务预警的研究过程中采用了许多不同的预警模型。国外关于财务预警的研究已经有70多年的历史，并已取得了比较成熟的研究成果。

国外关于财务预警的研究可以划分为两个阶段：第一阶段是20世纪60—80年代，形成了一些以统计方法作为分析工具的传统的财务危机预警模型，包括单变量预警模型、多变量预警模型、多元逻辑回归预警模型等。这些模型的发展已经趋于成熟，但是也存在难以克服的缺陷。第二阶段是20世纪90年代以后，学者们开始探索使用非统计方法来创建新的财务危机预警模型，如神经网络预警模型等。

下面简要介绍这几种财务危机预警模型。

（一）单变量预警模型

单变量预警模型是指使用单一变量、个别财务比率来对企业财务危机进行预警的模型。模型中所涉及的几个财务比率趋于恶化，通常是企业发生财务危机的先兆。

单变量预警模型最早可以追溯到菲茨帕特里克（Fitzpatrick）于1932年进行的单变量破产预测研究。

芝加哥大学会计系教授威廉·比弗（William Beaver）采用剖面分析（profile analysis）和二叉分类试验（dichotomous classification test），于1966年正式提出了单变量预警模型。他通过对1954—1964年的79家失败企业和相同数量、相同资产规模的成功企业的比较研究，对14种财务比率进行取舍，最终得出可以有效预测财务失败的比率，依次为：

① $债务保障率 = \frac{现金流量}{债务总额} \times 100\%$

② $资产负债率 = \frac{负债总额}{资产总额} \times 100\%$

③ $资产收益率 = \frac{净收益}{资产总额} \times 100\%$

④ 资产安全率 = 资产变现率 - 资产负债率

其中：$资产变现率 = \frac{资产变现金额}{资产账面价值}$

比弗认为，债务保障率对财务失败公司的判别准确率约为90%（即整体判别正确率最高），是判定企业财务状况的最佳单一指标（误判率最低）；其次是资产负债率，并且离失败日越近，误判率越低，所以在跟踪考察企业时，应对上述比率的变化趋势予以特别注意。

一般来说，失败企业通常表现为现金持有量较低，且应收账款规模较大（或应收账款回收率较低），导致现金流紧张。当应收账款回收率等指标达到经营者设立的警戒线时，预警系统便发出警示，提请经营者注意。在实务中，企业还需结合自身行业特性与经营特点，针对性设计财务危机预警指标，以提升预测有效性。

单变量预警模型的优点是设计简单、计算方便；缺点是不能综合说明企业的整体财务状况。因为各个比率的判断准确率在不同的情况下会有所差异，所以在实际应用中往往使用一组财务比率，而不是一个比率，这样才能取得良好的预测效果。

（二）多变量预警模型

多变量预警模型是运用多种财务比率进行加权汇总产生的总分数来预测财务危机的模型。多变量预警模型可以更全面地监测大量财务指标，综合分析企业财务状况，提前发现财务危机，并且可以进行因素分析，对发生的财务危机追根溯源，从源头防止财务危机的恶化和再次发生，能够很好地克服个别指标在评价企业财务状况方面存在的缺陷。

1.Z模型

较早使用多变量进行预测的是美国纽约大学商学院教授爱德华·奥特曼（Edward I.Altman）。他是第一个使用判别分析（discriminant analysis）研究企业财务失败预警的人。他选取了1946—1965年的33家行业相同、资产规模相近的破产企业和非破产企业作为样本，收集整理了22个财务比率来分析企业潜在的财务危机。他利用逐步多元鉴别分析（MDA）法，逐步萃取5种最具共同预测能力的财务比率，分别是流动率、收益率、稳定性、支付能力和活动比例，建立起了一个类似回归方程式的鉴别函数——Z计分模型（简称Z模型）。该模型将企业偿债能力指标、获利能力指标和营运能力指标有机联系起来，综合分析预测企业财务危机的可能性。

Z模型具体表达式如下：

$$Z=1.2X_1+1.4X_2+3.3X_3+0.6X_4+1.0X_5$$

其中：Z为判别函数值。

$$X_1=\frac{营运资金}{资产总额}\times100\%=\frac{期末流动资产-期末流动负债}{期末总资产}\times100\%$$

$$X_2=\frac{留存收益}{资产总额}\times100\%=\frac{期末留存收益}{期末总资产}\times100\%$$

$$X_3=\frac{息税前利润}{资产总额}\times100\%=\frac{息税前利润}{期末总资产}\times100\%=\frac{\text{EBIT}}{平均总资产}\times100\%$$

$$X_4=\frac{普通股及优先股市场价值总额}{负债账面价值总额}\times100\%=\frac{期末股东权益的市场价值}{期末总负债账面价值}\times100\%$$

$$X_5=\frac{本期销售收入}{资产总额}\times100\%$$

对以上指标的具体分析如下：

X_1反映了企业资产的折现能力和规模特征。营运资本具有周转速度快、变现能力强、项目繁多、性质复杂、获利能力强、投资风险小等特点。一个企业经营资本持续减少，往往预示着企业资金周转不灵或出现短期偿债危机。

X_2反映了企业的累积获利能力。期末留存收益是由企业税后利润形成的，对上市公司来说，留存收益是指净利润减去全部股利后的金额。一般来说，新企业的资产与收益较少，因此相对于老企业X_2较小，而财务失败的风险较大。

X_3即总资产报酬率，可称为总资产息税前利润率，通常总资产取平均资产总额，以避免当期期末大量购进资产时使X_3降低，不能客观反映一年中资产的获利能力。EBIT是指扣除债务利息与所得税之前的正常业务利润（包括对外投资收益），不包括非正常项目、中断营业和特别项目及会计原则变更的累积前期影响而产生的收支净额。

该指标主要是从企业各种资金来源（包括所有者权益和债权人权益）的角度对企业资产的使用效率进行评价的，通常是反映企业财务危机的最有力的依据之一。

X_4反映了企业的财务结构，分母为流动负债和长期负债的账面价值之和，分子以股东权益的市场价值取代了账面价值，因而对公认的影响企业财务状况的产权比率进行修正，能够客观地反映公司价值。对于上市公司，分子应该是“股票期末市价×总股份数”。X_4的分子是一个较难确定的参数，目前及在今后相当长的时间内，非上市公司仍占我国公司总数的大部分，要确定非上市公司所有者权益的市价，可以采用资产评估方法中的预期收益法，具体公式为：

$$企业资产市价 = \frac{企业预期实现的年利润额}{行业平均资金利润率} \times 100\%$$

$$X_4 = \frac{企业资产市价}{负债总额} - 1$$

X_5是企业的总资产周转率，分子的“本期销售收入”应该为销售收入净额，是指销售收入扣除销售折扣、销售折让、销售退回等后的金额。

企业总资产的营运能力集中反映在总资产的管理水平上，因此，总资产周转率可以用来分析企业全部资产的使用效率。如果企业总资产周转率高，说明企业利用全部资产进行经营的效果好、效率高；反之，如果总资产周转率低，则说明企业总资产进行经营活动的效果差、效率低，最终将影响企业的获利能力。

如果总资产周转率长期处于较低的水平，企业就应当采取措施提高各项资产的利用程度，对那些确实无法提高利用率的多余、闲置资产应当及时进行处理，加速资产周转速度。

Z模型从企业的资产流动性、获利能力、财务结构、偿债能力、营运能力等方面综合反映了企业的财务状况，进一步推动了财务预警的发展。

奥特曼教授通过此模型的研究分析得出：Z值越小，企业遭受财务失败的可能性就越大。

祝兆辉研究表明，Z模型预测上市公司在1年内财务失败的准确率为95%，预测上市公司在2年内财务失败的准确率为83%，预测上市公司在3年内财务失败的准确率为48%。

Z模型中的5个财务比率以绝对百分率表示，5个财务比率中，X_1和X_4反映企业的偿债能力，X_2和X_3反映企业的盈利能力，X_5反映企业的营运能力。分析者只要将企业各年的财务指标代入公式中，即可计算出Z值，进而预测企业的财务危机状况。

Z模型克服了单变量预警模型对同一公司、不同比率预测出不同结果的缺点。Z模型的实证检验表明，在破产前一年的预测准确率比单变量预警模型有大幅度提高，但在破产前5年进行预测，其准确性却不如前者。Z模型在实际工作中得到了广泛的应用。

奥特曼教授结合美国股票市场的实际情况，将Z模型的临界值确定为2.675和1.81，具体判断标准见表11-3。

表11-3　**Z模型具体判断标准表**

$Z \geq 3.0$	财务危机的可能性很小	安全状态	财务正常
$2.675 \leq Z \leq 2.9$	有财务危机的可能		
$1.81 \leq Z \leq 2.675$	财务危机的可能性很大	破产情况不明，处于灰色区域	
$Z \leq 1.81$	财务危机可能性非常大	很高的破产风险	财务失败

Z模型简单明了、易于理解，有利于不同财务状况的比较，实证研究表明其具有一定的判定能力，因此得到了较为广泛的应用。按照这一模型，通过计算企业连续几年的Z值就可发现企业发生财

务危机的征兆。

依照奥特曼教授的思路，许多学者通过实证研究建立了自己的模型，其中较具代表性的模型有1972年埃德米斯特建立的小企业财务危机预警模型和1977年塔夫勒提出的财务风险预警模型。现简要介绍埃德米斯特建立的小企业财务危机预警模型。

埃德米斯特专门建立了小企业财务危机预警模型。该模型假定所有变量服从N（1，0）分布，以标准值为界线进行判断，变量值只能为1或0。该模型如下：

$$Z = 0.951-0.423X_1-0.293X_2-0.482X_3+0.277X_4-0.452X_5-0.352X_6-0.924X_7$$

其中：

X_1=（税前净利+折旧）/流动负债，若X_1<0.05，取值为1；若X_1≥0.05，取值为0。

X_2= 所有者权益/销售收入，若X_2<0.07，取值为1；若X_2≥0.07，取值为0。

X_3=（净营运资金/销售收入）/行业平均值，若X_3<-0.02，取值为1；若X_3≥-0.02，取值为0。

X_4= 流动负债/所有者权益，若X_4<0.48，取值为1；若X_3≥0.48，取值为0。

X_5=（存货/销售收入）/行业平均值，若X_5连续3年有上升趋势，取值为1；否则取值为0。

X_6= 速动比率/行业平均速动比率趋势值，若X_6有下降趋势且小于0.34，取值为1；否则取值为0。

X_7= 速动比率/行业平均速动比率，若X_7连续3年有下降趋势，取值为1；否则取值为0。

但是埃德米斯特未提供Z值的最佳临界值。

2.F模型

Z模型克服了单变量预警模型的缺陷，几乎包括了所有预测能力很强的财务指标，但其局限性在于：该模型采用的是按权责发生制编制的报表资料，没有考虑到较为客观的现金流量指标，可能无法真实地反映企业现实的财务质量。

为了解决权责发生制原则带来的人为操纵财务比率的缺陷，我国学者周守华等于1996年提出了一个Z模型的改进财务预警新模型——F模型，其预测准确率接近70%。

F模型在指标选择时融入了现金流量的概念，运用我国1990年以来4 160家企业的数据进行了检查，最终对33对同行业、净销售额相近的破产企业和非破产企业进行了财务数据分析，得出如下的判别模型：

$$F=-0.177+1.109X_1+0.107X_2+1.927X_3+0.030X_4+0.496X_5$$

其中：F为判别函数值。

$$X_1 = \frac{营运资金}{资产总额}\times 100\%$$

$$X_2 = \frac{留存收益}{资产总额}\times 100\%$$

$$X_3 = \frac{税后净收益 + 折旧}{平均负债总额}\times 100\%$$

$$X_4 = \frac{普通股及优先股市场价值总额}{负债账面价值总额}\times 100\%$$

$$X_5 = \frac{税后净收益 + 利息 + 折旧}{平均资产总额}\times 100\%$$

F模型和Z模型的区别就在于X_3和X_5不同。X_3是一个现金流量变量，是衡量企业所产生的全部现金流量可用于偿还企业债务能力的重要指标。

一般来说，企业提取的折旧费用，也是企业创造的现金流入，必要时可以将这部分资金用于偿还债务。

X_5测定的是企业总资产在创造现金流量方面的能力。相对于Z模型，F模型可以更准确地预测出企业是否存在财务危机（其中的利息是指企业利息收入减去利息支出后的余额），F模型的临界值是0.0274，其具体判断标准见表11-4。

表11-4　　**F模型具体判断标准**

$F \leqslant 0.0274$	可能出现明显的财务危机
$F > 0.0274$	表明财务状况正常，可以继续生存

F模型的数值在其临界值上下0.0775内为所谓的不确定区域，在此区域内有可能把财务危机企业预测为继续生存企业，或者将继续生存企业预测为财务危机企业，因此要进一步研究分析。F模型加入了现金流量作为预测自变量，因而弥补了Z模型的不足。

（三）多元逻辑回归预警模型

马丁（Martin）于1977年最先采用逻辑回归（logistic regression）模型预测银行倒闭的可能性。其研究表明，净利润/资产总额、坏账/营业净利润、费用/营业收入、总放款/总资产、商业放款/总放款、总资产/风险性资产6个指标的财务预测效果显著。

1980年，奥尔森（Ohlson）为了提高财务危机预测的准确性，将逻辑回归方法引入财务危机预警领域。他选择1970—1976年破产的105家公司和2 058家非破产公司组成配对样本，运用条件逻辑模型（conditional logistic model）建立财务危机预警模型。其模型如下：

$$P=\frac{1}{1+e^{-(-1.32-0.407X_1+6.03X_2-1.43X_3+0.075X_4-2.37X_5-1.83X_6+2.85X_7-1.72X_8-0.521X_9)}}$$

其中前6个自变量（X_1、X_2、X_3、X_4、X_5、X_6）——分别是资产总额对数、资产负债率、流动资产与总资产的比率、流动比率、现金净流量与资产的比率、营运资本与总资产的比率；X_7取1或者0，当最近连续2年现金净流量为负时取1，否则取0；X_8取1或者0，当上市公司总资产小于负债总额时取1，否则取0。

$$X_9=\frac{\text{当年现金净流量}-\text{上年现金净流量}}{\left|\text{当年现金净流量}\right|+\left|\text{上年现金净流量}\right|}$$

P的临界值为0.038。$P>0.038$的公司被认为面临财务危机，$P \leqslant 0.038$的公司被判为财务安全。该模型的误判率为14.9%。研究结果显示，公司规模、资本结构（负债比率）、经营业绩（资产收益率或营运资金比率）以及流动性（流动比率、速动比率）4个因素与企业发生财务危机的概率具有高度的相关性，预测准确率达到96.12%。

多元逻辑回归模型使财务预警得到了重大改进，克服了传统判别分析中的许多问题，如变量属于正态分布的假设以及破产和非破产企业具有同一协方差矩阵的假设。多元逻辑回归模型的理论前提相对其他判别分析法要宽松得多，且没有关于分布类型、协方差矩阵等方面的严格假定。不过，在大量运用多元逻辑回归模型的研究中，往往忽视了另一个相当重要的问题，即模型自变量之间可能存在多重共线性干扰。

与其他多元回归方法一样，逻辑回归模型也对多元共线性敏感。当变量之间的相关程度提高时，系数估计的标准误差将会急剧增大。同时，系数对样本和模型设置都非常敏感，模型设置的微小变化、在总体中加入样本或删除样本等变动，都会导致系数估计的较大变化。由于财务比率均由具有相互勾稽关系的财务报表计算得出，同类指标之间的相关程度是非常大的，不加处理地让这些高度相关的变量直接进入模型，必然会导致严重的多重共线性干扰，而由此得出的判别模型，其稳定性和准确性显然不容乐观。

（四）神经网络预警模型

1990年，奥多姆（M.D.Odom）和夏尔达（R.Sharda）最早将神经网络技术应用于财务危机预警研究中，该判别模型以神经理论为基础，模仿生物的大脑神经网络学习过程。他们用BP神经网络预测了企业的财务危机，他们的模型能更好地解决分类问题，要优于当时的判别分析模型。

1991年，泰姆（Tam）采用人工神经网络模型进行财务预警研究。该模型具有较强的模式识别能力和容错能力，能够处理资料遗漏和错误，可随时依据新的数据资料进行自我学习训练，适用于当今复杂多变的企业运作环境。

对于维持某些性能的特征以及分布未知的样本，神经网络预警模型的优势是不言而喻的。但其理论基础比较抽象，对人体大脑神经模拟的科学性和准确性有待进一步提高，因而适用性也大打折扣。

第四节　财务预警指标体系

一、选择财务预警指标应遵循的原则

财务预警指标是企业陷入财务危机过程的“晴雨表”，是企业财务预警的核心。企业在选择指标构建适当的财务危机预警指标体系时，必须遵循下列原则：

1.敏感性原则

敏感性原则要求预警指标能够灵敏地暴露出企业财务活动过程中的财务危机征兆，准确地预测警情。

2.可比性原则

可比性原则要求预警指标的计算口径和计算方法要同时纵向可比和横向可比。

3.可操作性原则

可操作性原则要求指标本身所需要的财务数据可以从企业的财务报告中得到体现，并在财务报表中没有缺省值。同样，该指标所需要的行业数据，也可以从其他相关资料中得到，没有缺省值。

4.有效性原则

有效性原则要求财务预警指标之间要避免高度的相关性和重复性，并要具有明显的经济意义。

5.完整性原则

完整性原则要求预警指标体系应具有整体功能且层次分明，应该能从多个不同的角度全面地反映企业的经营情况和风险。

6.相关性原则

相关性原则要求指标体系内的各个指标能互相联系、互相补充，从而全面反映企业各个方面的警情。

二、财务预警指标体系的构建

在企业财务预警指标体系中，根据其性质不同可以划分为财务指标预警和非财务指标预警。

1.财务指标预警

财务指标预警基本上是以现行的财务分析体系为理论框架，所选取的预警指标多为常见的财务评价指标。

反映偿债能力的预警指标一般有流动比率、速动比率、资产负债率和利息保障倍数。

反映营运能力的预警指标一般有不良资产比率、应收账款周转率、存货周转率、总资产周转率和净资产周转率。

盈利能力预警指标是以“会计利润”为核心的财务评价指标，主要包括营业利润率、总资产收益率和净资产收益率、成本利润率。反映未来发展能力的预警指标主要是以增长率指标为主的财务分析指标，一般包括总资产增长率、资本保值增值率和销售增长率。

2.非财务指标预警

非财务指标预警是指用企业外在非财务信息中分析得出的数据来构建财务预警体系。

许多学者认为，非财务因素对企业财务绩效有重要的影响，因此把一些非财务因素量化引入财务预警指标体系中。

在非财务预警指标体系的发展过程中，研究主要集中在企业内部治理结构指标、管理层特征指标、股权结构指标，随着研究的深入，一些特殊指标也被引入非财务预警指标体系中。

有学者认为，在非财务指标的选取和构建过程中要遵守相关性、竞争性等原则，同时要考虑到企业生命周期、行业特征等因素的影响。

关于非财务指标的研究，大多数学者都认识到非财务指标对企业财务预警有着重要的作用，但相对于财务指标而言存在计量困难的问题，所以如何选择非财务指标有待继续探讨。

企业财务预警指标体系的基本框架如图11-3所示。

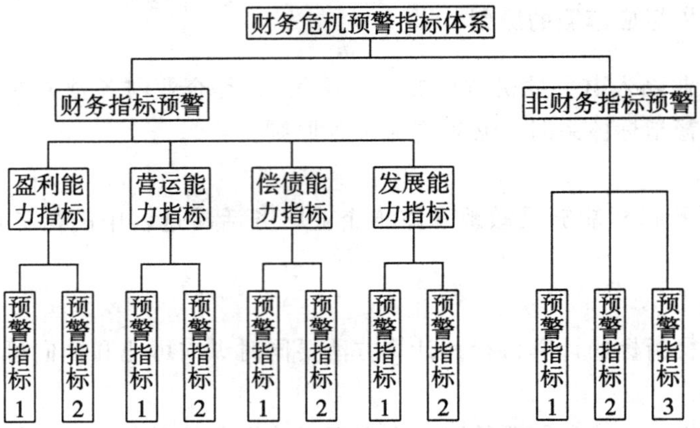

图11-3 财务预警指标体系基本框架图

第二部分

财务分析实验项目

实验项目一

公司简介及行业发展前景分析

★实验要求

上网查阅、收集该上市公司财务报表资料，了解该公司所处的行业背景，并对公司概况及行业发展前景进行分析。

★实验内容

一、五粮液股份有限公司概况

二、酿酒行业发展前景分析

实验项目二

主要报表项目结构及趋势分析

★实验要求

根据所收集的上市公司的财务报表资料，分析其资产负债表、利润表以及现金流量表的项目结构，并进行趋势分析。

★实验内容

一、利润表分析

五粮液股份有限公司同比利润表见表1。

表1 **五粮液股份有限公司同比利润表** 单位：元

项目	2020年	2021年	2022年	2023年
一、营业收入				
减：营业成本				
税金及附加				
销售费用				
管理费用				
研发费用				
财务费用				
其中：利息费用				
利息收入				
加：其他收益				
投资收益				
其中：对联营企业和合营企业的投资收益				
以摊余成本计量的金融资产终止确认收益（损失以“-”号填列）				
信用减值损失（损失以“-”号填列）				
资产减值损失（损失以“-”号填列）				
资产处置收益（损失以“-”号填列）				

续表

项　　目	2016年	2017年	2018年	2019年
二、营业利润（亏损以"-"号填列）				
加：营业外收入				
减：营业外支出				
三、利润总额（亏损总额以"-"号填列）				
减：所得税费用				
四、净利润（净亏损以"-"号填列）				

五粮液股份有限公司利润表定比趋势分析表见表2。

表2　**五粮液股份有限公司利润表定比趋势分析表**

（以2020年为基期年度）　单位：%

项　　目	2020年	2021年	2022年	2023年
一、营业收入				
减：营业成本				
税金及附加				
销售费用				
管理费用				
研发费用				
财务费用				
其中：利息费用				
利息收入				
加：其他收益				
投资收益				
其中：对联营企业和合营企业的投资收益				
以摊余成本计量的金融资产终止确认收益（损失以“-”号填列）				
信用减值损失（损失以“-”号填列）				
资产减值损失（损失以“-”号填列）				
资产处置收益（损失以“-”号填列）				
二、营业利润（亏损以“-”号填列）				
加：营业外收入				
减：营业外支出				
三、利润总额（亏损总额以“-”号填列）				
减：所得税费用				
四、净利润（净亏损以“-”号填列）				

五粮液股份有限公司利润表环比趋势分析表见表3。

表3　　五粮液股份有限公司利润表环比趋势分析表　　单位：%

项　目	2020年	2021年	2022年	2023年
一、营业收入				
减：营业成本				
税金及附加				
销售费用				
管理费用				
研发费用				
财务费用				
其中：利息费用				
利息收入				
加：其他收益				
投资收益				
其中：对联营企业和合营企业的投资收益				
以摊余成本计量的金融资产终止确认收益（损失以“-”号填列）				
信用减值损失（损失以“-”号填列）				
资产减值损失（损失以“-”号填列）				
资产处置收益（损失以“-”号填列）				
二、营业利润（亏损以“-”号填列）				
加：营业外收入				
减：营业外支出				
三、利润总额（亏损总额以“-”号填列）				
减：所得税费用				
四、净利润（净亏损以“-”号填列）				

二、资产负债表分析

五粮液股份有限公司流动资产占资产总额结构百分比分析表见表4。

表4　**五粮液股份有限公司流动资产占资产总额结构百分比分析表**　金额单位：元

项　目	2020年	2021年	2022年	2023年
流动资产合计				
资产合计				
流动资产占资产总额的比重				
流动资产占资产总额的比重（贵州茅台）				

五粮液股份有限公司资本结构分析表见表5。

表5 **五粮液股份有限公司资本结构分析表** 金额单位：元

项　目	2020年	2021年	2022年	2023年
负债合计				
资产合计				
资产负债率				
资产负债率（贵州茅台）				

五粮液股份有限公司资产负债表结构分析表见表6。

表6　　五粮液股份有限公司资产负债表结构分析表　　单位：元

项　目	2020年	2021年	2022年	2023年
货币资金				
交易性金融资产				
衍生金融资产				
应收票据				
应收账款				
应收款项融资				
预付款项				
其他应收款				
存货				
合同资产				
一年内到期的非流动资产				
其他流动资产				
流动资产合计				
债权投资				
其他债权投资				
长期应收款				
长期股权投资				
其他权益工具投资				
其他非流动金融资产				
投资性房地产				
固定资产				
在建工程				
生产性生物资产				
油气资产				
使用权资产				
无形资产				
开发支出				
商誉				
长期待摊费用				

续表

项　目	2020年	2021年	2022年	2023年
递延所得税资产				
其他非流动资产				
非流动资产合计				
资产总计				
短期借款				
交易性金融负债				
衍生金融负债				
应付票据				
应付账款				
预收款项				
合同负债				
应付职工薪酬				
应交税费				
其他应付款				
持有待售负债				
一年内到期的非流动负债				
其他流动负债				
流动负债合计				
长期借款				
应付债券				
租赁负债				
长期应付款				
预计负债				
递延所得税负债				
其他非流动负债				
非流动负债合计				
负债合计				
实收资本（或股本）				
其他权益工具				
其中：优先股				
永续债				

续表

项　目	2020年	2021年	2022年	2023年
资本公积				
减：库存股				
其他综合收益				
专项储备				
盈余公积				
一般风险储备				
未分配利润				
归属于母公司所有者权益（或股东权益）				
少数股东权益				
所有者权益（或股东权益）合计				
负债和所有者权益（或股东权益）总计				

五粮液股份有限公司定比趋势分析表见表7。

表7 五粮液股份有限公司定比趋势分析表

（以2020年为基期年度） 单位：%

项　目	2020年	2021年	2022年	2023年
货币资金				
交易性金融资产				
衍生金融资产				
应收票据				
应收账款				
应收款项融资				
预付款项				
其他应收款				
存货				
合同资产				
一年内到期的非流动资产				
其他流动资产				
流动资产合计				
债权投资				
其他债权投资				
长期应收款				
长期股权投资				
其他权益工具投资				
其他非流动金融资产				
投资性房地产				
固定资产				
在建工程				
生产性生物资产				
油气资产				
使用权资产				
无形资产				
开发支出				
商誉				
长期待摊费用				

续表

项　目	2020年	2021年	2022年	2023年
递延所得税资产				
其他非流动资产				
非流动资产合计				
资产总计				
短期借款				
交易性金融负债				
衍生金融负债				
应付票据				
应付账款				
预收款项				
合同负债				
应付职工薪酬				
应交税费				
其他应付款				
持有待售负债				
一年内到期的非流动负债				
其他流动负债				
流动负债合计				
长期借款				
应付债券				
租赁负债				
长期应付款				
预计负债				
递延所得税负债				
其他非流动负债				
非流动负债合计				
负债合计				
实收资本（或股本）				
其他权益工具				
其中：优先股				
永续债				

续表

项　目	2020年	2021年	2022年	2023年
资本公积				
减：库存股				
其他综合收益				
专项储备				
盈余公积				
一般风险储备				
未分配利润				
归属于母公司所有者权益（或股东权益）				
少数股东权益				
所有者权益（或股东权益）合计				
负债和所有者权益（或股东权益）总计				

五粮液股份有限公司环比趋势分析表见表8。

表8 **五粮液股份有限公司环比趋势分析表**

（以2020年为基期年度） 单位：%

项目	2020年	2021年	2022年	2023年
货币资金				
交易性金融资产				
衍生金融资产				
应收票据				
应收账款				
应收款项融资				
预付款项				
其他应收款				
存货				
合同资产				
一年内到期的非流动资产				
其他流动资产				
流动资产合计				
债权投资				
其他债权投资				
长期应收款				
长期股权投资				
其他权益工具投资				
其他非流动金融资产				
投资性房地产				
固定资产				
在建工程				
生产性生物资产				
油气资产				
使用权资产				
无形资产				
开发支出				
商誉				
长期待摊费用				

续表

项　目	2020年	2021年	2022年	2023年
递延所得税资产				
其他非流动资产				
非流动资产合计				
资产总计				
短期借款				
交易性金融负债				
衍生金融负债				
应付票据				
应付账款				
预收款项				
合同负债				
应付职工薪酬				
应交税费				
其他应付款				
持有待售负债				
一年内到期的非流动负债				
其他流动负债				
流动负债合计				
长期借款				
应付债券				
租赁负债				
长期应付款				
预计负债				
递延所得税负债				
其他非流动负债				
非流动负债合计				
负债合计				
实收资本（或股本）				
其他权益工具				
其中：优先股				
永续债				

续表

项　目	2020年	2021年	2022年	2023年
资本公积				
减：库存股				
其他综合收益				
专项储备				
盈余公积				
一般风险储备				
未分配利润				
归属于母公司所有者权益（或股东权益）				
少数股东权益				
所有者权益（或股东权益）合计				
负债和所有者权益（或股东权益）总计				

三、现金流量表分析

五粮液股份有限公司现金流入结构分析表见表9。

表9　五粮液股份有限公司现金流入结构分析表　单位：元

项　目	2020年	2021年	2022年	2023年
销售商品、提供劳务收到的现金				
收到的税费返还				
收到其他与经营活动有关的现金				
经营活动现金流入小计				
收回投资收到的现金				
取得投资收益收到的现金				
处置固定资产、无形资产和其他长期资产收回的现金净额				
处置子公司及其他营业单位收到的现金净额				
收到其他与投资活动有关的现金				
投资活动现金流入小计				
吸收投资收到的现金				
取得借款收到的现金				
收到其他与筹资活动有关的现金				
筹资活动现金流入小计				
现金流入合计				

五粮液股份有限公司现金流出结构分析表见表10。

表10　**五粮液股份有限公司现金流出结构分析表**　单位：元

项　目	2020年	2021年	2022年	2023年
购买商品、接受劳务支付的现金				
支付给职工以及为职工支付的现金				
支付的各项税费				
支付其他与经营活动有关的现金				
经营活动现金流出小计				
购建固定资产、无形资产和其他长期资产支付的现金				
投资支付的现金				
取得子公司及其他营业单位支付的现金净额				
支付其他与投资活动有关的现金				
投资活动现金流出小计				
偿还债务支付的现金				
分配股利、利润或偿付利息支付的现金				
支付其他与筹资活动有关的现金				
筹资活动现金流出小计				
现金流出合计				

五粮液股份有限公司经营活动现金流量比分析表见表11。

表11　**五粮液股份有限公司经营活动现金流量比分析表**　金额单位：元

项　目	2020年	2021年	2022年	2023年
经营活动现金流出小计				
经营活动现金流入小计				
经营活动现金流量比				

五粮液股份有限公司投资活动现金流量比分析表见表12。

表12 五粮液股份有限公司投资活动现金流量比分析表 金额单位：元

项　目	2020年	2021年	2022年	2023年
投资活动现金流出小计				
投资活动现金流入小计				
投资活动现金流量比				

五粮液股份有限公司筹资活动现金流量比分析表见表13。

表13　**五粮液股份有限公司筹资活动现金流量比分析表**　金额单位：元

项　目	2020年	2021年	2022年	2023年
筹资活动现金流出小计				
筹资活动现金流入小计				
筹资活动现金流量比				

五粮液股份有限公司现金流出流入比分析表见表14。

表14 五粮液股份有限公司现金流出流入比分析表 金额单位：元

项 目	2020年	2021年	2022年	2023年
现金流出小计				
现金流入小计				
现金流出流入比				

五粮液股份有限公司现金流量表定比趋势分析表见表15。

表15　　五粮液股份有限公司现金流量表定比趋势分析表

（以2020年为基期年度）　　单位：%

项　　目	2020年	2021年	2022年	2023年
一、经营活动产生的现金流量				
销售商品、提供劳务收到的现金				
收到的税费返还				
收到其他与经营活动有关的现金				
经营活动现金流入小计				
购买商品、接受劳务支付的现金				
支付给职工以及为职工支付的现金				
支付的各项税费				
支付其他与经营活动有关的现金				
经营活动现金流出小计				
经营活动产生的现金流量净额				
二、投资活动产生的现金流量				
收回投资收到的现金				
取得投资收益收到的现金				
处置固定资产、无形资产和其他长期资产收回的现金净额				
处置子公司及其他营业单位收到的现金净额				
收到其他与投资活动有关的现金				
投资活动现金流入小计				
购建固定资产、无形资产和其他长期资产支付的现金				
投资支付的现金				
取得子公司及其他营业单位支付的现金净额				
支付其他与投资活动有关的现金				
投资活动现金流出小计				
投资活动产生的现金流量净额				
三、筹资活动产生的现金流量				
吸收投资收到的现金				
取得借款收到的现金				
收到其他与筹资活动有关的现金				
筹资活动现金流入小计				

续表

项　　目	2020年	2021年	2022年	2023年
偿还债务支付的现金				
分配股利、利润或偿付利息支付的现金				
支付其他与筹资活动有关的现金				
筹资活动现金流出小计				
筹资活动产生的现金流量净额				
四、汇率变动对现金的影响				
五、现金及现金等价物净增加额				
加：期初现金及现金等价物余额				
六、期末现金及现金等价物余额				

五粮液股份有限公司现金流量表环比趋势分析表见表16。

表16 五粮液股份有限公司现金流量表环比趋势分析表 单位：元

项目	2020年	2021年	2022年	2023年
一、经营活动产生的现金流量				
销售商品、提供劳务收到的现金				
收到的税费返还				
收到其他与经营活动有关的现金				
经营活动现金流入小计				
购买商品、接受劳务支付的现金				
支付给职工以及为职工支付的现金				
支付的各项税费				
支付其他与经营活动有关的现金				
经营活动现金流出小计				
经营活动产生的现金流量净额				
二、投资活动产生的现金流量				
收回投资收到的现金				
取得投资收益收到的现金				
处置固定资产、无形资产和其他长期资产收回的现金净额				
处置子公司及其他营业单位收到的现金净额				
收到其他与投资活动有关的现金				
投资活动现金流入小计				
购建固定资产、无形资产和其他长期资产支付的现金				
投资支付的现金				
取得子公司及其他营业单位支付的现金净额				
支付其他与投资活动有关的现金				
投资活动现金流出小计				
投资活动产生的现金流量净额				
三、筹资活动产生的现金流量				
吸收投资收到的现金				
取得借款收到的现金				
收到其他与筹资活动有关的现金				
筹资活动现金流入小计				
偿还债务支付的现金				

续表

项　　目	2020年	2021年	2022年	2023年
分配股利、利润或偿付利息支付的现金				
支付其他与筹资活动有关的现金				
筹资活动现金流出小计				
筹资活动产生的现金流量净额				
四、汇率变动对现金的影响				
五、现金及现金等价物净增加额				
加：期初现金及现金等价物余额				
六、期末现金及现金等价物余额				

五粮液股份有限公司现金流量净额表见表17。

表17 **五粮液股份有限公司现金流量净额表** 单位：元

项 目	2020年	2021年	2022年	2023年
经营活动产生的现金流量净额				
投资活动产生的现金流量净额				
筹资活动产生的现金流量净额				
现金及现金等价物净增加额				

五粮液股份有限公司盈余现金保障倍数计算表见表18。

表18 五粮液股份有限公司盈余现金保障倍数计算表 金额单位：元

项　目	2020年	2021年	2022年	2023年
经营现金净流量				
净利润				
盈余现金保障倍数				
盈余现金保障倍数（贵州茅台）				

五粮液股份有限公司现金销售比率计算表见表19。

表19　**五粮液股份有限公司现金销售比率计算表**　金额单位：元

项　　目	2020年	2021年	2022年	2023年
销售商品、提供劳务收到的现金				
营业收入				
现金销售比率				
现金销售比率（贵州茅台）				

五粮液股份有限公司现金流动负债比率计算表见表20。

表20 **五粮液股份有限公司现金流动负债比率计算表** 金额单位：元

项　　目	2020年	2021年	2022年	2023年
经营现金净流量				
流动负债				
现金流动负债比率				
现金流动负债比率（贵州茅台）				

五粮液股份有限公司现金债务总额比率计算表见表21。

表21　**五粮液股份有限公司现金债务总额比率计算表**　金额单位：元

项　目	2020年	2021年	2022年	2023年
经营现金净流量				
债务总额				
现金债务总额比率				
现金债务总额比率（贵州茅台）				

实验项目三

财务指标体系分析

★实验要求

根据所收集的上市公司报表资料，计算并分析该上市公司的盈利能力、营运能力、偿债能力和发展能力。

★实验内容

一、盈利能力指标分析

五粮液股份有限公司总资产报酬率计算表见表22。

表22 **五粮液股份有限公司总资产报酬率计算表** 金额单位：元

项　目	2020年	2021年	2022年	2023年
利润总额				
平均资产总额				
总资产报酬率				
总资产报酬率（贵州茅台）				

五粮液股份有限公司净资产收益率计算表见表23。

表23　**五粮液股份有限公司净资产收益率计算表**　金额单位：元

项　目	2020年	2021年	2022年	2023年
净利润				
平均净资产				
净资产收益率				
净资产收益率（贵州茅台）				

五粮液股份有限公司销售毛利率计算表见表24。

表24 五粮液股份有限公司销售毛利率计算表 金额单位：元

项　目	2020年	2021年	2022年	2023年
营业收入				
减：营业成本				
毛利				
营业收入				
销售毛利率				
销售毛利率（贵州茅台）				

五粮液股份有限公司营业利润率计算表见表25。

表25　**五粮液股份有限公司营业利润率计算表**　金额单位：元

项　目	2020年	2021年	2022年	2023年
营业利润				
营业收入				
营业利润率				
营业利润率（贵州茅台）				

五粮液股份有限公司销售净利率计算表见表26。

表26 **五粮液股份有限公司销售净利率计算表** 金额单位：元

项 目	2020年	2021年	2022年	2023年
净利润				
营业收入				
销售净利率				
销售净利率（贵州茅台）				

五粮液股份有限公司每股收益计算表见表27。

表27　　**五粮液股份有限公司每股收益计算表**　　金额单位：元

项　　目	2020年	2021年	2022年	2023年
净利润				
总股本				
每股收益				
每股收益（贵州茅台）				

五粮液股份有限公司市盈率计算表见表28。

表28　　**五粮液股份有限公司市盈率计算表**　　金额单位：元

项　　目	2020年	2021年	2022年	2023年
每股市价				
每股收益				
市盈率				
市盈率（贵州茅台）				

二、营运能力指标分析

五粮液股份有限公司应收账款周转率计算表见表29。

表29 五粮液股份有限公司应收账款周转率计算表 金额单位：元

项　目	2020年	2021年	2022年	2023年
营业收入				
平均应收账款				
应收账款周转率				
应收账款周转天数				
应收账款周转率（贵州茅台）				
应收账款周转天数（贵州茅台）				

五粮液股份有限公司存货周转率计算表见表30。

表30　　**五粮液股份有限公司存货周转率计算表**　　金额单位：元

项　　目	2020年	2021年	2022年	2023年
营业成本				
平均存货				
存货周转率				
存货周转天数				
存货周转率（贵州茅台）				
存货周转天数（贵州茅台）				

五粮液股份有限公司流动资产周转率计算表见表31。

表31 **五粮液股份有限公司流动资产周转率计算表** 金额单位：元

项　　目	2020年	2021年	2022年	2023年
营业收入				
平均流动资产				
流动资产周转率				
流动资产周转率（贵州茅台）				

五粮液股份有限公司固定资产周转率计算表见表32。

表32 **五粮液股份有限公司固定资产周转率计算表** 金额单位：元

项　　目	2020年	2021年	2022年	2023年
营业收入				
平均固定资产				
固定资产周转率				
固定资产周转率（贵州茅台）				

五粮液股份有限公司总资产周转率计算表见表33。

表33　**五粮液股份有限公司总资产周转率计算表**　金额单位：元

项　　目	2020年	2021年	2022年	2023年
营业收入				
平均资产总额				
总资产周转率				
总资产周转率（贵州茅台）				

三、偿债能力指标分析

五粮液股份有限公司流动比率计算表见表34。

表34 **五粮液股份有限公司流动比率计算表** 金额单位：元

项　　目	2020年	2021年	2022年	2023年
流动资产				
流动负债				
流动比率				
流动比率（贵州茅台）				

五粮液股份有限公司速动比率计算表见表35。

表35　**五粮液股份有限公司速动比率计算表**　金额单位：元

项　　目	2020年	2021年	2022年	2023年
流动资产				
减：存货				
速动资产				
流动负债				
速动比率				
速动比率（贵州茅台）				

五粮液股份有限公司现金流动负债比率计算表见表36。

表36 **五粮液股份有限公司现金流动负债比率计算表** 金额单位：元

项　目	2020年	2021年	2022年	2023年
年经营现金净流量				
流动负债				
现金流动负债比率				
现金流动负债比率（贵州茅台）				

五粮液股份有限公司资产负债率计算表见表37。

表37 五粮液股份有限公司资产负债率计算表 金额单位：元

项 目	2020年	2021年	2022年	2023年
负债总额				
资产总额				
资产负债率				
资产负债率（贵州茅台）				

五粮液股份有限公司已获利息倍数计算表见表38。

表38 **五粮液股份有限公司已获利息倍数计算表** 金额单位：元

项　　目	2020年	2021年	2022年	2023年
息税前利润				
实际利息支出				
已获利息倍数				
已获利息倍数（贵州茅台）				

四、发展能力指标分析

五粮液股份有限公司总资产增长率计算表见表39。

表39　**五粮液股份有限公司总资产增长率计算表**　金额单位：元

项　　目	2020年	2021年	2022年	2023年
资产总额				
总资产增长率				
总资产增长率（贵州茅台）				

五粮液股份有限公司资本积累率计算表见表40。

表40　**五粮液股份有限公司资本积累率计算表**　金额单位：元

项　　目	2020年	2021年	2022年	2023年
股东权益总额				
资本积累率				
资本积累率（贵州茅台）				

五粮液股份有限公司股东权益各项目增长率计算表见表41。

表41 **五粮液股份有限公司股东权益各项目增长率计算表** 金额单位：元

项目	2020年	2021年	2022年	2023年
股本				
股本增长率				
资本公积				
资本公积增长率				
盈余公积				
盈余公积增长率				
未分配利润				
未分配利润增长率				
股东权益总额				
资本积累率				

五粮液股份有限公司营业收入增长率计算表见表42。

表42　**五粮液股份有限公司营业收入增长率计算表**　金额单位：元

项　　目	2020年	2021年	2022年	2023年
营业收入				
营业收入增长率				
营业收入增长率（贵州茅台）				

五粮液股份有限公司收益增长率计算表见表43。

表43 五粮液股份有限公司收益增长率计算表 金额单位：元

项目	2020年	2021年	2022年	2023年
营业利润				
营业利润增长率				
利润总额				
利润总额增长率				
净利润				
净利润增长率				
营业利润增长率（贵州茅台）				
利润总额增长率（贵州茅台）				
净利润增长率（贵州茅台）				

实验项目四

综合分析

★实验要求

根据所收集的上市公司报表资料，计算杜邦分析体系的主要指标并进行综合分析。

★实验内容

五粮液股份有限公司权益乘数计算表见表44。

表44　五粮液股份有限公司权益乘数计算表　金额单位：元

项　目	2020年	2021年	2022年	2023年
资产总额				
股东权益				
权益乘数				

五粮液股份有限公司杜邦分析计算表见表45。

表45　五粮液股份有限公司杜邦分析计算表

项　目	2020年	2021年	2022年	2023年
销售净利率				
总资产周转率				
权益乘数				
股东权益报酬率				
股东权益报酬率（贵州茅台）				

实验项目五

撰写财务分析报告

★实验要求

根据上述计算及分析，撰写上市公司财务分析报告。

★实验内容

五粮液股份有限公司2023年度财务分析报告

实验项目六

上市公司财务评析

★实验要求

各小组用PPT演示上市公司财务分析并评析。

★实验内容

参考文献

［1］中华人民共和国财政部．企业会计准则（2024）［M］．上海：立信会计出版社，2024.

［2］中华人民共和国财政部．企业会计准则条文讲解与实务运用［M］．上海：立信会计出版社，2023.

［3］贵州茅台．贵州茅台酒股份有限公司2019年度报告［EB/OL］．（2020-04-22）．https：//www.cninfo.com.cn/new/disclosure/detail? orgId=gssh0600519&announcementId=1207552562&announcementTime=2020-04-22.

［4］贵州茅台．贵州茅台酒股份有限公司2020年度报告［EB/OL］．（2021-03-31）．https：//www.cninfo.com.cn/new/disclosure/detail? orgId=gssh0600519&announcementId=1209495421&announcementTime=2021-03-31.

［5］贵州茅台．贵州茅台酒股份有限公司2021年度报告［EB/OL］．（2022-03-31）．https：//www.cninfo.com.cn/new/disclosure/detail? orgId=gssh0600519&announcementId=1212755849&announcementTime=2022-03-31.

［6］贵州茅台．贵州茅台酒股份有限公司2022年度报告［EB/OL］．（2023-03-31）．https：//www.cninfo.com.cn/new/disclosure/detail? orgId=gssh0600519&announcementId=1216281757&announcementTime=2023-03-31.

［7］贵州茅台．贵州茅台酒股份有限公司2023年度报告［EB/OL］．（2024-04-03）．https：//www.cninfo.com.cn/new/disclosure/detail? orgId=gssh0600519&announcementId=1219506510&announcementTime=2024-04-03.

［8］张新民，钱爱民．财务报表分析［M］．5版．北京：中国人民大学出版社，2019.

［9］张先治，陈友邦．财务分析［M］．9版．大连：东北财经大学出版社，2019.

［10］荆新，王化成，刘俊彦．财务管理学［M］．9版．北京：中国人民大学出版社，2018.

［11］佚名．中国11省区联手打击“假茅台”［EB/OL］．（2011-01-11）［2017-02-12］．http：//www.zaobao.com.

［12］童驯．贵州茅台：提价和适度放量确保11年增长40%以上［EB/OL］．（2011-03-21）［2017-02-12］．http：//stock.sohu.com/20110321/n279927340.shtml.

［13］周晋兰．基于信贷决策的现金流量分析［J］．财会通讯（综合），2011（1）：122-123.

［14］张燕．白酒涨价遭指责，利润率或受挤压［N］．新快报，2011-04-11（A22）.

［15］薛贵．贵州茅台的核心竞争力分析［J］．财务与会计，2009（2）：42-44.

［16］衣大鹏．《中国酿酒产业“十二五”（2011—2015年）发展规划（审定稿）》关键词解读［EB/OL］．（2010-10-08）［2017-02-12］．http：//www.winechina.cn.

［17］陈晨．高端白酒市场现状及未来前景分析［EB/OL］．（2009-03-21）［2017-02-12］．http：//www.ocn.com.cn.

［18］谢文轩．80%茅台是假货，大多产自茅台镇［EB/OL］．（2007-11-21）［2017-02-12］．http：//news.qq.com/a/20071121/000827.htm.

［19］ALTMAN E I. Financial ratios，discriminant analysis and the prediction of corporate bankruptcy［J］．Journal of Finance，1968，23（4）：589-609.

［20］BEAVER W H. Financial ratios as predictors of failures［J］．Empirical Research in Accounting：Selected Studies，1966（4）：71-110.

附录一　贵州茅台酒股份有限公司2020—2023年度报告①

贵州茅台酒股份有限公司利润表见附表1-1。

附表1-1　　贵州茅台酒股份有限公司利润表　　单位：元

项目	2020年	2021年	2022年	2023年
一、营业总收入	97 993 240 501.21	109 464 278 563.89	127 553 959 355.97	150 560 330 316.45
其中：营业收入	94 915 380 916.72	106 190 154 843.76	124 099 843 771.99	147 693 604 994.14
利息收入	3 077 859 584.49	3 274 123 720.13	3 454 115 583.98	2 866 725 322.31
手续费及佣金收入				
二、营业总成本	31 305 130 587.56	34 776 902 467.47	39 748 309 616.85	46 960 889 468.54
其中：营业成本	8 154 001 476.28	8 983 377 809.96	10 093 468 616.63	11 867 273 851.78
利息支出	111 128 537.31	173 897 197.98	105 584 206.24	113 500 129.93
手续费及佣金支出	105 888.96	115 082.12	143 141.51	68 578.57
税金及附加	13 886 517 290.78	15 304 469 070.03	18 495 818 534.22	22 234 175 898.60
销售费用	2 547 745 650.95	2 737 369 434.78	3 297 724 190.94	4 648 613 585.82
管理费用	6 789 844 289.39	8 450 274 065.03	9 012 191 073.63	9 729 389 252.31
研发费用	50 398 036.33	61 923 213.59	135 185 680.40	157 371 873.01
财务费用	−234 610 582.44	−934 523 406.02	−1 391 805 826.72	−1 789 503 701.48
其中：利息费用		13 529 867.76	12 023 204.77	12 624 628.35
利息收入	278 697 733.32	944 578 412.02	1 475 422 303.64	1 942 301 920.98
加：其他收益	13 138 152.69	20 515 911.19	24 505 353.83	34 644 873.86
投资收益	305 631.46	58 255 937.39	63 840 000.00	34 025 967.82

① 资料来源：上海证券交易所网站http：//www.sse.com.cn/。

续表

项目	2020年	2021年	2022年	2023年
汇兑收益				
净敞口套期收益				
加：公允价值变动净收益	4 897 994.43	−2 244 726.29		3 151 962.50
信用减值损失	−71 371 809.85	−13 022 441.19	−14 686 546.25	37 871 293.26
资产减值损失				
资产处置损益				
三、营业利润	66 635 079 882.38	74 750 880 777.52	87 879 521 782.39	103 708 655 208.38
加：营业外收入	11 051 136.15	68 989 219.74	70 852 285.40	86 779 655.95
减：营业外支出	449 189 027.42	291 838 102.50	248 884 319.61	132 881 174.52
四、利润总额	66 196 941 991.11	74 528 031 894.76	87 701 489 748.18	103 662 553 689.81
减：所得税费用	16 673 612 108.71	18 807 501 938.30	22 325 449 790.30	26 141 077 412.01
五、净利润	49 523 329 882.40	55 720 529 956.46	65 376 039 957.88	77 521 476 277.80
（一）按经营持续性分类				
1.持续经营净利润（净亏损以“-”号填列）	49 523 329 882.40	55 720 529 956.46	65 376 039 957.88	77 521 476 277.80
2.终止经营净利润（净亏损以“-”号填列）				
（二）按所有权归属分类				
1.归属于母公司股东的净利润	46 697 285 429.81	52 460 144 378.16	62 717 467 870.12	74 734 071 550.75
2.少数股东损益	2 826 044 452.59	3 260 385 578.30	2 658 572 087.76	2 787 404 727.05
六、其他综合收益的税后净额	1 867 354.04	−7 686 513.03	2 240 973.45	4 715 179.82
（一）归属于母公司所有者的其他综合收益的税后净额	1 867 354.04	−7 686 513.03	2 240 973.45	4 715 179.82
1.不能重分类进损益的其他综合收益				

续表

项目	2020年	2021年	2022年	2023年
（1）重新计量设定受益计划变动额				
（2）权益法下不能转损益的其他综合收益				
（3）其他权益工具投资公允价值变动				
（4）企业自身信用风险公允价值变动				
2.将重分类进损益的其他综合收益	1 867 354.04	−7 686 513.03	2 240 973.45	4 715 179.82
（1）权益法下可转损益的其他综合收益				
（2）其他债权投资公允价值变动				
（3）金融资产重分类计入其他综合收益的金额				
（4）其他债权投资信用减值准备				
（5）现金流量储备				
（6）外币财务报表折算差额	1 867 354.04	−7 686 513.03	2 240 973.45	4 715 179.82
（7）其他				
（8）外币财务报表折算差额				
（9）其他				
（二）归属于少数股东的其他综合收益的税后净额				
七、综合收益总额	49 525 197 236.44	55 712 843 443.43	65 378 280 931.33	77 526 191 457.62
归属于母公司所有者的综合收益总额	46 699 152 783.85	52 452 457 865.13	62 719 708 843.57	74 738 786 730.57
归属于少数股东的综合收益总额	2 826 044 452.59	3 260 385 578.30	2 658 572 087.76	2 787 404 727.05
八、每股收益				
（一）基本每股收益	37.17	41.76	49.93	59.49
（二）稀释每股收益	37.17	41.76	49.93	59.49

贵州茅台酒股份有限公司资产负债表见附表1-2。

附表1-2　　**贵州茅台酒股份有限公司资产负债表**　　单位：元

日期	2020-12-31	2021-12-31	2022-12-31	2023-12-31
流动资产：				
货币资金	36 091 090 060.90	51 810 243 607.11	58 274 318 733.23	69 070 136 376.12
拆出资金	118 199 586 541.06	135 067 287 778.03	116 172 711 554.59	105 553 836 462.58
交易性金融资产	—	—	—	400 712 059.93
应收票据	1 532 728 979.67	—	105 453 212.00	13 933 440.00
应收账款	—	—	20 937 144.00	60 373 410.41
应收款项融资				
预付款项	898 436 259.15	389 109 841.28	897 377 162.27	34 585 111.79
其他应收款	34 488 582.19	33 158 974.32	31 818 622.84	27 502 107.30
其中：应收利息	—	—	—	
应收股利	—	—	—	
买入返售金融资产				
存货	28 869 087 678.06	33 394 365 084.83	38 824 374 236.24	46 435 185 061.53
持有待售资产				
一年内到期的非流动资产	—	—	2 123 601 333.33	
其他流动资产	26 736 855.91	71 527 560.74	160 843 674.42	71 403 906.57
流动资产合计	185 652 154 956.94	220 765 692 846.31	216 611 435 672.92	225 172 517 821.28
非流动资产：				
发放贷款和垫款	2 953 036 834.80	3 425 175 000.00	4 134 744 407.92	2 130 818 189.27
债权投资	20 143 397.78	170 468 623.71	380 685 319.09	5 323 002 071.02
其他债权投资	—	—	—	
长期应收款				

续表

日期	2020-12-31	2021-12-31	2022-12-31	2023-12-31
长期股权投资	—	—	—	
其他权益工具投资				
其他非流动金融资产	9 830 052.91			4 002 439 902.57
投资性房地产	—	5 242 431.75	5 335 046.99	4 138 545.33
固定资产	16 225 082 847.29	17 472 173 182.85	19 742 622 547.86	19 909 280 655.97
在建工程	2 447 444 843.03	2 321 988 541.82	2 208 329 892.95	2 137 464 700.45
生产性生物资产	—	—	—	
油气资产	—	—	—	
使用权资产	536 281 365.04	249 696 982.21	402 551 533.46	314 205 484.56
无形资产	4 817 170 981.91	6 208 358 330.24	7 083 177 226.45	8 572 267 313.84
开发支出	—	—	190 536 632.60	218 015 555.49
商誉	—	—	—	
长期待摊费用	147 721 526.43	139 342 455.82	146 455 346.90	160 058 930.14
递延所得税资产	1 123 225 086.37	2 237 206 443.84	3 594 952 468.88	4 645 887 425.10
其他非流动资产	—	2 059 761 333.33	—	109 563 497.23
非流动资产合计	27 743 655 570.52	34 402 502 313.59	37 889 390 423.10	47 527 142 270.97
资产总计	213 395 810 527.46	255 168 195 159.90	254 500 826 096.02	272 699 660 092.25
短期借款				
向中央银行借款				
拆入资金				
交易性金融负债				
应付票据				
应付账款	1 342 267 668.12	2 009 832 495.56	2 408 371 053.69	3 093 091 103.67

续表

日期	2020-12-31	2021-12-31	2022-12-31	2023-12-31
预收款项				
合同负债	13 321 549 147.69	12 718 465 288.02	15 471 920 924.98	14 125 755 802.29
卖出回购金融资产款				
吸收存款及同业存放	14 241 859 949.77	21 763 575 647.32		
应付职工薪酬	2 981 125 503.86	3 677 845 718.53	4 782 311 242.41	5 401 921 213.77
应交税费	8 919 821 015.58	11 979 802 144.01	6 896 555 423.83	6 949 663 893.87
其他应付款	3 257 245 259.42	4 124 404 781.29	4 543 842 833.87	5 213 133 685.87
其中：应付利息				
应付股利				
应付手续费及佣金				
应付分保账款				
持有待售负债				
一年内到期的非流动负债		104 319 886.87	109 351 155.28	57 054 879.48
其他流动负债	1 609 801 368.51	1 535 976 293.22	1 979 272 808.90	1 822 498 012.30
流动负债合计	45 795 048 009.60	57 914 222 254.82	49 065 668 798.38	48 697 611 501.20
保险合同准备金				
长期借款				
应付债券				
其中：优先股				
永续债				
租赁负债	414 903 268.39	296 466 199.74	334 447 942.79	266 636 234.04
长期应付款				
长期应付职工薪酬				

续表

日期	2020-12-31	2021-12-31	2022-12-31	2023-12-31
预计负债				
递延收益				
递延所得税负债	1 457 513.23		162 628 090.99	78 943 062.19
其他非流动负债				
非流动负债合计	1 457 513.23	296 466 199.74	334 447 942.79	345 579 296.23
负债合计	45 675 127 426.18	58 210 688 454.56	49 562 744 832.16	49 043 190 797.43
实收资本（或股本）	1 256 197 800.00	1 256 197 800.00	1 256 197 800.00	1 256 197 800.00
其他权益工具				
其中：优先股				
永续股				
资本公积	1 374 964 415.72	1 374 964 415.72	1 374 964 415.72	1 374 964 415.72
减：库存股				
其他综合收益	−5 331 367.75	−13 017 880.78	−10 776 907.33	−6 061 727.51
专项储备				
盈余公积	20 174 922 608.93	25 142 832 818.16	32 522 779 178.88	38 998 763 095.13
一般风险准备	927 577 822.67	1 061 529 724.00	1 061 529 724.00	1 061 529 724.00
未分配利润	137 594 403 807.99	160 716 861 920.19	161 301 978 184.73	172 983 178 300.09
归属母公司所有者权益（或股东权益）	161 322 735 087.56	189 539 368 797.29	197 480 041 239.46	215 668 571 607.43
少数股东权益	6 397 948 013.72	7 418 137 908.05	7 458 040 024.40	7 987 897 687.39
所有者权益（或股东权益）合计	167 720 683 101.28	196 957 506 705.34	204 938 081 263.86	223 656 469 294.82
负债和所有者（或股东权益）合计	213 395 810 527.46	255 168 195 159.90	254 500 826 096.02	272 699 660 092.25

贵州茅台酒股份有限公司现金流量表见附表1-3。

附表1-3 **贵州茅台酒股份有限公司现金流量表** 单位：元

项目	2020年	2021年	2022年	2023年
一、经营活动产生的现金流量				
销售商品、提供劳务收到的现金	107 024 384 560.17	119 320 536 796.65	140 691 678 592.00	163 699 909 417.62
客户存款和同业存放款项净增加额	3 189 100 199.87	7 511 166 145.93	−8 916 033 228.67	−810 223 002.76
收取利息、手续费及佣金的现金	3 075 945 383.34	3 145 747 032.91	3 247 615 476.04	3 018 786 023.42
收到的税费返还	—	—	33 191 912.56	1 500 047.04
收到其他与经营活动有关的现金	221 421 226.63	1 643 536 862.48	2 759 422 171.88	2 346 196 470.63
经营活动现金流入小计	113 510 851 370.01	131 620 986 837.97	137 815 874 923.81	168 256 168 955.95
购买商品、接受劳务支付的现金	7 230 646 129.19	7 745 959 630.90	8 357 859 151.03	11 029 476 036.21
客户贷款及垫款净增加额	2 978 755 728.00	484 244 272.00	723 778 672.00	−2 051 930 316.19
存放中央银行和同业款项净增加额	−2 506 406 682.56	559 089 326.28	13 037 761 321.90	1 570 003 429.01
拆出资金净增加额	200 000 000.00	−400 000 000.00		2 500 000 000.00
支付利息、手续费及佣金的现金	107 241 768.26	163 462 728.48	79 226 410.98	142 896 151.21
支付给职工以及为职工支付的现金	8 161 813 197.26	10 061 366 201.66	11 752 241 598.62	13 845 293 907.26
支付的各项税费	41 622 706 350.37	44 609 684 025.28	62 043 324 506.36	66 683 472 509.22
支付其他与经营活动有关的现金	4 247 026 186.46	3 968 504 506.00	5 123 087 432.89	7 943 709 518.14
经营活动现金流出小计	61 841 782 676.98	67 592 310 690.60	101 117 279 093.78	101 662 921 234.86
经营活动产生的现金流量净额	51 669 068 693.03	64 028 676 147.37	36 698 595 830.03	66 593 247 721.09
二、投资活动产生的现金流量				
收回投资收到的现金	314 906 521.48	6 079 930.68	—	7 549 947 301.15
取得投资收益收到的现金	—	860 000.00	5 880 000.00	140 715 000.00
处置固定资产、无形资产和其他长期资产收回的现金净额	495 904.85	2 463 474.29	355 149.00	24 948 352.95
处置子公司及其他营业单位收到的现金净额	—	—	—	
收到其他与投资活动有关的现金	6 675 319.03	9 983 452.63	4 971 762.18	4 605 886.63

续表

项目	2020年	2021年	2022年	2023年
投资活动现金流入小计	322 077 745.36	19 386 857.60	11 206 911.18	7 720 216 540.73
购建固定资产、无形资产和其他长期资产支付的现金	2 089 769 498.78	3 408 784 532.01	5 306 546 416.54	2 619 755 888.79
投资支付的现金	20 000 000.00	2 150 000 000.00	210 000 000.00	14 817 852 800.00
支付其他与投资活动有关的现金	17 535 402.30	23 048 029.93	31 486 829.54	7 021 867.10
投资活动现金流出小计	2 127 304 901.08	5 581 832 561.94	5 548 033 246.08	17 444 630 555.89
投资活动产生的现金流量净额	−1 805 227 155.72	−5 562 445 704.34	−5 536 826 334.90	−9 724 414 015.16
三、筹资活动产生的现金流量				
吸收投资收到的现金				
取得借款收到的现金				
收到其他与筹资活动有关的现金				
筹资活动现金流入小计				
偿还债务支付的现金				
分配股利、利润或偿付利息支付的现金	24 091 029 750.51	26 476 019 839.37	57 370 196 191.46	58 754 786 730.01
支付其他与筹资活动有关的现金	2 704 262 179.11	2 240 195 683.97	2 618 815 078.45	2 204 530 367.41
筹资活动现金流出小计	36 507 157.75	88 121 549.59	54 332 788.37	134 315 261.93
筹资活动产生的现金流量净额	24 127 536 908.26	26 564 141 388.96	57 424 528 979.83	58 889 101 991.94
四、汇率变动对现金的影响	380 639.36	−2 026 542.60	911 088.01	1 718 255.65
五、现金及现金等价物净增加额	25 736 685 268.41	31 900 062 511.47	−26 261 848 396.69	−2 018 550 030.36
加：期初现金及现金等价物余额	121 003 839 599.64	146 740 524 868.05	178 640 587 379.52	152 378 738 982.83
六、期末现金及现金等价物余额	146 740 524 868.05	178 640 587 379.52	152 378 738 982.83	150 360 188 952.47

附录二　五粮液股份有限公司2020—2023年度报告[1]

五粮液股份有限公司利润表见附表2-1。

附表2-1　　五粮液股份有限公司利润表　　单位：元

项目	2020年	2021年	2022年	2023年
一、营业总收入	57 321 059 453.15	66 209 053 612.11	73 968 640 704.54	83 272 067 317.19
其中：营业收入	57 321 059 453.15	66 209 053 612.11	73 968 640 704.54	83 272 067 317.19
利息收入				
手续费及佣金收入				
二、营业总成本	29 738 554 309.94	33 957 661 247.50	37 049 016 916.17	41 653 257 827.54
其中：营业成本	14 811 961 478.65	16 318 778 588.82	18 178 425 659.64	20 157 143 952.21
税金及附加	8 092 348 596.10	9 789 698 016.98	10 748 802 377.04	12 531 695 628.42
销售费用	5 578 918 523.98	6 503 506 131.90	6 844 237 013.17	7 796 298 418.13
管理费用	2 609 529 686.09	2 899 968 867.37	3 068 119 268.45	3 319 445 339.77
研发费用	131 315 225.33	177 411 727.65	235 783 645.79	321 845 165.28
财务费用	−1 485 519 200.21	−1 731 702 085.22	−2 026 351 047.92	−2 473 170 676.27
其中：利息费用		69 130 792.55	48 003 667.91	11 618 338.87
利息收入	1 521 933 975.40	1 801 002 307.73	2 075 700 630.12	2 487 953 643.33
加：其他收益	162 373 770.41	215 728 235.35	186 525 904.41	330 670 203.50
投资收益	93 504 494.16	97 346 566.33	92 571 951.15	57 617 083.91
其中：对联营企业和合营企业的投资收益	93 504 494.16	97 346 566.33	92 571 951.15	57 617 083.91

① 资料来源：新浪财经：https：//vip.stock.finance.sina.com.cn/corp/go.php/vCB_Bulletin/stockid/000858/page_type/ndbg.phtml

续表

项目	2020年	2021年	2022年	2023年
加：公允价值变动净收益				
信用减值损失	1 024 420.84	−2 601 524.74	−1 437 932.66	−772 191.29
资产减值损失	−14 113 185.98	−7 531 487.70	−26 207 459.87	−3 932 827.97
资产处置损益	1 129 293.57	−1 905 183.84	3 347 202.23	1 272 004.07
三、营业利润	27 826 423 936.21	32 552 428 970.01	37 174 423 453.63	42 003 663 761.87
加：营业外收入	40 661 952.32	52 099 818.22	38 885 270.86	45 351 676.69
减：营业外支出	188 638 670.83	154 124 342.53	109 788 008.25	136 333 494.92
四、利润总额	27 678 447 217.70	32 450 404 445.70	37 103 520 716.24	41 912 681 943.64
减：所得税费用	6 765 106 808.16	7 942 954 115.44	9 133 735 140.97	10 391 904 361.49
五、净利润	20 913 340 409.54	24 507 450 330.26	27 969 785 575.27	31 520 777 582.15
（一）按经营持续性分类				
1.持续经营净利润（净亏损以“−”号填列）	20 913 340 409.54	24 507 450 330.26	27 969 785 575.27	31 520 777 582.15
2.终止经营净利润（净亏损以“−”号填列）				
（二）按所有权归属分类				
1.归属于母公司股东的净利润	19 954 809 594.52	23 377 074 353.40	26 689 983 647.20	30 210 585 269.30
2.少数股东损益	958 530 815.02	1 130 375 976.86	1 279 801 928.07	1 310 192 312.85
六、其他综合收益的税后净额				
归属母公司所有者的其他综合收益的税后净额				
（一）不能重分类进损益的其他综合收益				
（1）重新计量设定受益计划变动额				

续表

项目	2020年	2021年	2022年	2023年
（2）权益法下不能转损益的其他综合收益				
（3）其他权益工具投资公允价值变动				
（4）企业自身信用风险公允价值变动				
（5）其他				
（二）将重分类进损益的其他综合收益				
（1）权益法下可转损益的其他综合收益				
（2）其他债权投资公允价值变动				
（3）金融资产重分类计入其他综合收益的金额				
（4）其他债权投资信用减值准备				
（5）现金流量套期储备				
（6）外币财务报表折算差额				
（7）其他				
（三）归属于少数股东的其他综合收益的税后净额				
七、综合收益总额	20 913 340 409.54	24 507 450 330.26	27 969 785 575.27	31 520 777 582.15
归属于母公司所有者的综合收益总额	19 954 809 594.52	23 377 074 353.40	26 689 983 647.20	30 210 585 269.30
归属于少数股东的综合收益总额	958 530 815.02	1 130 375 976.86	1 279 801 928.07	1 310 192 312.85
八、每股收益				
（一）基本每股收益	5.141	6.023	6.876	7.783
（二）稀释每股收益	5.141	6.023	6.876	7.783

五粮液股份有限公司资产负债表见附表2-2。

附表2-2　　五粮液股份有限公司资产负债表　　单位：元

项目	2020-12-31	2021-12-31	2022-12-31	2023-12-31
货币资金	68 209 577 022.61	82 335 955 927.74	92 358 426 975.79	115 456 300 910.64
交易性金融资产	—	—	—	
应收票据	18 568 421 154.30	23 859 058 132.07	119 918 307.60	
应收账款	41 496 170.35	64 193 116.22	35 686 942.32	42 647 461.48
应收款项融资			28 904 198 420.44	14 086 450 565.79
预付款项	247 259 080.42	195 652 974.42	135 982 868.14	169 425 745.15
其他应收款	36 199 607.12	26 288 496.24	30 901 231.69	39 624 933.74
其中：应收利息				
应收股利				
存货	13 228 273 631.45	14 015 067 118.25	15 980 657 013.57	17 387 841 712.87
合同资产				
持有待售资产				
一年内到期的非流动资产	—	—	—	
其他流动资产	—	—	—	
流动资产合计	102 355 668 682.97	122 137 725 353.63	137 565 771 759.55	147 182 291 329.67
发放贷款和垫款	—	—	—	
债权投资	—	—	—	
其他债权投资				
长期应收款	—	—	—	

续表

项目	2020-12-31	2021-12-31	2022-12-31	2023-12-31
长期股权投资	1 849 977 103.30	1 911 228 653.63	1 986 387 524.78	2 020 366 240.69
其他权益工具投资				
其他非流动金融资产	1 200 000.00	1 200 000.00	1 200 000.00	1 200 000.00
投资性房地产	—	—	—	
固定资产	5 866 880 860.03	5 610 147 000.37	5 312 971 445.61	5 189 917 302.17
在建工程	1 482 098 184.64	2 646 087 846.01	3 773 155 983.95	5 623 356 422.20
生产性生物资产	—	—	—	
油气资产	—	—	—	
使用权资产		697 805 952.69	380 922 885.84	126 810 315.49
无形资产	433 611 890.55	556 398 465.19	518 517 835.31	2 056 870 639.03
开发支出	—	—	—	
商誉	1 621 619.53	1 621 619.53	1 621 619.53	1 621 619.53
长期待摊费用	122 881 072.66	155 512 345.82	158 586 327.06	163 120 023.86
递延所得税资产	1 486 071 579.95	1 683 957 848.54	2 043 089 823.62	2 242 610 567.82
其他非流动资产	293 128 020.09	219 127 135.72	972 502 674.97	824 817 224.29
非流动资产合计	11 537 470 330.75	13 483 086 867.50	15 246 155 491.63	18 250 690 355.08
资产总计	113 893 139 013.72	135 620 812 221.13	152 811 927 251.18	165 432 981 684.75
短期借款	—	—	—	
交易性金融负债	—	—	—	
应付票据	763 628 891.84	872 040 239.87	887 970 376.53	732 432 611.26

续表

项目	2020-12-31	2021-12-31	2022-12-31	2023-12-31
应付账款	3 382 875 146.71	5 403 561 392.95	7 246 802 709.58	8 864 206 997.09
预收款项	23 949 793.92	10 970 385.19	16 160 671.49	17 522 814.61
合同负债	8 618 543 467.25	13 058 652 246.11	12 379 125 542.70	6 864 383 635.25
应付职工薪酬	3 629 524 988.52	3 335 937 141.30	3 375 526 829.88	3 872 122 436.43
应交税费	5 542 200 330.67	5 192 183 704.90	5 301 718 185.93	6 268 458 145.77
其他应付款	2 800 763 582.13	3 693 858 108.21	4 631 434 915.43	5 385 776 903.69
其中：应付利息	—	—	—	
应付股利	37 918 093.23	37 436 404.82	13 191 392.99	
一年内到期的非流动负债	—	360 027 399.06	375 682 599.77	14 512 448.92
其他流动负债	1 117 452 799.61	1 688 367 639.42	1 544 723 419.34	663 723 991.63
流动负债合计	25 878 939 000.65	33 615 598 257.01	35 759 145 250.65	32 683 139 984.65
保险合同准备金				
长期借款	—	—	—	
应付债券	—	—	—	
其中：优先股				
永续股				
租赁负债		355 338 950.93	16 976 148.73	115 722 608.68
长期应付款	—	—	—	
专项应付款	—	—	—	
预计负债	—	—	—	

续表

项目	2020-12-31	2021-12-31	2022-12-31	2023-12-31
递延收益	255 953 368.36	257 991 368.32	254 416 864.75	253 043 325.37
递延所得税负债	—	—	94 360 946.95	31 702 578.88
其他非流动负债	—	—	—	
非流动负债合计	255 953 368.36	613 330 319.25	365 753 960.43	400 468 512.93
负债合计	26 134 892 369.01	34 228 928 576.26	36 124 899 211.08	33 083 608 497.58
实收资本（或股本）	3 881 608 005.00	3 881 608 005.00	3 881 608 005.00	3 881 608 005.00
其他权益工具				
其中：优先股				
永续债				
资本公积	2 682 647 086.15	2 682 647 086.15	2 682 647 086.15	2 682 647 086.15
减：库存股				
其他综合收益				
专项储备				
盈余公积	19 698 525 995.51	23 866 103 395.72	28 432 482 367.38	33 588 553 502.81
一般风险储备	—	—	—	
未分配利润	59 443 191 559.08	68 638 139 859.37	79 031 159 753.65	89 405 432 446.55
归属母公司所有者权益（或股东权益）	85 705 972 645.74	99 068 498 346.24	114 027 897 212.18	129 558 241 040.51
少数股东权益	2 052 273 998.97	2 323 385 298.63	2 659 130 827.92	2 791 132 146.66
所有者权益（或股东权益）合计	87 758 246 644.71	101 391 883 644.87	116 687 028 040.10	132 349 373 187.17
负债和所有者（或股东权益）合计	113 893 139 013.72	135 620 812 221.13	152 811 927 251.18	165 432 981 684.75

五粮液股份有限公司现金流量表见附表2-3。

附表2-3　　**五粮液股份有限公司现金流量表**　　单位：元

项　　目	2020年	2021年	2022年	2023年
一、经营活动产生的现金流量				
销售商品、提供劳务收到的现金	62 667 576 569.99	80 952 960 804.29	81 770 582 903.92	105 349 992 178.96
收到的税费返还	56 724 988.21	24 522 993.00	72 322 800.00	83 435 000.00
收到其他与经营活动有关的现金	2 243 660 435.98	2 045 885 363.36	2 006 197 288.41	2 328 844 302.03
经营活动现金流入小计	64 967 961 994.18	83 023 369 160.65	83 849 102 992.33	107 762 271 480.99
购买商品、接受劳务支付的现金	17 340 551 154.28	19 137 502 429.86	19 397 297 581.75	21 310 361 287.23
支付给职工以及为职工支付的现金	5 740 856 054.71	7 240 759 270.94	7 879 082 833.54	7 890 206 082.92
支付的各项税费	23 227 933 861.45	25 084 613 186.47	27 773 048 881.11	30 999 125 076.75
支付其他与经营活动有关的现金	3 960 293 330.53	4 785 552 400.33	4 368 537 434.45	5 820 099 125.86
经营活动现金流出小计	50 269 634 400.97	56 248 427 287.60	59 417 966 730.85	66 019 791 572.76
经营活动产生的现金流量净额	14 698 327 593.21	26 774 941 873.05	24 431 136 261.48	41 742 479 908.23
二、投资活动产生的现金流量				
收回投资收到的现金	—	—	—	
取得投资收益收到的现金	—	41 720 016.00	23 038 080.00	23 638 368.00
处置固定资产、无形资产和其他长期资产收回的现金净额	6 438 616.16	6 184 352.82	46 667 262.99	1 765 989.88
处置子公司及其他营业单位收到的现金净额	—	—	—	
收到其他与投资活动有关的现金	—	—	—	
投资活动现金流入小计	6 438 616.16	47 904 368.82	69 705 342.99	25 404 357.88
购建固定资产、无形资产和其他长期资产支付的现金	993 760 087.19	1 539 129 180.86	1 780 534 893.52	2 957 236 682.34

续表

项　　目	2020年	2021年	2022年	2023年
投资支付的现金	734 693 877.55	5 625 000.00	5 625 000.00	
取得子公司及其他营业单位支付的现金净额	—	—	—	
支付其他与投资活动有关的现金	—	—	—	
投资活动现金流出小计	1 728 453 964.74	1 544 754 180.86	1 786 159 893.52	2 957 236 682.34
投资活动产生的现金流量净额	−1 722 015 348.58	−1 496 849 812.04	−1 716 454 550.53	−2 931 832 324.46
三、筹资活动产生的现金流量				
吸收投资收到的现金	15 000 000.00	—	—	22 618 764.59
取得借款收到的现金	—	—	—	
收到其他与筹资活动有关的现金	—	—	—	
筹资活动现金流入小计	15 000 000.00	—	—	22 618 764.59
偿还债务支付的现金	—	—	—	
分配股利、利润或偿付利息支付的现金	9 228 223 328.76	10 874 295 018.51	12 681 422 089.05	15 894 242 592.66
支付其他与筹资活动有关的现金	—	395 161 935.55	424 009 369.15	428 610 750.02
筹资活动现金流出小计	9 213 223 328.76	−11 269 456 954.06	13 105 431 458.20	16 322 853 342.68
筹资活动产生的现金流量净额	−9 213 223 328.76	−11 269 456 954.06	−13 105 431 458.20	−16 300 234 578.09
四、汇率变动对现金的影响	−130 439.21	−469 528.68	136 266.19	627 320.96
五、现金及现金等价物净增加额	3 762 958 476.66	14 008 165 578.27	9 609 386 518.94	22 511 040 326.64
加：期初现金及现金等价物余额	63 204 133 323.79	66 967 091 800.45	80 975 257 378.72	90 584 643 897.66
六、期末现金及现金等价物余额	66 967 091 800.45	80 975 257 378.72	90 584 643 897.66	113 095 684 224.30